채권왕 빌 그로스
투자의 비밀

PIMCO 회장 빌 그로스는 어떻게 본드킹이 되었나

채권왕 빌 그로스
투자의 비밀

티머시 미들턴 지음 | **박준형** 옮김

INVESTMENT
SECRETS
FROM PIMCO'S
BILL
GROSS

이레미디어

채권의 역사

사람들이 오랜 세월 종사하며 그 명맥을 이어온 유서 깊은 직업들이 있다. 하지만 오늘날은 산업과 사회의 발달로 새로 생겨나는 직업들이 많다. 그 중 채권펀드매니저도 신생 직업군에 속한다. 그러다 보니 이들의 적극적인 채권관리기술과 과학에 대해서 알고 있는 사람은 드물다. 이 책은 최고의 채권펀드 기업인 핌코PIMCO와 CEO 빌 그로스Bill Gross의 이야기가 주를 이루지만, 그 외에도 채권투자에 관한 흥미로운 사실들이 담겨 있다. 채권투자는 환상적이지만 복잡하며, 경제를 떠받치는 필수불가결한 요소이기도 하고 또 훌륭한 재테크 방법이기도 하다. 물론 제대로 투자하기만 한다면 말이다. 하지만 대부분의 투자자들이 채권에 대한 지식이 부족해서 시간을 버리고, 돈도 잃기 십상이다.

　사실 30년 전만 하더라도 채권자는 채무자에게 돈을 빌려주고, 채무자가 원금을 상환할 때까지 이자를 받는 게 전부였다. 돈을 갚기로 약속한 만기가 되기 전에 다른 투자자들에게 채무관계를 판매한다는 개념은 존재하지 않았다. 초기 채권투자자들은 얌전하고 보수적인 보험회사, 저축은행, 개인신탁, 부유한 은퇴자들로 과감한 투자는 생각지도 않았다. 그래서 당시에는 국채시장에서만 약간의 움직임이 감지될 뿐, 뉴욕 증권거래소에 등재된 여신도 소수였으며, 장외시장은 고요하기만 했다.

　하지만 채권거래가 발전하기까지 꽤 오랜 시간이 걸렸다는 사실은 의아스럽기까지 하다. 여느 투자시장이 그러하듯, 채권자산도 실제 가치와 다른 가격이 책정될 수 있다. 따라서 만기까지 채권가격이 불변할 이유가 없다. 게다가 경제 상황이나 경제 펀더멘털fundamental은 계속 달라진다. 또 채무자의 금융 수준이 변하면 채권의 신용도도 달라진다. 채권에는 종종 콜옵션이나 전환옵션 등이 포함되는데, 옵션의 가치가 변화하면 채권의 가격도 달라진다. 가격 변화 폭 또한 종잡을 수 없다.

　채권투자에 있어서 최대의 숙적은 인플레이션이다. 채권자가 빌려준 돈을 돌려받았는데, 돈을 빌려줬을 때에 비해 구매력이 감소하기 때문이다. 1960년대까지 인플레이션이 유발되는 원인은 단 한 가지, 전쟁뿐이었다. 전쟁이 끝나면 그 즉시 인플레이션은 사라졌다. 1800년부터 1965년까지 미국의 연평균 인플레이션은 고작 0.8%에 불과했다. 165년의 시간 동안 단지 84번의 인플레이션이 발생되었으며, 그 중 14년은 전쟁기간이었다. 이처럼 오랫동안 인플레이션이 정체되다 보니, 채권은 무조건 묻어두면 된다는 생각이 팽배했다. 채권시장은 고요하다 못해 지루한 상황으로 이어졌다. 그래서 금리에 관한 이론도 느리게 발전했다. 19세기 전통적인 경제학자들은 금리가 자본의 가격이기 때문에 수요와 공급에 의해 결정된다고 믿었다. 여기에서 공급은 저축이고, 수요는 기업의 투자를 의미한다. 하지만 이는 완만한 금리변동에만 적용할 수 있는 매우 단순한 이론이다.

1930년, 예일대학교 경제학과 교수 어빙 피셔Irving Fisher는 자본의 수요와 공급뿐 아니라 인플레이션에 대한 기대심리가 금리에 영향을 미친다고 주장했다. 피셔의 주장은 미국과 영국에서 구조적 인플레이션이 부재했던 상황을 설명할 수 있는 통찰력 있는 이론이다. 다만 가설을 뒷받침할 만한 역사적 사례가 부족했는데, 그는 개의치 않고 자신의 주장을 펼쳐나갔다.

대공황이 한창인 시절, 존 케인스John Maynard Keynes는 실질금리에 관한 이론들을 맹렬히 비난했고, 피셔도 비난의 대상이었다. 케인스는 공장이나 설비투자로 인한 자본비용의 중요성을 강조했지만, 금리는 일종의 리스크 관리 도구라고 주장했다. 불확실한 경제상황 속에서 리스크를 회피하려는 투자자들이 유동성을 요구하면 수요가 발생하고, 은행에서 제공하는 유동성이 공급이라는 이론이었다. 1938년 프레더릭 매콜리Frederick R. Macaulay는 채권시장, 생필품 가격, 주식가격에 대한 책을 출판했고 인정도 받았다. 그는 책에서 피셔의 이론을 반박했는데, 특히 이론을 뒷받침할 증거가 부족하다고 거세게 비난했다. 역사적으로 산출된 통계를 보았을 때, 맞지 않는 경우가 너무 많았기 때문이다. 하지만 1960~1970년대에 들어서면서 평화 시에도 인플레이션이 경제에 걸림돌이 되기 시작했고, 피셔의 이론이 사실로 입증되었다.

그럼에도 불구하고 매콜리의 연구는 상당히 중요하다. 그가 피셔의 이론을 반박하는 과정에서 매우 혁신적인 성과를 달성했기 때문이다. 매콜리는 자신의 이론을 주장하기 위해 먼저 장기채권 금리를 정량적으로 정의하는 방법부터 찾아야 했고, 이 과정에서 채권의 만기가 중요하기는 하지만 꼭 원금이 상환되는 시점을 뜻하지 않는다는 점에 주목했다. 예를 들어, 만기가 20년이고 6%의 이자를 지급하는 채권의 경우, 원금의 가치는 20년이 아니라 17년이 채 안 되는 때 모두 상환된다. 게다가 6개월에 한 번씩 3% 금리로 재투자된다는 점을 감안하면, 원금이 상환되는 시기는 더 빨라진다. 이것이 바로 듀레이션duration의 개념이다. 채무자가 지불하는 원금과 이자의 현금 흐름이 채권자가 처음 빌려준 원금의 가치와 같아지는 시점이 바로 듀레이션이다. 게다가 듀레이션은 채권이자의 변화에 따른 채권가격의 변동성을 측정하는 데 필요한 전략적인 요소다. 듀레이션에 대해 매콜리가 내린 정의는 오늘날 채권시장의 리스크를 측정하는 기본적인 방법이 되었다.

1960년대까지도 채권시장은 잠잠하기 그지없었다. 제2차 세계대전 후 15년이라는 세월이 흐른 후에야 인플레이션은 1%에서 2%로, 다시 3%로 상승했다. 1968년, 인플레이션이 4%에 육박했고, 물가는 오르기 시작했다. 1970년, 인플레이션은 6%를 기록했다. 채권투자자들은 그제야 상황의 흐름을 인식하기에 이르렀다. 인플레이션과 함께 장기 재무부채권Treasury bond의 수익률은 상승했고, 채권가격은 더욱 하락했다. 한때 가장 안전한 투자로 알려졌던 채권은 '압수된 증권'이라고 조롱받게 되었다.

실제적인 예를 들어보자. 1965년 한 투자자가 이자율 4%의 30년 만기 채권에 10만 달러를 투자했다. 당시 1달러당 100센트의 가격으로 채권을 사들였는데, 15년 후 이는 45센트까지 떨어졌다. 즉 투자금을 1,000달러라고 했을 때 원금이 450달러가 되어버린 것이다. 인플레이션은 끔찍한 피해를 남겼다. 당시 450달러의 구매력은 1954년 450달러의 구매력에 비해 40%도 채 안 되는 수준이었다. 채권은 무조건 묻어두면 된다는 생각은 사라졌고, 채권시장은 변화하기 시작했다.

그 후로도 채권시장은 많은 우여곡절을 겪는다. 하지만 1972년, 적극적으로 채권관리가 발전하게 된 작은 전기가 있었다. 살로몬 브라더스Salomon Brother에서 경제학자로 일하던 시드니 호머

Sidney Homer와 마틴 리보위츠Martin Leibowitz는 『Inside the Yield Curve』라는 책을 발표했는데, 채권상품의 복잡성과 그에 따른 수익기회에 대해 설명한 책이다. 이 책에는 지금이라면 당연하게 생각되는 정보들이 담겨 있지만, 당시에는 그 가치를 인정받지 못했다. 책의 첫 문단에는 "채권수익은 한 푼 한 푼이 매우 중요한데, 사람들은 이를 당연하게 생각하거나 오해한다."고 적혀 있다.

예를 들면, 채권의 수익률을 계산할 때에는 1년에 두 번씩 정기적으로 지급되는 이자가 약속된 이자율로 재투자된다고 간주한다. 당연한 이유 때문인데, 채권이자율이 2%라면 재투자를 해도 별반 차이가 없다. 3%여도 마찬가지다. 하지만 6%의 이자율로 20년이 넘는 기간 동안 재투자를 한다면 이야기는 달라진다. 이때 채권자는 실제 빌려준 원금보다 더 많은 돈을 받게 된다. 이것이 바로 복리compound interest의 힘이다. 호머와 리보위츠는 복리를 가리켜 '이자에 붙는 이자'라고 칭했다. 이런 작은 차이가 투자자의 수익에 절대적인 영향을 미친다는 사실을 명심하자.

이 책에는 채권의 가격변동에 대한 설명도 담겨 있다. 과거와 달리 오늘날은 채권가격이 변화하기 때문에 투자자들은 새로운 기회를 얻기도 하고, 동시에 리스크를 감수하기도 한다. 호머와 리보위츠도 여기에 대해 자세히 설명했는데, 이것이 바로 부지런하고 분석적인 투자자들이 수익을 올릴 수 있는 방법인 채권스왑bond swap의 개념이다.

호머와 리보위츠의 책이 소개되었을 무렵, 몇몇 대담한 투자 전문가들은 적극적인 채권투자전략을 실험해보기 시작했다. 불안정한 상황에서도 채권을 묻어놓기만 하던 투자자들과 달리, 이들은 실제 가치와 가격이 다른 채권을 찾아 투자하기 시작했다. 또한 시장에서도 인플레이션에 대한 우울한 기대와 채권시장의 변동성이 커지면서 더 많은 기회가 생겨났다. 이 선도적인 투자 전문가들은 세심하게 채권이자율과 수익률곡선yield curve을 예측하고, 시장이 비유동적일 때 발생하는 비효율성을 이용해 놀라운 투자실적을 올리게 된다. 이때부터 적극적으로 채권을 관리하는 채권펀드매니저라는 직업이 생겨나게 되었다.

미국 서부 해안에 위치한 퍼시픽 뮤추얼Pacific Mutual(지금은 퍼시픽뮤추얼라이프 보험회사)도 이 선도적인 기업 중 하나였다. 1971년, 퍼시픽 뮤추얼라이프 보험회사Pacific Mutual Life Insurance Company는 핌코 Pacific Investment Management Company(또는 PIMCO)라는 이름의 자회사를 설립하고, 고객들을 위해 적극적인 채권관리 서비스를 시작했다. 그로스는 처음부터 핌코와 함께한 인물이다. 그는 UCLA 비즈니스스쿨을 졸업한 직후 퍼시픽뮤추얼라이프 보험회사에 입사했고, 곧 핌코에 합류했다. 이 책은 그 이후의 이야기다.

피터 번스타인Peter L. Bernstein

2003년 11월

서문

빌 그로스는 세상을 거꾸로 보곤 한다. 말 그대로 매일 요가를 하면서 물구나무를 서기 때문이다. 그는 요가를 하면서 세상을 거꾸로 보듯, 일을 하면서도 고정관념을 거부한다. 덕분에 지난 30년간 전설적인 투자실적을 달성했다. 그로스는 현재 3,600억 달러의 채권자산을 관리하고 있으며, 연평균 10% 이상의 투자수익을 올리고 있다.

그로스가 일반적인 펀드매니저들과 다른 점은 무엇보다 그의 뛰어난 시각에 있다. 그는 다른 누구보다 먼저 채권시장에 숨어있는 기회를 찾아낸다. 그의 가장 큰 성과는 채권도 적극적으로 매입과 매도를 지속하면 총수익total return을 높일 수 있다는 사실을 증명한 것이다. 그로스는 채권투자에 있어서 총수익의 개념을 도입했고, 지금은 세계에서 가장 큰 뮤추얼펀드인 핌코 토탈리턴펀드PIMCO Total Return Fund를 운용하고 있다.

이 책에는 한때 채권투자를 지루하다고 생각하던 그로스가 채권시장에서 일구어낸 성공 스토리가 담겨 있다. 그가 처음부터 '채권왕'이었던 건 아니다. 하지만 지금은 명실상부한 채권계의 최대 거물이 되었다. 채권왕이라는 별명은 그로스를 단적으로 표현해주지만, 그의 투자철학과 접근방식을 꼼꼼히 뜯어보면 그로스는 참 복잡하면서도 놀라운 사람이다.

1982년 핌코의 「인베스트먼트 아웃룩Investment Outlook」소식지에 실린 그로스의 글, '고슴도치의 시간Hedgehog Time'은 특히 그에 대해 많은 점을 시사한다. 그는 스스로를 이사야 벌린Isaiah Berlin이 쓴 수필 『고슴도치와 여우The Hedgehog and the Fox』에 나오는 고슴도치에 비유했다. 벌린은 수필에서 고대 그리스의 시인 아르킬로코스Archilochus를 인용해, 여우는 많은 것을 알지만 고슴도치는 중요한 것 단 한 가지만을 안다고 표현했다. 그로스는 시장이 여우처럼 최근의 사건을 눈으로 쫓는데 반해, 자신은 고슴도치와 같아서 거대하고 장기적인 상황을 주목한다고 강조했다. 당시 투자시장은 폴 볼커Paul Volcker 연방준비위원회Federal Reserve 의장이 실시한 인플레이션 억제정책의 파급효과를 파악하지 못한 상태였다. 사람들은 그 전까지 채권시장이 베어마켓(약세시장)

이어서 앞으로도 그럴 것이라고 생각했다. 하지만 그로스는 앞으로는 불마켓(강세시장)이 될 것이라고 예측했다. 그의 예상은 적중했다. 그는 올바른 관점을 가지고 있어서 올바른 예측을 할 수 있었다. 그는 세계를 이해하려고 집중하고 노력하기 때문에 올바른 관점을 유지하는 게 가능하다.

그로스의 성격은 고슴도치형 인간에 대한 벌린의 묘사와 꼭 닮았다. 그는 "고슴도치형 인간은 모든 것을 하나의 핵심적인 비전, 즉 명료하고 일관된 하나의 시스템에 조직화시킨다. 이런 시스템은 모든 것을 조직화시키는 하나의 보편 원리다. 반대로 여우형 인간은 다양한 목표를 추구한다. 이 목표들은 흔히 서로 관계가 없으며 때로는 모순되기도 한다. 물론 심리적이고 생리적인 이유에서 사실적인 관계를 갖지만 도덕적이고 미학적인 원리에 근거한 관계는 아니다."라고 설명했다. 그로스는 확실히 고슴도치며, 훌륭한 철학자다.

이 책에는 그로스의 투자생활도 소개되어 있다. 그의 경험과 투자전략에서 얻을 수 있는 교훈이 담겨 있다. 또한 남편과 아버지로서의 그의 모습도 엿볼 수 있다. 그로스는 스스로 이 역할을 훌륭히 해내고 있다고 자랑스러워한다. 사실 그는 첫 번째 결혼에 실패했다. 일에 파묻혀 결혼생활에 소홀했던 게 문제였다. 그래서 19년 전 두 번째 결혼을 하면서 가족들에게 더 많은 시간을 할애하겠다고 다짐했다. 이 시절 「인베스트먼트 아웃룩」의 독자들은 소식지를 통해 그의 아내 수Sue와 막내아들 닉Nick에 관한 이야기를 심심치 않게 들을 수 있었다. 핌코를 방문하는 고객들은 아직도 그들의 안부를 물을 정도다.

그로스는 일뿐 아니라 일상생활에서도 집착이 강한 편이다. 일할 때에는 작은 수익이라도 놓치지 않으면서 투자의 총수익을 높이는 데 전력하면서 아내와 함께 길을 걸을 때는 동전을 찾기에 여념이 없다고 한다. 행운을 가져다준다는 미신 때문이다. 누군가 수지타산을 따져본 적이 있는데, 그가 설사 거리에서 100달러짜리 지폐를 줍는다고 하더라도 헛일이라는 결론을 내렸다. 그로스가 채권투자로 1초당 벌어들이는 돈이 그보다 더 많기 때문이다. 하지만 그것을 알면서도 그로스는 거리를 걸을 때마다 동전을 주우려고 두리번거린다. 그는 이처럼 자신이 사소한 미신을 믿는다고 거리낌 없이 말한다.

그로스의 인간적인 면모를 살펴보면 그는 솔직한 사람이다. 자신의 실패나 약점도 숨기지 않는다. 사생활에서나 일에 있어서나 정직하게 자신의 잘못을 인정한다. 언젠가 그로스에게 지금의 부인과 만나게 된 이야기를 들려달라고 한 적이 있었다. 그는 약간 멋쩍어했지만 그래도 이야기를 해주었다. 두 사람은 데이트서비스를 통해서 만났는데, 아내 수는 그로스와 데이트를 할 생각이 없었다고 한다. 6개월 후, 그로스는 다시 데이트를 신청했고, 결국 수도 마음을 바꾸어 승낙했다. "끈질긴 게 먹힌 거죠."라고 그로스는 말했다. 하지만 첫 데이트 장소에 도착했을 때, 그로스는 지갑을 사무실에 놓고 나왔다는 사실을 알게 됐다. 로비에 시계를 맡기려 했지만 받아주지 않아서 결국 수가 데이트 비용을 계산했다고 한다. 그러고 보면 그로스의 아내 또한 투자의 귀재가 아닌가.

요즘 그로스는 열다섯 살이 된 아들 닉에게 운전을 가르쳐주느라 진땀을 빼고 있다. 캘리포니아에서는 열여섯 살만 되면 운전면허를 취득할 수 있기 때문이다. "아들이 운전을 하게 되면 좋을 것 같아요. 하지만 반드시 안전하게 해야 해요. 안전이 문제죠. 그래서 딱지를 하나라도 끊으면 운전은 무조건 금지라고 일러두었어요."

그는 대개 핌코 근처에 있는 1만 평방피트나 되는 자신의 집에서 책을 읽거나 우표 수집을 하면서 시간을 보낸다. 무엇보다 역사, 철학, 지정학에 관한 책을 즐겨 읽는다. 아내 수는 얼마 전부터 그림을 그리기 시작했는데, 꽤 많은 작품을 그리고 있어서 그로스는 "조금 있으면 더 큰 집을 사야겠다."고 농담을 하곤 한다.

하지만 무엇보다 이 책은 채권왕으로서의 빌 그로스에 관한 이야기다. 책을 읽으면서 그가 어렵게 얻은 경험을 독자들도 간접적으로 체험할 수 있게 구성되어 있다. 그로스의 장기적인 투자 안목을 참고해, 독자들 또한 미래를 준비하는 데 필요한 안목과 예측력을 배우기 바란다.

이 책은 여러 사람들의 인터뷰와 자료를 통해 완성되었다. 이 자리를 빌어 도움을 준 이들에게 감사를 전한다.

비즈니스와 스포츠는 공통점이 있다. 기록이 발표되고, 모두가 승자를 알게 된다는 것이다. 빌 그로스는 채권투자계의 베이브 루스Babe Ruth다. 이 책을 집필하는 데 많은 도움을 준 그로스에게 먼저 감사의 말을 전한다. 그는 자신의 파트너와 직원들에게도 부탁해 내가 핌코의 펀드관리에 대해 충분한 정보를 얻을 수 있도록 배려해주었다. 핌코의 PR담당자인 마크 포터필드가 여러 담당자들과의 인터뷰를 주선해주었다. 그로스와 포터필드는 이 책을 위해 많은 일을 해주었고, 다른 직원들도 마찬가지다. 이들 모두에게 감사드린다. 만약 이 책에서 틀린 내용이 있다면, 그건 핌코의 크나큰 도움에도 불구하고 실수를 한 나의 탓이다.

내 에이전트인 에스몬드 함즈워스와 존 윌리 앤 선스John Wiley & Sons 출판사 에디터인 지엔 글래서는 내 초안을 매끄럽고 완벽하게 고쳐주었다. 초안을 고치느라 수고했을 뿐 아니라, 나를 한층 발전시켜주어서 감사하다.

제시 리버모어Jesse Livermore, 버나드 바루크Bernard Baruch, J 피어폰트 모건J.Pierpont Morgan에 대한 부분에서는 이들의 자서전 작가들에게 많은 도움을 받았다. 금융시장에 대해서는 「이코노미스트The Economist」와 모닝스타Morningstar Inc., 블룸버그Bloomberg, EFTConnect.com의 데이터베이스에서 많은 정보를 얻었다.

MSN머니MSN Money의 에디터 마크 팔로스키, 리차드 제킨스, 얼 노튼, 존 마크맨에게도 감사한다. 그분들 밑에서 일할 수 있어서 기뻤다. 또 CNBC의 동료들인 매트 그레코나, 마크 헤인즈에게도 많은 도움을 받았다. 또 앤디 글럭, 댄 액스트, 댄 와이너, 짐 로웰, 릭 그린, 마이크 맥더모트, 랜디 마이어스 등 같은 금융기자들도 간접적이지만 큰 도움이 됐다. 이들이 없었다면 나는 이 책을 쓰지 못했을 것이다.

아내 조이스는 내 인생에서 길잡이 역할을 해주었다. 내 인생 최고의 행복은 아내를 만나 결혼한 것이다. 교장선생이기도 한 그녀를 아내로 둔 나는 정말 행운아다. 아내 덕분에 나는 힘을 얻는다. 그리고 세 아이들 브렌든, 마이클, 마가렛에게 고맙다는 말을 전한다. 아이들은 모두 각자 책을 쓰고 있으면서도, 내가 이 책을 집필하는 동안 집안 대소사에서 내 빈 자리를 메워주었다.

돌아가신 어머니와 아버지는 어린 시절 집을 책으로 채워주셨다. 나는 그 책들을 바라보며 나도 언젠가 책을 써서, 그 책들과 나란히 선반에 올려놓겠다고 다짐하곤 했다. 지금은 그 꿈을 이루었다. 제인 그레이Zane Gray의 서부개척 시대의 소설을 좋아하는 어머니와 낚시하는 법을 가르쳐주신 아버지 덕분이다.

뉴저지, 쇼트힐
2003년 11월

차례

채권왕, 빌 그로스가
전하는 투자조언

Part1
빌 그로스,
세계 최고
채권왕이 되다

INVESTMENT
SECRETS
FROM
PIMCO's

BILL
GROSS.

그로스는 카지노 도박판에서 몇 개월을 보내면서 세 가지 교훈을 얻었다. 첫째는 리스크를 분산해야 한다는 교훈이다. 카드패는 좋을 때도 있고, 나쁠 때도 있다. 최고의 도박사라도 카드패가 좋지 않을 때를 견뎌내야 한다. 그러자면 칩을 충분히 가지고, 가뭄 끝에 단비가 올 때까지 버텨야 한다. 투자에서 칩은 바로 자본금이다. 자본금이 떨어지면 그것으로 끝이다. 두 번째 교훈은 내재되어 있는 리스크를 파악하고 측정하며, 리스크가 도박판에 끼치는 영향을 예측하는 것이다. 그로스는 이 교훈을 카드카운팅 기술에 활용해 다음 카드가 킹일지 퀸일지, 1점짜리일지 2점짜리일지의 가능성을 예측하곤 했다. 세 번째 교훈은 약간 위험하더라도 확률이 높다고 생각되면 돈을 많이 베팅하는 것이다.

prologue

황금기를 걷고 있는 빌 그로스

윌리엄 헌트 그로스William Hunt Gross를 본 사람들은 그가 미국에서 가장 부유하고 영향력 있는 사람이라고는 짐작도 하지 못할 것이다. 그로스는 언제나 회갈색 머리를 단정하게 옆으로 빗어 넘기고 넥타이는 약간 느슨하게 풀어놓은 채, 자신의 자리에 꼿꼿이 앉아 미동도 하지 않고 컴퓨터 모니터를 응시한다. 그의 자리 4,200평방피트 정도 되는 핌코의 분주한 트레이딩 룸 한 켠을 차지하고 있다. 다른 직원들 자리와 다른 점이 있다면 그나마 조금 넓은 편이라는 것뿐이다. 핌코 트레이딩 룸은 미국 증권시장의 중심인 월스트리트와 3,000마일이나 떨어져 있다. 로스앤젤레스 중심지에서도 한 시간 정도 들어가면, 뉴포트비치 컨트리클럽 골프장과 패션아일랜드 쇼핑몰이 나오는데, 그 두 건물 사이에 야자수 몇 그루와 함께 서 있는 작은 3층 건물이 바로 핌코의 트레이딩 룸이다. 2003년 「포춘Fortune」 여론조사에서 10대 경제 거물로 뽑힌 사람의 사무실이라고 하기에는 이루 말할 수 없이 검소한 모습이다.

하지만 그로스의 조용하고 겸손한 성품은 그의 유명세의 일부분일 뿐이다. 많은 이들이 그로스를 연구하고, 존경하며 심지어 그의 행동을 점치려 한다. 땅 속의 기를 읽어내어 수맥의 위치를 찾아내는 점쟁이처럼 채권 전문가들은 그로스의 말 한 마디, 행동 하나하나에 담긴 의미를 읽어내 채권시장의 향방을 예측하려 한다. 이들은 캘리포니아 해변에 위치한 핌코 사무실에 '비치the Beach(해변)' 라는 별명을 지어주기까지 했다.

채권시장에서 그로스의 영향력은 전설적인 투자자 워렌 버핏 Warren Buffet이 주식시장에 미치는 영향력과 비슷하다. 주식투자자들은 버핏의 일거수일투족을 분석한다. 급기야 그가 조금이라도 관심을 보인 기업의 주가는 급상승한다. 채권시장은 주식시장에 비해 조용하기는 하지만, '비치' 가 어떻게 움직이는지에 관한 추측과 소문은 난무한다. 사실 그로스의 뛰어난 예측능력과 채권시장 및 주식시장에서의 막강한 영향력을 고려하면, 미국 금융권이 '비치의 움직임' 을 예의 주시하는 것도 무리는 아니다. 미국 연방준비위원회가 비밀스러운 회의를 통해 내린 결정을 신성시하는 전문가들이나, 워렌 버핏이 최근 어떤 주식을 매입했는지에 대해 추측해대느라 바쁜 버핏 찬양론자들은 잊어라. 그보다는 지금 그로스의 머릿속에 어떤 생각이 들어 있는지 예측하고, 해석하며, 분석하는 것이 더 중요하다.

세상에는 뛰어나게 명석한 사람들이 있는데, 그로스 또한 이들 중 하나다. 2002년 3월, 그는 핌코가 고객에게 발행하는 「인베스트먼트 아웃룩」 소식지를 통해 제너럴 일렉트릭GE의 재무제표에 문제점이 있다고 분석했다. 당시 GE는 미국에서 가장 존경받는 기업이었고, 빈틈없는 경영과 지속적인 수익증대로 성공가도를 달려왔다고 알려져 있었다. 하지만 그로스는 GE를 제조업체가 아니라 돈벌이만을 쫓는 무분별한 자본들의 집합체라고 묘사했다. GE의 돈줄인 GE 캐피털GE Capital을 통해 PIMCO와 같은 기관에 기업어음Commercial Paper(또는 CP)을 발행하고, 이렇게 조달된 자금으로 여타 기업들을 사들여왔기 때문이었다. 그는 GE를 워렌 버핏이 회장으로 있는 버크셔 해서웨이Berkshire Hathaway와 비교했는데, 버크셔 해서웨이는 외부 투자자들과 분리되어 있고 워렌 버핏이라는 천재적인 투자자가 뛰어난 기술로 우량 기업을 선별해 매입하지만, GE 캐피털은 무분별하게 기업을 사들이고 있다고 평가했다. 또한 GE 캐피털이 트리플 A로 분류되어 있지만 어음 규모가 대출 한도의 세 배나 된다는 점도 지적했다.

그로스는 GE의 재무구조를 어마어마한 빚더미에 깔려 언제

무너질지 모르는 탑에 비유했다. GE 주식은 매우 안전한 블루칩으로 분류되어 있었지만, 그로스는 한동안 GE의 CP를 보유할 생각이 없다고 밝혔다.

곧 GE와 수많은 증권사 애널리스트들은 그로스를 거세게 비난했고, 예상치 못한 소동이 일어났다. 하지만 투자자들은 그 즉시 GE의 채권과 어음을 헐값에 매도하기 시작했고, 견디다 못한 GE는 부채를 크게 줄이겠다고 발표했다. 세계적인 전문가들은 그로스의 분석에 동의했다. 블루칩 중에서도 최고로 손꼽히던 GE는 사실 리스크가 내재된 벤처펀드venture fund였고, 워렌 버핏이나 존 도어John Doerr처럼 뛰어난 리더십도 부재한 상태였다. '채권시장의 예언자'로 불리던 그로스의 분석은 명성 그대로 아주 정확했다.

그로스의 날카로운 눈은 기업에 영향을 미치는 데 그치지 않고, 시장 전체를 움직이기도 했다. 2000년 2월 마지막 날, '비치'가 갖가지 채권을 사들이고 있다는 소문이 메릴린치Merrill Lynch, 골드만 삭스Goldman Sachs, 베어스턴스Bear Stearns, 리먼 브라더스Lehman Brothers에 퍼졌다. 소문인즉 '빌 그로스가 직접 나서서 채권을 사들이고 있다!'는 것이다. 마치 산불이 번지듯, 핌코의 경쟁 기업들은 미국 재무부채권, 우량 회사채, 모기지를 사들이기 시작했다. 몇 시간이 지나지 않아 채권가격은 천정부지로 치솟았고, 장기 국채의 금리는 요동치기 시작했다(채권금리는 채권가격과 반대로 움직인다. 따라서 채권가격이 상승하면 채권금리는 하락한다). 채권금리가 하락하자, 그렇지 않아도 주식이 너무 과대평가되었다고 우려하던 일부 투자자들은 더욱 불안해지기 시작했다. 며칠 후 3월, 미국의 주가는 최고조에 달했다가, 곧 곤두박질치기 시작했다.

다들 그로스가 주식시장에 대해 남모르는 무언가를 알고 있을 것이라고 추측했다. '비치'의 분석이 얼마나 정확한지 알고 있던 투자자들은 그로스의 채권매입에 관한 소문을 듣고, 1990년대의 엄청난 불마켓 때문에 주식시장에 버블이 형성되었다는 확신을 되새겼다. 이들은 보유하고 있던 IT주식을 대거 매도하고 성난 소떼처럼 채권시장으로 달려갔던 것이다. 2000년 2월의 마지막 날, 그리고 그 후 몇 주, 몇 개월 동안 그로스는 채권시장뿐만 아니라 주식시장에서 워런 버핏, 빌 클린턴Bill Clinton 대통령, 앨런 그린스펀Alan Greenspan 연방준비위원회 의장보다 더 큰 영향력을 행사했다. 상황이 이렇다 보니 '비치'가 무엇을 하고 있는지 해석하고, 추측하고, 분석하느라 밤낮을 보내는 것도 무리는 아니다.

그러나 그로스는 자신에게 쏟아지는 관심에는 개의치 않고, 매일의 일상적인 절차를 중요시한다. 그의 일상은 마치 동굴 속의 석순처럼 변함이 없다.

그로스는 매일 아침 모나코 그랑프리Monaco Grand Prix 경주에서나 볼 수 있을 것 같은 멋진 벤츠로 집에서 10분 거리에 있는 '비치' 사무실로 출근한다. 그는 조심스럽고 세심하게 차를 운전하지만 빠르고 멋진 차에 마음을 뺏기는 사람이다. 사무실로 가는 차 안에서는 그날의 기분에 따라 클래식이나 록음악을 듣는데, 모차르트도 좋지만 1970년대를 풍미한 록밴드 두비 브라더스 Doobie Brothers나 데이브 매튜스Dave Matthews 같은 그룹도 좋아한다. 미국 동부 시간에 맞춰 일을 해야 하기 때문에, 새벽 5시 30분이면 하루 업무를 시작한다. 너무 이른 시간이지만, 그로스는 이를 감수할 만큼 캘리포니아를 좋아한다.

그로스는 '비치'에 도착하면 곧장 자신의 사무실로 향한다. 빳빳하게 풀을 먹인 셔츠의 옷깃과 넥타이를 느슨하게 풀고, 겉옷은 옷걸이에 걸어둔 채 항상 같은 순서로 컴퓨터 화면을 켠 뒤, 앞에 놓인 한 쌍의 헝겊 주사위를 5와 6이 위로 가게 놓는다. 주사위 게임에서 모든 사람들이 기뻐할 만한 숫자의 조합이기 때문이다. 도박꾼들은 아주 작은 변화라도 생기면 행운이 날아가버린다고 믿는데, 그로스도 이런 사소한 것들에 집착한다.

'비치' 사무실은 늘 붐비고 분주하면서도, 장례식장처럼 조용하다. 그로스가 소음 때문에 정신이 흐트러지는 것을 싫어하기 때문이다. 이 때문에 스트레스를 받는 동료도 있다. 그 중 한 명은 그로스가 몇 시간이고 말없이 있을 때도 있다고 털어놓았다. 일을 할 때면 그로스는 마치 사마귀처럼 꼿꼿하게 앉아 생각에 잠겨 물끄러미 컴퓨터 화면을 바라본다. 그러다가 블룸버그 화면에 변화가 있거나, 무언가 흥미로운 점을 발견하면 볼 베어링에 매달린 전투함의 대포처럼 고개만 움직여 이쪽 모니터와 저쪽 모니터를 번갈아가면서 응시한다. 그 외에는 조각상처럼 꼼짝하지 않고 한쪽 컴퓨터 화면을 응시하다가 천천히 그 옆에 있는 화면으로 시선을 돌린다.

캘리포니아의 시간이 오전 9시가 되면 뉴욕의 맨해튼은 점심 시간이다. 그로스는 이때를 이용해 사무실 맞은편 매리어트호텔에 있는 피트니스센터로 운동을 하러 간다. 해병대 출신의 개인 트레이너와 함께 보통 한 시간 반 정도 운동하는데, 주로 심혈관계 운동과 고강도 요가, 스트레칭을 한다. 그는 대학교 때 입던 면바지를 아직도 입을 수 있을 정도는 아니지만 당시 32인치였던 허리 사이즈가 중년인 현재 3인치밖에 늘지 않았을 정도로 건강을 유지하고 있다.

정오가 되면 그로스는 투자위원회 회의에 참석한다. 그가 회의에 참석하는 이유 중 하나가 공짜 점심을 주기 때문이라고 멋쩍어하면서 말할 만큼 절약하는 스타일이다. 그리고 4시가 조금 넘어서면 그로스는 사무실을 나선다. 뉴욕의 채권시장이 폐장을 하고도 몇 시간이 지난 후다. 그는 라구나 비치Laguna Beach에 있는 집으로 돌아가는 길에 잠시 컨트리클럽에 들러 골프를 친다.

저녁에는 아내 수와 외식을 할 때도 있다. 그들이 단골로 가는 멕시코 식당은 5시 반 디너타임 밥값이 둘이 합쳐 20달러도 되지 않는다. 저녁을 먹고 6시 반이 되면 집으로 돌아와 우표수집이나 독서를 한다. 그로스는 우표수집가로도 이름이 알려져 있고, 또 독서를 꽤나 좋아해서 앨런 그린스펀의 '다우 5,000 Dow 5,000' 칼럼보다 버지니아 울프 Virginia Wolf의 책을 더 많이 읽었다. 그는 언제나 새벽 5시 이전에 일어나 블룸버그 주가 정보를 훑어보고 출근을 하기 때문에, 대개 잠자리에 일찍 든다. 아침식사로는 시리얼에 늘 같은 종류의 과일을 넣어서 먹는데, 아내인 수가 과일에 들어 있는 항산화 성분이 심장에 좋다고 권하기 때문이다. 아침에 먹는 과일을 제외하면, 그로스는 철저하게 요가 식단을 따른다. 주말이면 필드에 나가 골프를 치는데, 예약이 가능하면 팜스프링스 외곽에 위치한 인디안웰스 골프장으로 아내와 함께 골프를 치러 간다. 그로스는 이런 여유에 대해 "11월부터 그 다음해 5월까지 인디안웰스 골프장은 정말 좋죠. 모래사막이 높을 뿐 아니라, 기온도 적당하고 골프장으로도 정말 좋아요. 이곳의 삶은 평화로워요."라고 말한다.

그 말이 맞을지도 모른다. 하지만 그로스는 골프를 칠 때도 대충 하는 법이 없다. 그는 골프를 늦게 배운 편이라, 아직도 초보자라고 생각하지만 실은 실력이 상당하다. 그로스의 핸디캡은 13인데, 핌코의 투자등급회사 스페셜리스트이면서 스크래치 골퍼(핸디캡이 0인 골퍼를 말한다, 아마추어로서는 최고의 등급이라고 할 수 있다)인 마크 키셀 Mark Kiesel은 그로스가 토너먼트에서는 8핸디캡을 적용해도 너끈히 소화할 만큼 실력이 좋다고 말한다. 사실 그로스는 1년에 몇 번씩 토너먼트에 참가하는데, 2002년 캘리포니아 페블 비치Pebble Beach에서 열린 AT&T 내셔널 프로 및 아마추어 골프 경기에서는 타이거 우즈Tiger Woods와 한 팀을 이루기도 했다. 그는 "골프를 치다 보면 집착이 생겨요. 20년 전쯤 6일짜리 마라톤 코스를 달린 적이 있는데, 그때 느꼈던 기분과 비슷해지죠. 하지만 실력이 눈에 띄게 좋아지지는 않네요."라고 말한다. 그는 모든 일에서 그렇듯이 골프에도 열심이다. 인터뷰를 마친 후에도 핌코의 CEO 빌 톰슨Bill Thomson과 함께 오리건 밴든 듄스Bandon Dunes 골프장으로 향했다. 밴든 듄스는 해발 100피트에 위치하고 있으며, 세계 100대 골프장 중 하나로 꼽히는 곳이다.

그로스는 여느 은행에나 있는 채권펀드매니저들과는 확연히 다르다. 그의 놀라운 능력은 시장을 흔들 정도로 강력하다. 그는 명료한 생각과 집중력을 중요시하며, 사무실 밖에서도 풍요로운 삶을 추구하고 있다. 자신의 내면을 성찰하고, 요가와 끊임없는 독서를 바탕으로 명확한 결정을 내린다. 또 자신의 실수를 용납하지 못하는 것으로도 유명하다. 투자가 뜻대로 되지 않은 날이면 그는 엘리베이터 대신 계단을 이용해 다른 사람과 맞닥뜨리는 것을 피하고 말도 섞지 않으려 한다. 그로스는 일에 대해서만큼은 경쟁적이고 집착이 강하지만 동시에 영적이고 호기심이 많은 사람이다.

그로스는 다양한 투자방식으로 뛰어난 성과를 도출해왔는데,

이들은 모두 엄격하고 헌신적인 노력 덕분이었다. 그에게서 배울 수 있는 첫 번째 교훈은 바로 '그 어떤 것도 대충대충 해서는 안 된다' 는 것이다.

앞으로 이 책에서는 그로스가 채권시장의 각 영역에서 사용하는 투자기술을 상세하게 설명할 것이다. 하지만 그의 투자전략을 배우기에 앞서 그만의 투자철학을 명심해야 한다. 다른 펀드매니저들과 달리 그로스는 투자가 합법적인 도박이라고 생각한다. 그로스는 젊은 시절 라스베이거스의 블랙잭 도박판에서 카드카운팅 '시스템system' 을 이용해 돈을 번 적이 있는데, 마찬가지로 채권시장에도 일종의 '시스템'을 적용할 수 있다고 믿는다. 다만 도박판과 달리 채권시장에는 카지노라는 막강한 맞수가 있는 것도 아니고, 시스템을 사용한다고 쫓아낼 경비원도 없다.

그로스가 주는 두 번째 교훈은 '너 자신을 알라' 이다. 투자에 대해 고민하기 전, 자신이 무엇을 하려는지 정확히 알아야 한다. 투자자들은 자신이 어떤 위험에 노출되어 있는지 파악하고, 리스크를 통제해야 한다. 장기투자를 하되 무엇보다 확률을 알아야 한다. 투자판은 순진한 과부와 고아들이 가득한 곳이 아니기에 풋내기는 돈을 잃을 수밖에 없다. 연구하고, 공부해야 한다.

핌코의 투자 최고 책임자인 그로스는 여전히 투자게임의 대가다. 앞으로의 예측이 어떠하든 그로스는 끊임없이 노력할 것이다. 그로스를 보면 유명한 우주학자 마틴 리스Martin Reese의 말이

떠오른다. 그는 프린스턴대학교 스크리브너Scribner 강의를 모아 수록한 책 『우주가 지금과 다르게 생성될 수 있었을까Our Cosmic Habitat』에서 자신의 동료들이 우주의 기원과 운명에 대해 끊임없이 연구하고 있는데, 비록 답을 찾기 어렵고 어쩌면 절대 답을 찾지 못할지도 모르지만 그래도 지치지 않는다면서, "이들은 가끔 오류를 범할지는 모르지만, 절대 의심하지 않는다."고 평가했다.

아직도 주식시장에 군림하고 있는 워렌 버핏처럼, 그로스도 기본적인 가치를 활용해 권력과 명성을 쌓았다. 이는 일반 투자자도 쉽게 배울 수 있는 기술이다. 물론 이 두 명의 천재 투자자들은 일반 투자자와는 다르다. 그로스는 수학에 뛰어난 투자 전문가들, 컴퓨터, 트레이더들까지도 능수능란하게 다룰 줄 알 뿐 아니라, 복잡한 채권파생상품에 대해서도 통달해 있다. 덕분에 성공적인 투자성과를 도출하고, 추가적인 수익을 짜내고, 또 손해를 최소화한다.

버핏도 마찬가지다. 그는 기업을 직접 사들일 능력도 있고, 일반 투자자들에게는 허용되지 않는 전환우선주interest-paying convertible stocks를 매입할 수도 있다. 당연히 일반 투자자들이 그로스나 버핏을 이길 수는 없다. 하지만 그로스의 전략을 최대한 활용한다면, 채권투자로 상당한 수익을 얻을 수 있을 것이다. 30년의 투자경력을 바탕으로 그로스가 얻은 지혜를 빌려 투자수익을 올려보자.

이 책의 1장에서는 그로스의 인생과 성공에 대해서, 2장에서는 채권시장의 각 분야에서 총수익을 증대시키는 그의 전략에 대해서 상세하게 분석할 것이다. 3장에서는 그로스의 방법을 응용해 자신만의 채권투자 전략을 짜고, 수익을 올리는 방법에 대해 설명하겠다.

200달러를 가진 대학졸업생에서 5억 달러를 벌어들이는 채권왕이 되기까지

빌 그로스의 역사

빌 그로스는 1944년 4월 13일 오하이오 주 남서부 하단, 인디애나 주와 켄터키 주의 국경 근처에 위치한 미들타운에서 태어났다. 미들타운은 대도시인 신시내티와 데이턴 시 가운데쯤 위치하고 있는, 그리 크지도 작지도 않은 공업도시로 버틀러카운티Butler County에 속해 있다. 그로스는 아직도 어린 시절 여름 오후를 보냈던 미들타운의 버틀러크릭Butler Creek 강을 회상하면서 추억에 잠기곤 한다. 그곳은 물이 잔잔해서 안전했고 온화했다. 한때 미국을 강타해 큰 피해를 남긴 미시시피 강이나 태평양의 깊은 심연과는 크게 달랐다.

1940년대만 해도 미국에서 아이들이 질병으로 사망하는 경우가 드물지 않아서, 부모들은 아이들 건강 때문에 걱정이 많았다. 1954년 4월, 조나스 소크Dr. Jonas Salk가 혁신적인 백신을 개발해 대량생산을 시작하기 전까지 소아마비는 무서운 질병이었고, 성홍열에 걸려 죽는 아이도 꽤 많았다. 그로스도 두 살 때, 성홍열에 걸려 생사를 넘나든 적이 있었다. 이때를 시작으로 그는 살면서 몇 번이나 병원 신세를 져야 했다.

그로스의 중간 이름인 헌트는 모계 쪽에서 물려받았다. 가족들의 이야기에 따르면 그의 어머니 쪽 조상은 캐나다 매니토바Manitoba 출신의 농부였는데 19세기 남쪽으로 이민을 오게 되었다고 한다. 그 중 일부는 텍사스로, 그로스의 어머니를 포함해 다른 가족들은 농사를 짓기 위해 미네소타로 이주했다. 그 후 그로스의 어머니는 오하이오로 이주했다. 한편 텍사스로 이주한 가족들은 석유산업으로 꽤 많은 돈을 벌었다. 1970년대 말 미국의 은 시장을 독점하려고 했던 H. L.헌트H. L. Hunt 가문이 바로 그들이다. 당시 이들은 은을 1온스 당 25달러나 되는 가격에 사들였고, 사람들은 은 동전뿐만 아니라 은 식기까지 팔아 치웠다. 결국 미 연방정부가 개입해 이들의 시장독점을 막아야 했다. 그로스와 헌트 가문은 1세기도 넘는 시간 동안 서로 소원하지만, 그는 "시장에 대한 열정은 19세기부터 시작된 우리 집안 내력인가 보다."고 농담을 한다.

그로스의 아버지는 미들타운 경제를 먹여 살리던 암코스틸 Armco Steel의 판매담당자였다. 암코스틸은 과거의 명성만큼은 아니지만 지금도 AK스틸AKSteel이라는 이름으로 공장을 가동하고 있다. 한때는 다양한 기업고객들을 위해 다변화된 생산라인을 운영했고, 1940년대와 1950년대 주고객사는 디트로이트의 자동차 제조업체들이었다.

그로스가 열 살이 되던 해, 암코스틸은 미국 서부 해안과 일본에 있는 고객사를 위해 샌프란시스코에 판매 지점을 내기로 했다. 그때 그의 아버지가 해당 부서로 발령을 받았다. 그로스 가족은 애완견 셰퍼드까지 데리고 시카고에서 샌프란시스코로 향하는 열차에 올랐다. 3일 후, 이들은 캘리포니아에 도착했다. 그로스는 새로운 환경에 놀랍게 잘 적응했을 뿐 아니라, 캘리포니아를 사랑하기까지 했다. 캘리포니아는 도시 곳곳이 그을음으로 얼룩져 있던 철강도시 미들타운과 완전히 다른 곳이었다. 그로스는 고속도로, 끝도 없이 이어져 있는 신호등, 도시의 역동성에 매료되었고, 대학에 다닐 때와 베트남에서 군복무를 했던 기간을 제외하고 캘리포니아를 떠난 적이 없다.

그는 키가 6피트나 되지만 몸무게는 175파운드밖에 나가지 않는다. 2003년 8월 인터뷰를 할 때 그는 "몇 분 전에 체중을 쟀는데 오늘은 176파운드더라고요."라고 말했다. 고등학생 시절에는 더욱 말랐었다고 한다. 당시 학교 농구팀 대표로도 활약했는데,

두 손으로 쏘는 슛이 일품이었다. 대학을 선택할 때, 그로스의 부모님은 아들이 스탠포드대학교나 혹은 집에서 가까운 다른 대학에 입학하길 원했다. 하지만 그로스는 집에서 독립하고 싶었고, 그래서 동부 해안을 염두에 두고 있었다.

대학을 선택하기 전, 그로스는 코넬, 프린스턴, 듀크대학교를 탐방했다. 그의 어머니는 프린스턴대학교를 점찍었지만, 그로스는 대학 농구팀이 유명한 듀크대학교를 선택했다. 그는 "어머니가 속상해하셨죠."라면서 당시를 회상했다. 하지만 듀크대학교에서는 장학금을 주겠다고 했고(운동 장학금이 아니라 일반 장학금이었다), 프린스턴대학교에서는 그렇지 않았기 때문에 그의 어머니도 결국 듀크대학교 입학에 동의했다.

그로스는 대학 농구팀에 들어가지는 못했다. 다만 심리학을 전공했고 부전공으로 그리스어를 선택했다. 또 남자 대학생 사교 클럽의 회원이기도 했다. 그로스는 졸업반이 되고 얼마 지나지 않아 남자 대학생 사교클럽의 후보자들을 위해 도넛을 사러 갔다가 큰 교통사고를 당하게 된다. 비가 오는 날이었는데, 급하게 운전을 하다가 그만 자동차가 빗길에 미끄러져 맞은편 자동차와 충돌했던 것이다. 그로스는 조수석 쪽 유리창을 뚫고 나갔고, 깨진 유리창에 머리 두피의 3/4이 베어져나갔다. 하지만 그는 사고의 충격 때문에 아무것도 느끼지 못하고 있다가 응급실에서 "내가 해줄 것은 아무것도 없네."라는 의사를 말을 듣고 굳어버렸다.

다행히 주 경찰관이 사고현장에서 그로스의 떨어진 머리 두피를 찾아 응급실로 가져다주었고, 덕분에 의사는 봉합수술을 할 수 있었다. 사고로 인한 상처는 꽤나 심각해서, 그로스는 졸업반 내내 병원에서 시간을 보내야 했다. 병원생활은 다시는 병원에 입원하지 않겠다고 다짐할 정도로 인내해야 하는 시간들이었다.

원래 운동을 좋아하기도 했지만, 사고 이후로는 그 특유의 완벽주의 성격대로 더욱 운동에 열을 올리게 되었다. 그는 캘리포니아 샌프란시스코에서 카멜Carmel까지 125마일에 이르는 길을 6일 동안 완주하는 마라톤에 참가했던 적이 있는데, 당시 사건은 그가 얼마나 완벽주의이고 또 동시에 최선을 다하는 성격인지를 알게 한다. 그로스는 마라톤 주행 중 넘어지는 바람에 무릎을 크게 다쳤고, 완주 5마일 전 즈음에는 신장이 파열되었다.

그럼에도 완주를 포기하지 않았고 결국 마라톤이 끝나자마자 병원으로 직행해야 했다. 요즘에도 요가와 헬스자전거를 중심으로 운동 프로그램을 짜는데 그 이유가 당시 다쳤던 무릎에 피로를 최소화하기 위해서다.

교통사고 때문에 병원에 입원해 있는 동안 그로스는 미국 매사추세츠공대MIT 수학과 교수 에드 소프Ed Thorpe가 쓴 『Beat the Dealer』라는 책을 읽게 되었다. 블랙잭 게임의 '카드카운팅 시스템'을 설명한 책이었다. 유명한 브리지 게임 플레이어였던 찰스 고렌Charles Goren이 플레이어가 들고 있는 패를 쉽게 계산할 수 있는 방법을 고안했듯이, 에드 소프의 카드카운팅도 언뜻 보기에는 불가능할 것 같은 일을 간략화했다. 그로스는 이 책을 읽고 블랙잭 게임의 수학적 통찰력을 갖게 되었다.

블랙잭 게임에서 확률을 계산해내려면 수학적인 재능뿐만 아니라 집중력과 기억력을 겸비해야 한다. 그로스는 언제나 수학에 뛰어났으며 암산도 뛰어나(하지만 막상 스스로는 수학 천재라고 생각해본 적은 없다) 카드카운팅 기술을 쉽게 활용할 수 있었다. 병원에 입원해 있는 동안 그로스는 소프의 책을 연구했고, 친구와의 연습을 통해 자신의 카드카운팅 기술을 시험해보곤 했다. 얼마 지나지 않아, 카드 한 세트를 가지고 연습하는 게 별 의미가 없을 정도로 실력이 좋아졌다. 한 세트로 게임을 하다 보면, 게임이 반쯤 끝나갈 무렵에 그림카드가 모두 나오기도 해서 쉽게 이길 수 있었다. 어떤 경우에는 그 반대였는데, 이때도 카드의 확률을 계산하기가 너무 쉬웠다. 그래서 카지노 블랙잭 딜러들은 카드 여섯 세트를 사용한다. 딜러들은 플레이어들에게 여섯 세트의 카드를 다 나누어주기 전에 카드를 섞곤 하지만, 그로스에게는 이런 방법들이 카드카운팅 기술을 쓰는 데 전혀 방해가 되지 않았다. 그보다는 술에 취해 게임 테이블 주위를 어슬렁거리는 도박꾼들과, 게임을 계속 이기면 보안요원이나 해당 도박장의 매니저에게 쫓겨나는 게 힘들었다.

그로스는 카드카운팅에 흠뻑 빠졌고, 1966년 대학 졸업 후 전문 도박사로서 자신의 운을 시험해보기로 했다. 당시 그는 이미 미 해군에 자원한 상태였는데(그렇지 않았더라면 아마도 육군으로 징집되었을 것이다. 이미 베트남전이 코앞으로 다가왔기 때문이다), 입대일인 10월까지는 약간의 시간이 있었다. 같은 해 6월 그로스는 고작 200달러를 가지고, 대신 머릿속은 숫자로 가득 채운 채 라스베이거스로 떠났다. 그의 전공은 심리학이었지만 이때만큼은 그것도 뒷전이었다. 그렇다고 아예 흥미가 사라진 것은 아니었다. 다만 그는 인간 자체보다는 인간의 행동이 시장에 미치는 영향에 더 관심이 있었다. 그로스의 파트너들은 그가 사람들과 어울리는 타입은 아니라고 평하는데, 그는 그런 이야기를 부정하지 않는다. 다만 사람이나 비즈니스를 관리하는 것보다는 몇 시간이고 컴퓨터 스크린에 떠오르는 숫자를 묵묵히 바라보는 게 더 편한 것이다.

라스베이거스에서 그로스는 판돈을 아끼려고 인디안모텔이라는 이름의 싸구려 숙소에 묵었다. 숙박비는 6달러가 조금 넘었는데, 그는 그마저도 카지노에서 손님들에게 슬롯머신이나 하라면서 서비스로 제공하는 5센트짜리 동전을 모아 지불했다. 숙소에서 카지노까지는 라스베이거스의 메인 거리인 스트립Strip 거리를 따라서 걸어 다녔다. 그로스는 언젠가 「뉴욕타임즈The New York Times」와의 인터뷰에서 "우리 부모님은 제가 하루하고 한나절 정도 있으면 돈을 다 날리고 집으로 돌아올 거라고 장담했죠." 라고 밝히기도 했다. 아침도 공짜로 먹었다. 그러면서 에드 소프의 카드카운팅을 몸으로 익힐 수 있었지만 동시에 회의를 느꼈다. 그로스는 처음에 허리를 구부정하게 구부리고 앉아서 게임에 몰두하는 사람들 틈바구니에서 빠져나와 잠깐씩 휴식을 취하곤 했다. 요즘에도 카지노에 가면 이렇게 도박에 몰두하는 사람들을 어렵지 않게 찾을 수 있는데, 당시 도박꾼들은 술과 담배에 절어 있는 경우가 많았다. 얼마 지나지 않아 그로스는 휴식을 취하면 리듬과 집중력이 흐트러진다는 사실을 깨달았다. 그래서 하루에 16시간씩 쉬지 않고 도박을 하기 시작했다. 이때가 그의 인생에서 가장 태만했던 시간이었다. 그로스는 워낙 워커홀릭이어서 상사들에게 깊은 인상을 남겼고, 요즘에도 핌코에 입사한 신입사원들에게 혹독한 수준의 업무와 책임을 맡겨 날밤을 새도록 만들기 일쑤다. 하지만 입대 전 4개월 동안 그로스는 도박에 전념했고, 라스베이거스를 떠날 때에는 주머니 속에 1만 달러가 들어 있었다. MBA 코스를 마치는 데 충분한 돈이었다. 그로스는 라스베이거스에서 4개월을 보내면서 대학에서 가르쳐주지 않는 특별수업을 받았다. 바로 돈을 관리하는 방법이었다.

그 후 그로스는 전투기 조종사가 되겠다는 꿈에 부풀어 플로리다 펜서콜라 해군항공기지에 입대했다. 요즘 신병들도 그렇듯이 그로스와 그의 동기 훈련병들은 숙련된 조교의 손에 맡겨졌다. 현재 미국에는 징병제도가 없어졌기 때문에 훈련병 생활을 겪어본 이는 그리 많지 않다. 군인들은 기본 훈련을 받으면서 상사에게 절대 복종하는 법을 배운다. 자신감을 중요시하는 요즘 심리전문가들이 본다면 충격을 받아 응급실에 실려 갈 정도로 강도가 강하다. 해군 파일럿이 되려는 훈련병들을 담당하는 조교들은 특히나 혹독해서 훈련병들이 견딜 수 없을 정도로 창피를 준다. 잘 나가던 대학 졸업생이었던 그로스는 이때의 경험이 아직도 생생하게 뇌리에 남아 있다. 그는 훈련병 시절 취침시간의 반을 총기를 닦으면서 보냈지만 아침 점호에서 걸리지 않은 적이 한 번도 없었다. 또 침상에서 자신의 담당구역까지 너무나 멀어 바닥에서 잠을 자곤 했다. 그는 자신의 책 『Bill Gross on Investing』에서 아무리 팔굽혀펴기와 턱걸이 구보를 하고, 장애물을 통과해도 교관이었던 알프레도 크루즈 병장Alfredo Cruz을 만족시킬 수 없었다고 털어놓았다. 크루즈 병장은 "넌 절대 제트기를 몰 수 없어! 기껏해야 경비행기 정도가 적당하겠군!" 이라고 그로스에게 핀잔을 주곤 했다. 하지만 그는 결국 어떤 비행기도 몰지 못했다.

그로스는 실망했지만 자신이 비행기 조종사 재목은 아니라고 인정했다. 그는 크루즈 병장이 팔굽혀펴기 20개를 지시하는 것보다 빨리 수학적인 확률을 계산해낼 수 있을 만큼 명석했지만 수많은 장치들로 조합된 전투기를 항공모함에서 음속으로 이륙시키고 전투에 참여하는 일은 버겁기만 했다. 그로스는 "저는 좀 개념적인 사람이죠. 파일럿이 개념적이면 죽은 목숨이나 다름없어요."라고 설명했다. 하지만 투자자로서의 그로스는 다방면에 걸친 자신의 풍부한 지식을 바탕으로 채권투자시장 중 집중해야 할 분야와 피해야 할 분야를 결정한다. 그리고 투자종목에 대한 세부적인 선택은 핌코의 투자포트폴리오 매니저와 애널리스트들에게 맡긴다. 이런 방식은 탑다운top-down(또는 거시적macro)이라고 불린다. 여기에서 거시적이란 특정 산업이나 분야보다는 전체 경제 혹은 여러 경제에 집중하는 거시경제학macroeconomy에서 쓰이는 '거시적'이라는 뜻과 일맥상통한다. 핌코 토탈리턴펀드Total Return Fund의 규모가 700억 달러가 넘는데도, 계속 발전해나가는 데 무리가 없는 것도 이 때문이다.

게다가 전투기에 오른 순간, 조종사가 되겠다는 꿈은 사라졌다. '조종석에서 바라보는 고요한 푸른 하늘'에 대한 로망은 과장이었다. 그로스는 비행을 싫어했고, 지금은 비행기를 타는 것조차 꺼려한다. 핌코가 독일계 보험사인 알리안츠Allianz의 자회사이기 때문에 수석 투자 매니저인 그는 출장을 아예 안 갈 수 없는 노릇이지만 될 수 있으면 다른 직원을 보낼 정도다. 베트남으로 파병을 간 것도 전투기를 타느니 위험하고 비밀스러운 임무를 띠고 베트남 정글을 누비는 미국 네이비 실Navy SEAL과 함께 보트를 타고 있는 게 낫겠다는 생각 때문이었다. 하지만 그로스의 배가 공격을 받았던 적은 단 한 번이었고, 때마침 그는 늦잠을 자서 배에 타고 있지 않았다.

베트남에서 그로스는 전쟁담이라고 부를 만한 경험은 거의 하지 못한 채 고국으로 돌아왔다. 그리고는 카지노에서 번 1만 달러를 가지고 로스앤젤레스의 캘리포니아대학교에서 MBA를 시작했다. 그로스는 투자에 대한 열망으로 가득 차 있었다. 대학원에 입학하자마자 에드 소프가 쓴 『Beat the Market』을 읽기 시작했는데, 미국 금융시장에서도 가장 모호한 상품으로 손꼽히는 전환사채convertible bond(또는 converts)의 장점을 역설한 책이었다.

채권의 길로 들어선 빌 그로스

전환사채란 일종의 채권으로, 특정 조건 하에서 주식으로 전환할 수 있으며, 높은 배당금이 지급된다. 전환사채는 계속 변화했고, 빠르게 증가해왔다. 워렌 버핏마저도 투자수익을 높이기 위해 전환사채를 종종 활용했다. 하지만 전환사채에 투자하려면 발행인의 보통주 가격을 예측하는 한편, 부채도 분석해야 하기 때문에 쉽지 않은 일이었다. 소프는 전환사채의 분석이 어렵고 희소하기 때문에 수완 좋은 투자자들에게는 좋은 먹잇감이라고 주장했다. 실제로 모호한 투자상품일수록 더 많은 수익의 기회를 제공하기 때문이다. 일례로 피터 린치Peter Lynch는 잘 알려지지 않아 시장에서 도외시되는 기업들을 찾아내는 능력으로 지금의 명성을 쌓았다.

유명한 '효율적 시장가설Efficient Market Theory'도 중소기업의 주식이 대기업보다 낫다고 주장하는데, 사실이다. 가장 큰 이유는 정보의 차이 때문이다. 많은 투자자들이 GE, 코카콜라Coca Cola, 제너럴 모터스General Motors와 같은 대기업 투자에 집중한다. 또 이들 대기업에 관한 작은 뉴스거리만 생겨도 투자자들은 빠르게 반응한다. 투자자들이 기업에 대해 잘 알고 있고, 또 즉각적으로 반응하기 때문에 대기업의 주가는 그 가치가 제대로 반영된다는 게 그 주장이다. 반대로 중소기업들에 대한 분석은 적은 편이며 투자자들도 이들 기업의 주식을 그리 눈여겨보지 않는다. 따라서 중소기업들은 좀 더 모호하고 쉽게 눈에 띄지 않는다. 이들에 대한 새로운 정보가 있어도 투자자들의 반응은 굼뜨기만 하다. 투자자들의 반응은 느리고, 투자 포트폴리오에서 종종 소외되며 때로는 과소평가되곤 하다 보니 중소기업의 주식은 그 가치가 제대로 드러나지 못하는 경우가 많다. 이 때문에 효율적 시장가설 주창자들은 유명한 대기업 주식들보다 중소기업의 시가총액 market capitalization이 장기적으로 성장할 가능성이 더 크다고 설명한다.

1970년대에는 전환사채에 관심을 갖는 투자자가 소수였고, 일반 주식가격에 영향을 미치는 정보는 전환사채에도 영향을 미치기 때문에 그로스가 전환사채가격의 비효율성과 과소평가된 가치를 주목하는 것도 당연했다. 오늘날에는 핌코의 전환사채펀드 Convertibles Fund를 비롯해 전환사채만을 전문적으로 다루는 뮤추얼펀드가 다수 판매되고 있다. 하지만 1970년대에는 겨우 하나밖에 없었고 총자산규모도 너무 적어서 사람들의 관심 밖이었다. 그로스는 대학원 재학 시절 전환사채에 대한 논문을 썼는데, 그 내용이 정말 뛰어났다. 그는 스스로도 알지 못하는 사이에 그렇게 자신의 운명을 결정해가고 있었다.

2002년 미국 주식시장이 한창 불황일 때도 그랬지만, 30년 전 그로스가 구직을 시작할 때도 미국의 주식시장은 한창 베어마켓이었다. 그는 캘리포니아를 사랑했기 때문에 서부 해안에서 일자리를 구했다. 하지만 당시 서부 해안은 월스트리트와의 연계성이 지금보다도 떨어졌고, MBA 졸업자라도 구직은 쉽지 않았다. 어느 일요일 아침, 그로스는 어머니가 만들어준 아침을 먹고 있었다. 그의 어머니는 잠깐 동안 아들의 집에 다니러 와 있었고, 구직활동을 하는 아들을 둔 어머니라면 흔히들 그렇듯 신문 구인광고를 훑어보고 있었다. 그러다가 퍼시픽뮤추얼라이프 보험회사에서 채권 애널리스트를 뽑는다는 광고를 보게 되었다. 그로스는 어머니의 말에 따라 이력서를 냈지만, 대부분의 젊은 사람들이 그렇듯 채권보다는 주식 쪽에서 일하고 싶어했다. 당시로서는 자신이 세계적으로 유명한 채권 전문가가 될 것이라고는 생각도 하지 못했다. 다만 1~2년이 지나면 주식 분야로 옮겨갈 수 있을 것이라고 생각했다.

그로스는 퍼시픽뮤추얼라이프 보험회사에 꼭 맞는 인재였다.

당시 구직 인터뷰를 담당했고, 그 후 그로스의 상사가 된 벤자민 엘러트A. Benjamin Ehlert는 전환사채에 관한 그로스의 논문을 매우 흥미롭게 읽었다. 보험회사는 고객들이 낸 보험료를 투자해 돈을 벌어들이는데, 당시 퍼시픽뮤추얼라이프 보험회사는 채권, 모기지, 채권이 변형된 형태인 사모Private Placement에 주로 투자하고 있었다. 엘러트는 그로스의 조건이 훌륭했고, 매우 명석한 사람이라고 판단했다. 그로스는 그렇게 일자리를 얻었다.

그로스는 입사 직후 자신이 적절한 시기에 적절한 직업을 얻었다는 사실을 깨닫게 되었다. 입사하고 얼마 지나지 않아 퍼시픽뮤추얼라이프 보험회사는 맥킨지 앤 컴퍼니McKinsey & Co.의 컨설팅을 받았고, 주식 뮤추얼펀드를 판매해보라는 제안을 받았다. 퍼시픽뮤추얼라이프 보험회사의 보험상품 판매원들은 약간의 트레이닝만 받으면 펀드판매도 능히 해낼 능력이 있었기 때문에, 퍼시픽뮤추얼라이프 보험회사는 이 새로운 전략을 담당할 자회사 핌코를 설립했다. 그로스 또한 여기에 합류하게 되었다. 당시만 해도 그는 내심 주식 쪽으로 경력을 전환할 수 있을 것이라고 기대하고 있었다.

흔히들 그로스를 핌코의 창업자로 알고 있는데, 정확하게 말하면 그렇지는 않다. 하지만 그로스를 비롯해 그의 파트너인 제임스 머지James Muzzy와 윌리엄 포드리츠William Podlich는 지금의 핌코를 만들어낸 장본인들이다. 10년 후인 1982년 이들은 핌코를 공식적인 독립회사로 분리시켰는데, 그때까지 퍼시픽뮤추얼라이프 보험회사의 자회사로서 조금씩 성장해나갔다.

그리 힘든 일은 아니었다. 역시 포트폴리오 매니저였던 머지는 그로스와 같은 시기에 핌코에 합류했다. 그렇게 함께 일한 지 1년 6개월 후, 이 두 사람은 모회사인 퍼시픽뮤추얼라이프 보험회사가 도통 뮤추얼펀드에는 관심이 없다는 사실을 깨닫게 되었다. 게다가 그로스의 상사였던 벤자민 엘러트는 그로스가 내놓은 '적극적인 채권투자' 아이디어에 반대하기는커녕 오히려 기뻐했다. 채권은 그냥 오래 묻어만 두면 된다는 식의 전통적인 채권 투자방법이 점차 시들해지고 있었기 때문이다. 퍼시픽뮤추얼라이프 보험회사 투자위원회는 엘러트에게 전체 채권의 투자금액 중 500만 달러를 운용하도록 결정했고, 그는 이 돈을 그로스에게 맡겼다.

사실 퍼시픽뮤추얼라이프 보험회사 측에서는 손해 볼 것 없는 장사였다. 당시 미국 정부는 '위대한 사회Great Society(미국의 36대 대통령 린든 존슨Lyndon B. Johnson이 1964년에 정책 이념으로 내건 민주당의 목표)' 정책과 베트남 전쟁 때문에 막대한 돈을 민생안정과 무기생산에 쏟아 부었고, 그 결과 인플레이션이 가속화되고 있었다. 그때 인기리에 방영된 TV 프로그램 〈메리 타일러 무어 쇼Mary Tyler Moore Show〉의 오프닝 장면에서는 주인공이 슈퍼마켓에서 포장된 고기를 보고는 인상을 찌푸리고, 어깨를 으쓱 한 다음 카트에 고기를 던져넣는 장면이 나온다. 젊은 세대는 모르겠지만, 그때는 생필품 가격이 매주, 매달 상승했다. 소비자들은 충격을 받다 못해 짜증이 날 정도였다. 닉슨 대통령은 가격통제정책을 실시했지만 실패했고, 포드 대통령은 '타도 인플레이션Whip Inflation Now' 배지까지 만들면서 인플레이션 억제정책을 실시했지만 역시 효과가 없었다. 그 후 당선된 지미 카터 대통령도 인플레이션을 안정시키지 못했다. 채권시장도 통제 불능이었다. 인플레이션이 유발되면서 채권가격은 떨어졌다. 은행은 양도성예금증서certificate of deposit를 만들어 수익을 올리면서 시류에 편승했고, 미국 재무부채권은 '압수된 증권certificate of confiscation' 이라고 조롱받기 시작했다. 당시 재무부채권의 이자율은 지금보다 월등히 높았지만(때로는 20%에 육박했다), 여전히 빠르게 상승했고, 채권가격은 급락했다. 당시 채권에 투자하는 것은 마치 떨어지는 칼을 맨손으로 잡는 것과 같았다.

하지만 그로스는 지칠 줄 몰랐다. 여전히 자신감에 차 있었으며 실제로도 성장했다. 그는 숨어 있는 돈을 찾아내는 데 귀재였다. 그때는 여전히 먹지와 타자기를 쓰고, 장거리 전화요금이 매우 비싼 시기였다. 채권에 관한 정보는 「본드 바이어Bond Buyer」라는 신문을 봐야 알 수 있었다. 마이클 블룸버그Michael Bloomberg가 채권거래 현황을 시시각각으로 보여주는 기계를 개발한 것은 그로부터 10년이나 지난 후였다. 채권을 거래하려면 살로몬 브라더스나 골드만 삭스 같은 투자사의 뉴욕 데스크에 전화를 걸어

주문을 외쳐대고, 격한 협상을 벌여야 했다. 당시 채권 중 유일하게 돈벌이가 되는 건 사모뿐이었다. 사모는 일반 주식이나 채권과는 달리 미국 증권거래위원회가 통제하지 않았기 때문에 기관에서만 매입과 매수가 가능했다. 그로스는 당시 사모를 자전거래 cross trading라는 방법으로 거래해 수익을 올렸다. 그는 양손에 수화기를 하나씩 들고 거의 동시에 두 건의 거래를 진행하곤 했다. 한번은 왼쪽 수화기 상대편이 그로스에게 가치가 200만 달러어치의 제너럴 텔레폰 앤 일렉트릭General Telephone & Electric Company의 우선주 사모 7%를 79에 매입하라고 권유했는데(여기에서 79란 액면가 1,000달러의 사모를 790달러에 매입할 수 있다는 뜻이다), 오른쪽 수화기의 상대편에게 89에 매도했다. 핌코는 두 건의 계약이 모두 체결될 때까지 걸리는 잠깐의 시간 동안만 채권을 소유했다. 그로스는 자신의 오른손과 왼손이 하는 일을 모두 정확하게 파악하면서 거래를 진행했고, 당시 20만 달러 이상의 차익을 남겼다. 그는 인터뷰에서 "리스크는 전혀 없었고, 규모는 꽤 큰 거래였죠. 제가 한 자전거래 중 규모가 가장 컸어요. 10포인트의 차익을 남기면서 리스크가 없다면 성공한 셈이죠."라고 털어놓았다.

핌코의 역사를 쓰는 빌 그로스와 그의 친구들

퍼시픽뮤추얼라이프 보험회사가 차세대 스타를 손에 넣었다는 사실은 의심할 여지가 없었다. 퍼시픽뮤추얼의 투자 부분 대표였고, 또 회장이기도 했던 월터 거켄Walter Gerken은 그로스의 뛰어난 능력에 깊은 인상을 받아 버지니아 윌리엄즈버그에서 열리는 보험사 대표회의에 그를 대동할 정도였다. 당시 대다수의 보험사들이 채권에 투자하고 있었기 때문에 인플레이션이 가속화되자 다들 어려움을 겪고 있었다. 회의의 목적 역시 타개책을 찾기 위해서였다. 그로스는 원래 회의 강연자는 아니었지만 청중석에서 상당한 발언을 해 주목을 받았다. 지금은 은퇴한 거켄은 어느 봄날 오후 자신의 사무실에서 너털웃음을 웃으며 그날 회의에서 있었던 일을 이야기해주었다. 회의장에서 거켄의 지인 한 명이 다가와 그로스를 가리키며 "이런, 자네 정말 물건을 얻었구먼."이라고 말하기에 거켄은 "어딜 눈독을 들이나!"라면서 응수했다고 한다.

거켄은 그로스가 다른 경쟁사로부터 무수한 스카우트 제의를 받을 것이라고 생각했지만 놀랍게도 그에게 러브콜을 던진 기업은 단 두 곳뿐이었다. 그 중 하나는 클라우드 로젠버그Claude Rogenberg가 이끌던 로젠버그 캐피털 매니지먼트Rosenberg Capital Management였다. 로젠버그 캐피털 매니지먼트는 당시만 해도 핌코보다 크고 인지도도 높았다. 그래서 그로스는 스카우트 제의를 받았을 때, 샌프란시스코에 가서 면접을 보기까지 했고, 통과됐더라면 이직했을 것이다. 하지만 로젠버그 캐피털 매니지먼트는 그로스 대신 다른 사람을 선택했다. 로젠버그는 자신의 판단력을 매우 자랑스럽게 생각하는데, 자신의 책 『Investing With the Best』에서 "투자와 관련해 최적의 인물 또는 조직을 찾는 것보다 더 중요한 건 없다."고 밝혔다. 아이러니하게도 하지만 그가 그로스 대신 선택한 인물 중 구글로 검색할 수 있을 만큼 유명해진 사람은 한 명도 없었다.

로젠버그는 그로스를 채용하지 않았지만 대신 다른 투자기업에 그를 추천했다. 지금은 사라지고 없는 이 투자기업은 당시 로스앤젤레스에서 채권관리 지점을 만들 계획이었고, 그로스에게 지금까지 받던 연봉의 두 배인 2만 5,000달러를 주겠다고 제의했다. 그로스는 2주간이나 고민했다. 연봉제의도 솔깃했지만 자신에 대한 인지도를 높일 수 있는 기회라고 생각했기 때문이다. 하지만 결국 핌코에 남기로 결정했다. 그로스는 "아무리 조건이 좋다고 해도, 하루아침에 다른 직장으로 옮기는 게 내키지 않았죠. 핌코는 제게 잘해주었거든요. 그래서 남기로 결정했죠. 그게 제가 마지막으로 받은 스카우트제의였습니다."라고 회상했다.

사실 핌코에서 그로스는 나쁘지 않은 대우를 받았다. 하지만 모회사의 기업문화를 못견뎌했다. 파트너였던 머지와 포드리츠는 그가 모회사의 자기만족적이면서 가부장적인 문화를 싫어했다고 말한다. 그로스는 모회사의 대표들이 '마치 종신형을 받고 수감된 죄인들처럼 기업을 최고로 만들겠다는 열정이 부족하다'고 생각했다. 그로스에게 승진 여부는 그리 중요하지 않았다. 심지어 거켄마저도 그로스는 승진보다는 투자에 더 열의가 있었다고 기억했다. 그렇더라도 그로스는 상당한 연봉을 받았고, 연봉협상에서도 주저하지 않았다. 이와 관련된 일화가 있다. 어느 날, 그로스와 머지, 포드리츠는 거켄 회장에게 연봉을 5만 달러에서 7만 5,000달러로 올려달라고 요구했는데, 거켄 회장은 흔쾌히 동의했다. 그러자 이 세 명의 파트너들은 기뻐하기는커녕, 더 높은 연봉을 요구하지 않은 데 대해 후회했다고 한다.

사실 핌코의 역사는 이 세 명의 파트너들이 핌코의 수익과 주식지분 배분에 참여하기 위한 노력의 역사였다고 해도 과언이 아니다. 이들은 결국 성공했고, 모두 큰 부자가 되었다. 그러나 모회사인 퍼시픽뮤추얼라이프 보험회사는 전체 지분의 30%를 가졌고, 여전히 파트너들보다 더 많은 몫을 챙겼다. 2000년, 알리안츠 AIG는 핌코 지분의 70%를 35억 달러에 매입했다. 하지만 실제 가치는 그보다 훨씬 높았다. 포드리츠는 알리안츠 AIG가 2~3년 동안 10만~20만 달러 정도의 네이티브캐리negative carry를 감수한 정도라고 설명했다. 해당 계약에서 그로스가 받은 몫은 2억 3,300만 달러와, 2005년까지 5년 계약에 2억 달러, 그리고 연봉과 보너스였다. 업계에서 그로스가 차지하는 위치를 고려해 대강 연봉을 짐작해보면 약 5,000만 달러 정도로 계산된다. 그로스는 5억 달러의 사나이가 되었다.

그로스의 채권투자 포트폴리오는 다른 보험사와 비교가 불가능할 정도로 뛰어났다. 그래서 퍼시픽뮤추얼라이프 보험회사의 회장이던 거켄은 미국 캘리포니아 주 최대의 전력회사인 사우던 캘리포니아 에디슨Southern California Edison Company(또는 SCE)에 채권관리를 그로스에게 맡겨보라고 권유했다. 퍼시픽뮤추얼라이프 보험회사의 이사회와 SCE의 이사회 임원이 동일했기 때문에 설득은 어렵지 않았다. 그 결과 SCE는 1973년 빌 그로스에게 1,000만 달러를 맡겼고, 핌코 최초의 고객이 되었다. 이때부터 비로소 그로스의 투자수익률이 공식적으로 기록되기 시작했다. 그는 1973년부터 지금까지 연평균 10.11%의 수익률을 올리고 있다. 인플레이션은 가속화되었지만, 그로스의 투자실적은 나날이 향상되었다. 1975년과 1976년에도 연속 수익을 기록했고, 그 수치는 18%에 육박했다. 퍼시픽뮤추얼라이프 보험회사의 이사회 임원 중에는 미국 최고 블루칩 기업들의 이사회 임원직을 겸임하는 경우가 많아서 그로스의 실적은 곧 여러 대기업들의 주목을 받았다. 그 중 하나가 뉴욕에 있는 거대 통신 기업 AT&TAmerican Telephone & Telegraph Company였다. 1977년 어느 날, 핌코는 창립 이래 가장 중요한 계약을 맺게 된다. 서부 해안에 위치한 투자신탁으로서는 처음으로 세계적인 대기업의 투자를 관리하게 된 것이다. 비 은행계기업으로는 처음이었고, 채권전문 투자신탁으로서도 최초였다.

1970년대, 그로스는 재무부채권과 우량회사채에만 투자하는 전통적인 채권투자방식에 일대 혁신을 일으킨다. 사실 그는 전부터 전환사채에도 투자를 하곤 했다. 하지만 1970년대부터는 원리금자동이체증권mortgage pass-through securities(또는 MPTS)뿐만 아니라(현재 MPTS는 전체 채권시장의 1/3을 차지할 만큼 그 역할이 커졌다), 재무부채권 옵션 등의 파생상품과 이머징마켓의 채권에도 투자를 시작한다. 캐리수익carry을 올리기 위해서였다. 캐리수익이란 리스크가 그리 높지 않은 대체 종목에 투자함으로써 얻을 수 있는 프리미엄을 뜻한다. 그 후 그로스는 점점 능숙해졌다. 리스크는 적절한 수준으로 유지하면서 캐리수익은 극대화해, 타의추종을 불허하는 성과를 올렸다. 주식투자자들은 저평가되고 베타beta가 높은 주식을 사려고 한다. 여기에서 베타란 시장의 가격상승과 상관없이 해당 주식의 가격이 상승할 수 있는 가능성을 뜻한다. 이와 비슷하게 그로스는 투자에서 감수해야 하는 리스크에 비해 캐리수익이 과도하게 높은 채권을 찾았다. 무조건 값싼 채권을 찾는 게 아니라, 펀더멘털에 비해 가격이 저렴한, 즉 캐리수익이 높은 채권을 찾는다.

투자부적격채권below-the-grade 혹은 정크 본드junk bond 같은 고수익채권은 캐리수익이 높기는 하지만 리스크도 상당히 높다. 그래서 그로스가 선택한 투자종목 중 하나가 재무부채권 파생상품이었다. 재무부채권 파생상품은 재무부채권과 연계성이 있지만 재무부채권보다 리스크가 크다. 하지만 재무부채권이 워낙 리스크가 적다 보니〔재무부채권은 사실 리스크가 거의 없다고 할 수 있다. 전문가들도 미국 정부가 디폴트default(채무불이행)를 선언한다면 세계 금융 시스템이 붕괴할 것이므로 그 가능성이 거의 없다고 판단한다〕그 파생상품에 내재된 리스크도 상당히 적다. 하지만 파생상품이라는 내재적인 특성 때문에 수익률이 높은데, 그로스는 이런 캐리수익을 간파해냈다.

그로스의 뛰어난 기술과 명석함은 여느 보험사 채권팀과는 확연히 달랐다. 머지는 그로스의 파트너일 뿐만 아니라 동료였고, 친한 벗이었다. 이 두 사람은 핌코의 투자철학인 '총수익total return bond investing 투자'의 주창자로 나서게 된다. 이때, 그로스의 상사였던 엘러트의 도움이 컸다. 머지에 따르면 당시 자신과 그로스가 너무 어려서 기업들이 돈을 믿고 맡기려 하지 않았기 때문에, 엘러트가 대신 회의에 참석해 기업들에게 신뢰를 심어주었던 것이다.

하지만 젊은 그로스도 핌코를 알리는 데 열심이었다. 비행을 싫어하면서도 이곳저곳에 영업을 하러 다니곤 했다. 그런데 그로스는 자신을 반갑게 맞아주는 고객은 별로 좋아하지 않았다. 자신의 일이 방해받는 것도 싫어했다. 이즈음 이 젊은 매니저는 1920년대 가장 성공한 주식투자자로 손꼽히던 제시 리버모어의 일대기를 소설화한 책 『Reminiscences of a Stock Operator』을 읽고 큰 감명을 받았다. 리버모어는 시장과 시장의 심리를 명민하게 파악했다. 그는 여덟 번이나 성공했지만 여덟 번 파산했고, 마지막으로 파산했을 때는 재기하지 못하고 자살로 일생을 마감했다. 리버모어는 "나 자신의 규칙을 어길 때마다, 실패했다."면서 개탄했다. 그 중 가장 중요한 규칙은 '자신을 알라'이다. 그로스의 사무실 벽에는 말쑥하게 정장을 차려입고, 실크 모자에 각반까지 갖춘 제시모어의 사진이 걸려 있다. 그리고 사진에는 "투자를 할 때, 투자자는 여러 가지를 조심해야 하지만 무엇보다 자신을 조심해야 한다."는 리버모어의 격언이 적혀 있다.

다행히 머지는 고객을 만나고 접대하는 일을 개의치 않아 했다. 아니 오히려 즐거워했다. 그래서 머지와 그로스는 경쟁자라기보다는 서로의 부족한 부분을 보충해주는 상호보완적인 관계를 형성했다. 머지는 사교적이고 외향적이었고, 그로스는 부끄럼을 많이 타고 내성적이었다. 핌코가 성장하면서 머지는 직원들을 비롯해 여러 사람들과 잘 어울렸지만, 그로스는 여전히 사람들을 다루는 데 서툴렀고 어느 정도의 거리를 유지했다. 머지는 핌코가, 즉 그로스가 어떤 투자를 하고 어떻게 돈을 불리는지 세세하게 설명하기를 좋아했다. 반대로 그로스는 실제로 투자를 관리하는 게 좋았다. 문제는 두 사람 모두 경영만큼은 관심이 없다는 것이다. 두 사람은 "모든 기업은 서로 차이점이 있습니다. 하지만 적어도 비용관리, 직원 채용과 해고 같은 경영은 모두 비슷합니다. 투자신탁이나 레모네이드 가판대나 마찬가지죠."라고 말한다.

그로스에게 또 한 명의 구세주는 핌코의 세 번째 파트너인 윌리엄 포드리츠였다. 그는 다른 두 사람보다 5년 먼저 퍼시픽뮤추얼라이프 보험회사에 입사했다. 그리고 거켄이 노스웨스턴 뮤추얼Northwestern Mutual에서 퍼시픽뮤추얼라이프 보험회사의 투자부서 사장으로 스카우트되었을 때, 포드리치는 거켄의 어시스턴트가 되었다. 그 후, 거켄 사장이 회장으로 승진하고, 오트 톰슨Ott Thompson이 투자부서 사장으로 부임했을 때는 그의 어시스턴트로 일을 계속했다. 머지와 그로스가 핌코의 사업 방향을 전환했을 때, 포드리츠는 핌코의 기록, 행정, 계획 등의 경영업무를 맡아주었다. 이 세 사람은 핌코를 채권산업 최고의 투자신탁으로 만들자고 의기투합했고, 자신들이 '다리가 3개인 스툴(접는 의자)'처럼 완벽한 하모니를 이룬다는 사실을 깨닫게 되었다.

머지는 "대부분 투자부서 사람들이 경영을 겸하곤 합니다. 그러다 보면 투자업무를 게을리 하게 되죠. 그래서 실적이 나빠지거나 아니면 경영업무를 도외시하게 되거나 둘 중 하나의 실수를 저지르게 됩니다."라고 설명한다. 이 점에서 핌코는 달랐다. 그로스는 투자업무를 전담했고, 머지는 고객관리를 담당했으며, 포드리치는 경영을 맡았다. 포드리츠는 핌코 경영업무를 1990년대 초까지 담당하다가 지금의 핌코 회장인 윌리엄 톰슨William Thompson에게 자리를 내주었다.

이 세 파트너의 협력체제는 핌코의 비즈니스 모델로 완벽하게 자리를 잡았다. 그로스는 투자매니저들을 관리하고, 머지는 어카운트매니저account manager들을 관리한다. 어카운트 팀은 투자 포트폴리오를 운용할 수 있는 능력도 갖추고 있어서 그로스의 부서로 옮겨오기도 한다. 예를 들어, 현재 핌코의 수석 페드 워쳐Fed watcher(미국 연방준비위원회의 일거수일투족을 지켜보고 분석하는 전문가)인 폴 맥컬리Paul McCulley도 처음에는 어카운트매니저로 채용되었다. 어카운트 팀의 주 업무는 기업고객을 상대하는 일이다. 「포춘」에서 선정한 100대 기업 중 80개가 핌코에 투자계좌를 가지고 있는데, 이들 기업이 자사의 투자 상황을 알고 싶을 때면 투자매니저가 아닌 어카운트매니저에게 전화를 건다. 세 부서 중 톰슨의 부서가 가장 작은데, 직원의 채용과 해고를 담당하고, 비용을 관리하며 기업의 미래 계획을 세운다. 이 세 사람은 최고의 파트너들로, 서로에게 잘못이 있다고 생각되면 마치 부하 직원에게 하듯이 혹독하게 책임을 묻는다. 톰슨은 "그로스는 가끔 제가 무엇을 하는지 살펴봅니다. 저 또한 그로스가 잘못하고 있다는 생각이 들면 그렇게 하죠. 그로스의 조언은 많은 도움이 됩니다. 여기저기에서 비용을 줄이면 어떻겠냐는 등의 조언이죠. 경영에도 뛰어난 사람입니다. 하지만 저를 비롯해 다른 사람에게 경영은 아예 맡겨두고 있죠. 덕분에 노력과 생각이 게을러지지 않는 것 같아요."라고 설명한다.

핌코의 변화, 독립회사로 서다

1974년, 미국 의회는 근로자퇴직소득보장법Employee Retirement Income Security Act(또는 ERISA)을 통과시켰다. ERISA법에 따라 미국 노동부Department of Labor는 기업이 연금수탁자로서의 의무를 제대로 이행하는지 감독하게 되었다. 연금수탁자, 즉 기업은 신중하게 근로자들의 연금을 관리해야 할 의무가 있다. 하지만 미국 의회는 기업들이 이해충돌 때문에 연금기금을 제대로 관리하지 못하고 있다고 생각했다. 앞으로 은퇴할 근로자들을 위해서 연금기금을 관리하기보다는 기업의 단기적인 목적에 부합하는 주식을 매입하거나 거래한다고 의심하게 되었다. 이 문제를 해결하기 위해 ERISA법에 따라 기업들이 외부 펀드매니저에게 연금기금을 맡기도록 조치하고 있다. 또 기업은 이들 외부 펀드매니저들에게 독립성을 보장한다. 덕분에 독립적인 채권투자신탁이 주목을 받기 시작했고, 핌코는 경쟁 기업에 비해 단연 독보적인 존재로 부각됐다. 당시 연금펀드투자는 대부분 채권에 집중되어 있었고, 핌코는 그 중에서 가장 독립적이면서도 뛰어난 채권신탁이었다. 제럴드 엘러트가 1981년 퍼시픽뮤추얼라이프 보험회사(해당 기업은 결국 차후 주식회사로 전환되었다)를 퇴사할 당시 핌코의 총자산은 20억 달러였는데, 1984년 핌코의 컨설턴트로 영입될 때는 총자산이 60억 달러로 불어 있었다. 엘러트는 "정말 인상적이었죠. 단 3년 만에 자산을 세 배로 불렸으니까요."라고 말했다.

2년의 시간 동안 핌코에는 또 다른 중요한 변화가 있었다. 바로 모회사였던 퍼시픽뮤추얼라이프 보험회사로부터 독립한 것이었다. 투자신탁은 역동적이기 마련이지만 모회사였던 보험회사는 안전성을 중요시했다. 펀드 평가사인 리퍼 애널리티컬Lipper Analytical을 운영하는 마이클 리퍼A. Michael Lipper는 이른바 '주차장 사건'이 이런 갈등을 단적으로 보여준다고 설명한다. 보험회사 사장이 주차장에 끌고 나타나던 차는 뷰익이었던 반면 투자신탁의 사장 차는 페라리였다. 일곱 자리대의 연봉을 받는 보험사 사장은 드물었지만, 투자매니저로서는 이례적인 일이 아니었다.

포드리츠는 1981년을 떠올리면서 당시 핌코가 할 수 있는 선택은 모회사를 떠나는 것뿐이었다고 말한다. 투자매니저들은 어마어마한 수익을 벌어들이다 보니, 당연히 그 중 일부를 자신의 몫으로 받고 싶어했다. 머지와 그로스도 마찬가지였고, 모회사로부터의 독립을 꿈꿨다. 그때까지도 포드리츠는 퍼시픽뮤추얼라이프 보험회사의 사장 톰슨 휘하에서 일하고 있었다. 포드리츠는 그때 일을 이렇게 회상했다. "핌코가 독립하려고 하자 톰슨은 제가 핌코에서 경영을 맡는 게 좋겠다고 생각했죠. 저한테도 좋은 일이었어요. 퍼시픽뮤추얼라이프 보험회사보다는 핌코가 훨씬 성장 잠재력이 높다고 생각했으니까요. 다만 지금처럼 핌코가 성공할 거라고는 생각하지 못했지만요."

한편 톰슨과 그 상사였던 거켄도 핌코를 독립시키는 문제에 대해 외부에 조언을 구하고 있었다. 거켄 회장은 TCW Group^{Trust} Company of the West의 창립자이자 회장인 로버트 데이^{Robert A. Day}와 의논했다. TCW Group은 핌코보다 10년 전에 창립되었다. 데이 회장은 거켄에게 핌코를 분리시키지 않으면 똑똑한 핌코의 젊은 이들을 영영 잃게 될 것이라고 충고했다. TCW Group은 오늘날 850억 달러 가치의 주식과 채권을 운용하는 유수 투자신탁 중 하나로 프랑스 은행 소시에테 제네럴 SA^{Societe General SA}의 자회사다.

결국 퍼시픽뮤추얼라이프 보험회사는 1982년 핌코가 벌어들이는 수익 일부를 그로스, 머지, 포드리츠에게 배분해주기로 합의했다. 그리고 이즈음에, 핌코의 기업문화가 구체적으로 자리를 잡기 시작했다. 핌코의 파트너들은 피터 드러커^{Peter Druker}에게 조언을 구했는데, 조직구조관리의 대가로 알려진 드러커는 수평적이고 평등한 조직을 구성하라고 충고했다. 그래서 핌코는 지금도 임원 사무실이 따로 없다. 그로스의 자리는 핌코 트레이딩 룸의 한 구석을 차지하고 있을 뿐이다. 일반 은행 부사장의 사무실과는 비교도 안 될 정도로 검소하며, 방문객용 의자보다 조금 큰 정도다. 책상 앞에 붙여진 잉크 압지 정도 크기의 명패가 유일하게 그로스의 자리임을 말해준다. 거물 방문객이라도 찾아온다면 (일전에 포드의 최고 경영자인 빌 포드^{Bill Ford}가 뉴포트비치에 요트를 정박하고 포드 사의 채권투자 상황을 논의하기 위해 찾아온 적이 있다), 그 비서들은 복도에서 기다려야 한다.

1990년대까지도 연금관리자들이나 기관투자자들 외에 핌코를 알고 있는 사람들은 소수였다. 핌코가 매월 고객들에게 「인베스트먼트 아웃룩」이라는 소식지를 보냈지만(핌코사의 웹사이트 www.pimco.com에서도 볼 수 있다), 일반 대중들의 관심을 끌지는 못했다. 핌코는 1987년 토탈리턴펀드를 처음 출시하기 전까지만 해도 일반 투자자들에게는 전혀 관심이 없었으며, 그래서 인지도가 높아질 때까지는 약간의 시간이 걸렸다. 지방채municipal bond 상품들도 존 누빈 앤 코John Nuveen & Co.(지금의 누빈 인베스트먼트Nuveen Investment)나 피델리티 인베스트먼트Fidelity Investment, 뱅가드 그룹 Vanguard Group이 먼저 대중에게 선보인 뒤, 핌코는 1990년대 말이나 되어서야 이들 상품들을 시장에 소개했다.

그로스는 일반 대중보다는 전문가들 사이에서 유명했다. 한번은 루이스 루카이저Louis Rukeyser의 〈월스트리트 위크Wall Street Week〉에 소니 보노Sonny Bono와 비슷한 헤어스타일을 하고 피터 린치와 나란히 소파에 앉은 모습이 노출되기도 했다. 하지만 1980년대와 1990년대는 워낙 주식시장이 불마켓이었고, 채권시장은 대중들의 관심 밖이었던 탓에 그로스의 인지도는 낮았다(현재 핌코의 이름이 붙은 주식과 채권펀드들이 많이 판매되고 있는데, 이 중 '비치'가 관리하는 펀드는 채권펀드뿐이다. 그 외 주식펀드는 알리안츠의 여타 자회사에서 관리하고 있으며, 증권사와 그 고객에게 이들 상품을 판매하는 핌코 어드바이저 디스트리뷰터PIMCO Advisors Distributors는 미국 코네티컷에 본사를 두고 있다).

하지만 대중들의 인지도가 낮았을 뿐 핌코의 실적은 훌륭했다. 장기 재무부채권 금리가 15.5%까지 치솟았던 1981년, 폴 볼커 연방준비위원회 의장은 인플레이션을 안정시키기 위해 실시했던 고금리정책을 중단하고 금리를 낮추기 시작했다. 그 후 20년간 연방준비위원회는 금리를 2/3 수준까지 내렸고, 채권가격은 그만큼 상승했다. 덕분에 채권투자자들은 이자수익뿐만 아니라 자본소득도 얻게 되었다. 당시 핌코 토탈리턴펀드는 지속적으로 나은 수익을 기록했다. 리먼 브라더스 종합채권지수Lehman Brothers Aggregate Bond Index에 비해 0.5~1.5% 정도 높은 수익을 기록했다고 한다. 금리가 한 자리대로 떨어진 1990년대에도 핌코의 펀드들은 훌륭한 성과를 도출했는데, 1993년부터 2002년까지 5년 동안은 두 자리대 성장률을 기록할 정도였다. 1980년대와 1990년대에 채권시장에 몸담았던 이들은 그로스를 살아 있는 전설로 여기게 되었다.

1990년대 초, 포드리츠는 캘리포니아와 오렌지카운티Orange County에서 정계에 입문하기 위해 핌코를 떠났다. 그는 지금도 꽤 영향력 있는 민주당원이다. 핌코는 포드리츠 대신 빌 톰슨을 CEO로 영입해 제2의 도약을 이룬다. 공식적으로 퍼시픽뮤추얼라이프 보험회사에서 독립해 핌코 어드바이저PIMCO Advisors라는 이름의 상장기업이 된 것이다. 그로스의 오랜 지기이자 퍼시픽뮤추얼라이프 보험회사의 부사장이던 윌리엄 크벤그로스William

Cvengros가 핌코 어드바이저의 회장으로 영입되었고, 이때부터 핌코는 대중적인 뮤추얼펀드를 홍보하기 시작했다. 당시 핌코 어드바이저 지분의 35%는 퍼시픽뮤추얼라이프 보험회사가, 25%는 핌코의 파트너들이, 그리고 나머지는 일반 투자자가 소유했다. 2000년, 알리안츠가 핌코 어드바이저 지분의 70%를 인수하면서, 핌코는 알리안츠의 자회사가 되었다. 나머지 지분 30%는 퍼시픽뮤추얼라이프 보험회사가 소유했다. 핌코는 알리안츠의 독립적인 자회사가 되었지만, 그 독특한 기업문화에는 변함이 없었다.

'비치' 사무실에서는 바로 앞에 펼쳐진 골프장과 퍼시픽코스트하이웨이Pacific Coast Highway 너머로 아름다운 캘리포니아의 해변, 산타 카탈리나Santa Catalina 섬이 한눈에 보인다. 태평양 바다로 26마일 떨어진 곳에 석유시추 시설이 자리 잡고 있는 것까지 내려다 보일 정도다. 하지만 핌코 직원 중 누구도 창밖으로 보이는 풍경에는 관심이 없다. 다만 벽에 걸린 블룸버그 화면과 CNBC 경제뉴스가 나오는 커다란 TV만을 주시한다. 물론 TV는 묵음이다. 그로스는 직원들이 자신처럼 오랜 시간 열정적으로 일하기를 원하고, 높은 충성도를 보여주길 바란다. 핌코 사무실은 마치 커다란 개미집처럼 조용하면서도 바쁘다. 직원들은 입사 직후, 그로스의 해군 훈련 교관이었던 크루즈 병장도 인정할 만큼 혹독한 트레이닝을 받는다. 투자등급회사 스페셜리스트인 마크 키셀은 1996년 핌코에 입사했는데, 첫해 동안은 마치 웨스트포인트 육군사관학교West Point에 입학한 것 같았다고 한다. 키셀은 자신이 훌륭하게 첫해를 마무리했지만, 즐겁지는 않았다고 털어놓았다. 이처럼 혹독한 트레이닝의 목적은 크루즈 병장이 그랬던 것처럼 정말 필요한 사람만을 골라내기 위해서다. 그리고 그렇게 남은 사람들에게는 인센티브가 지급된다. 첫해를 훌륭하게 마친 신입사원들은 보너스를 받는다. 세속적인 포럼Secular Forum(4장 참조)이 끝날 때쯤 보너스가 지급되는데 최고 3만 5,000달러 정도라고 한다. 핌코에서 두각을 나타내는 직원들은 연봉과 성과급을 합하면 백만장자가 될 수 있다. 핌코는 알리안츠의 자회사지만 임원들뿐만 아니라 부장급 간부의 상당수, 주니어 파트너, 매니저급까지 핌코가 벌어들인 수익과 지분의 일부를 배분받는다. 머지는 "2세대, 3세대 직원들에게까지 투자를 하는 거죠."라고 설명한다.

투자만큼 중요한 것은 베풂

알리안츠와의 계약으로 그로스는 크로이소스Croesus 왕만큼이나 부유해졌고, 부자가 되면 흔히 그렇듯이 사교계의 아이콘이 되었다. 하지만 그는 사교적인 행사를 즐기는 편이 아니다. 그로스는 칵테일파티를 '가장 최악의 시간낭비'라고 생각한다. 어시스턴트인 대넬 라이머Danelle Reimer에 따르면 그로스는 매일 초대장을 몇 장씩 받곤 하는데, 그 중 상당수가 자선파티 초대장이라고 한다. 그로스는 "이들 중 상당수가 사회에 도움이 되고, 중요한 파티들이죠. 그래서 초대장을 집으로 가져가곤 합니다. 하지만 파티에 가서 와인을 마시고, 맛있는 음식을 먹는 걸 즐기지는 않아요."라고 말한다. 그는 「인베스트먼트 아웃룩」 칼럼에 크리스마스 때면 넘쳐나는 의례적인 파티들은 자신에겐 고문이나 다름없다고 호소할 정도다. 언젠가 한번은 마이크로소프트Microsoft 회장인 빌 게이츠Bill Gates의 집에서 열린 칵테일 자선파티에 아내 수와 함께 초대를 받은 일이 있었다. 파티에서 빌 게이츠를 소개 받은 그로스는 너무 당황한 나머지 그를 마이크라고 불렀다. 「포춘」 선정 미국 2대 기업인인 게이츠는 10대 기업인으로 뽑힌 그로스를 보고 그저 크게 한 번 미소 짓고는 바로 옆에 있는 자신의 부인에게 그로스를 넘겨버렸다. 그로스는 비참하고 부끄러운 기분을 느끼며, 게이츠 바로 옆에서 손님을 맞던 그의 부인과 그 외 사람들에게 인사를 했다.

하지만 그로스라고 사교행사를 무조건 무시할 수는 없고, 또 가끔 파티를 주최하기도 한다. 그는 10년에 한 번 꼴로 큰 파티를 열었으면 좋겠다고 한다. 그래서 2003년 여름 호화로운 크루즈를 빌려 파티를 열기도 했다. 파티에는 그의 가족, 핌코 동료들, '올해의 교사' 로 선정된 오렌지카운티의 교사 100명이 초대되었고, 이들은 일주일 넘게 크루즈를 타고 알래스카의 피오르드까지 여행했다. 이 파티는 순전히 그로스의 아이디어였는데, 그는 10년이나 20년에 한 번씩 이런 성대한 파티를 열고 싶어한다.

그로스는 종교적인 신앙심이 깊기보다는 자신의 삶에 충실한 성격이다. 하지만 그의 아내와 아들, 아버지 모두 가톨릭 신자여서(어머니는 아니다), 그 또한 성당미사에 참석한다. 그렇다고 영성체를 받는 것은 아니며, 설교시간에도 자신만의 생각을 하기 일쑤다. 「뉴스위크Newsweek」와의 인터뷰에서 그로스는 요가를 '영적인 활동이나 종교라기보다는 일종의 운동'이라고 묘사했다. 하지만 나와의 인터뷰에서는 이렇게 말했다. "동양의 종교, 그 중에서도 특히 불교가 제게 맞는 것 같아요. 외적인 구원보다는 현재의 순간에 집중하고, 자신의 내면을 성찰하며, 집중하니까요. … 동양에서는 각자의 모든 삶에 신이 존재하고 있기 때문에 인간은 명상이나 사색, 삶, 다른 사람들을 위한 봉사활동을 통해 신을 찾아야 한다고 하죠."

어마어마한 부와 막강한 영향력에 걸맞게 그로스는 자선활동에도 적극적이다. 그런데 그로스의 자선활동은 뉴포트비치와 그 주변 오렌지카운티에 집중되어 있다. 알리안츠가 핌코를 인수했을 때, 그로스와 그의 파트너들은 1,000만 달러를 들여 오렌지카운티 지역을 위한 자선재단을 설립했다. 그로스와 그 가족들은 그로스패밀리재단Gross Family Foundation이라는 이름의 개인 자선재단도 소유하고 있는데, 이 재단은 주로 교육 관련 자선활동을 하고 있다. 아들인 닉이 뉴포트비치의 사가힐사립학교Saga Hill School 학생이던 시절, 그로스는 해당 학교가 학생의 15%를 소수인종으로 받아들이도록, 장학금을 지원했다. 또 지난 11년간 그로스패밀리재단은 오렌지카운티에서 '올해의 교사'로 뽑힌 50명에게 총 12만 달러에 달하는 지원금을 제공했다. 그로스는 그들을 이렇게 칭찬했다. "교사들에게 지원금을 직접 지급했죠. 자동차라도 새로 구매했으면 하고 말이죠. 하지만 상당수의 교사들은 지원금으로 학생들을 위해 교재를 구입하더군요. 신념을 넘어서서 감동적인 일이었죠."

그로스패밀리재단은 작지만, 자산규모로만 따지만 향후 5년 내에 미국 내 개인 자선재단 중 상위 50위 안에 들게 될 것이다. 미국의 자선재단을 소개하는 파운데이션센터Foundation Center는 그로스패밀리재단의 자산이 5년 후 약 8억 6,500만 달러를 넘어설 것으로 예측하고 있다. 그로스는 자신의 자선재단이 자산규모가 수십억 달러나 되는 빌게이츠재단Bill & Melinda Gates Foundation만큼 성장하지는 않겠지만 일부에게 집중되는 부를 생산적인 방식으로 사회에 환원하는 책임을 수행한다는 점에서는 게이츠재단과 똑같다면서, 자신의 아이들뿐 아니라 손자, 손녀, 그리고 그 후 세대에 걸쳐서까지 활발하게 활동하길 바란다고 말했다. 그로스는 재단으로 기부되는 돈을 관리하고, 또 기부금이 제대로 쓰이는지를 관리한다. "기부금을 올바르게 사용하는 방법은 다양

합니다. 하지만 무엇보다 사회에서 의미 있게 사용되는 게 중요
합니다."

예리한 판단력과 거침없는 목소리

1987년 토탈리턴펀드를 출시하면서 대중에게 인식되기 시작
한 핌코의 명성은 이제는 최고조에 달한 상태다. 덕분에 그로스
의 목소리에 집중하는 사람들도 많아졌지만 그는 여전히 소신 있
게 자신의 의견을 피력한다. 그렇다 보니 가끔은 논란을 일으킬
때도 있다. 그로스는 레이건 정부 초기부터 레이거노믹스
Reaganomics를 지지했다. 그래서 1981년 9월에는 레이거노믹스 덕
분에 베어마켓이 끝날 것이라고 예측했는데, 그로부터 약 1년 후
인 다음해 8월 미국 주식시장은 실제로 상승하기 시작했다. 같은
해 10월, 그는 채권시장이 곧 상승할 것으로 예측했다. 당시 채권
시장은 규모가 매우 컸는데, 20년 전 15.5%나 되던 채권금리가
계속 하락한 결과였다. 1999년 10월에는 신경제New Economy를 전
면적으로 비판했는데, 인터넷을 위시한 신기술들이 기업보다는
소비자에게 더 많은 혜택을 가져다줄 것이라고 말하면서 "주식
투자자들은 인터넷으로 무장한 소비자가 최고의 우방이 아니라
최악의 적이라는 사실을 명심해야 한다."고 평했다. 같은 해 11
월 그로스는 인터넷 주식을 '피라미드 사기'라고까지 비난했는
데, 그로부터 4개월 후 IT주식은 붕괴하기 시작했다.

이목이 가장 집중됐던 사건은 2002년 9월, 그로스가 「인베스트먼트 아웃룻」에 '다우 5,000Dow 5,000'이라는 제목으로 논평을 게재했을 때였다. 사실 그는 늘 주식에 대해 회의적이었다. 그로스는 '주식시장이 항상 채권시장보다 낫다'는 통념을 믿지 않는데, 역사상 예외적인 경우도 많았을 뿐 아니라 투자성과는 언제 돈을 넣고, 언제 투자금을 회수하는지에 의해 좌우되기 때문이었다. 그로스가 주식시장을 비판한 건 그때가 처음이 아니었다. 2001년 4월에도 「인베스트먼트 아웃룻」에 '티커테이프 셔레이드Ticker Tape Charade(원래 Ticker Tape Parade는 색종이를 뿌리면서 즐거워하는 퍼레이드를 뜻한다. 그런데 Parade를 Charade로 바꾸어 주식시장에 대한 사람들의 환상을 비판했다)'라는 제목으로 비슷한 논평을 실은 적이 있었다. 하지만 '다우 5,000'이 유독 반발을 불러왔던 이유는 그가 '주식은 고약하다'라고 평했기 때문이었다. 마이크로소프트의 MSN네트워크가 발행하는 웹진 「슬레이트Slate」(현재는 「워싱턴 포스트Washington Post」가 발행)는 "마치 술은 입에도 안 대는 사람이 올해 보졸레누보가 형편없다고 주장하는 격이다. 주식투자에 전혀 경험이 없는 사람의 비판이 얼마나 신빙성이 있을까!"라고 비난했다. 또한 그로스가 무조건 채권투자만을 옹호하고 있다면서, 경쟁자들보다 나아 보이려는 심산이고, 채권투자자라고 주식을 무조건 폄하하고 있다고 목소리를 높였다.

그로스는 자신에 대한 엄청난 비난에 놀라기는 했지만, 그렇다고 입장을 철회하지는 않았다. 그는 공화당원이자 베트남전 참 전용사였지만, 2003년 3월 이라크전을 맹렬히 비난했다. 당시 정부에서 주창한 '선제공격'에 대해 '남들이 우리를 죽이기 전에 우리가 먼저 남을 죽이자는 논리'라면서 상황이 이렇게까지 악화되어 마음이 아프고, 미국의 위대한 유산과 미래가 걱정스럽다고 호소했다. 이에 「월스트리트 저널Wall Street Journal」은 사설이나 칼럼이 아닌 일반 보도를 통해 그로스를 비난하기에 나섰다. '핌코의 투자책임자, 자신만의 평화를 이야기하다Pimco's Chief Says His Controversial Peace'라는 제목의 기사였는데, 「월스트리트 저널」의 비평가는 안전한 캘리포니아에 살고 있는 어떤 이의 속편한 소리라면서 그로스를 폄하했다.

하지만 그는 경제정책에서는 공화당을 지지하지만, 사회적으로는 극우파라면 눈살을 찌푸릴 만큼 진보적이다. 그래서 가끔 그의 정치적인 성향을 걸고 넘어지는 사람들도 있다. 하지만 그가 유명한 이유는 이렇게 논란거리를 만들어서가 아니다. 다음 장에서 설명하겠지만, 그가 유명해진 이유는 다름 아닌 그의 복잡한 투자철학과 날카로운 판단력 때문이다. 이 때문에 월스트리트는 그로스의 의견에 무조건 긴장하고, 사람들은 그에게 주목한다.

chapter2

핌코의 신화를 만든 사람들

채권은 그다지 매력적인 투자시장은 아니었다. 그보다는 안전하고, 보수적이고, 고루하고, 가장 지루한 종목으로 치부되어 주목받지 못했다. 특히 리스크가 내재된 헤지펀드나 일반 주식투자에 비하면 더욱 그랬다. 그로스는 채권투자의 부정적인 이미지를 변화시킨 주인공이다. 하지만 그로스 또한 얼마 전까지만 해도 대중의 관심 밖에 있었다. 채권시장 전문가들 사이에서는 전설적인 인물로 떠받들어졌지만, 지금처럼 주목받게 된 것은 불과 몇 년 전부터였다.

버핏과 같이 언급되던 유일한 사람은 피터 린치였다. 피터 린치는 1977년부터 1990년까지 피델리티 마젤란 펀드Fidelity Magellan

Fund를 운용하면서 2,500%의 경이적인 투자수익률을 기록했다(한편 피터 린치보다 더 뛰어난 펀드매니저가 있다. 피델리티의 창립자인 에드워드 존슨 3세Edward C. JohnsonⅢ의 1963년부터 1972년까지 투자수익률은 그보다 더 뛰어났다). 1997년 그로스의 처음이자 유일한 저서인『Everything You've Heard About Investing is Wrong!』를 출판한 랜덤 하우스Random House는 '채권계의 피터 린치'라고 책 앞표지에 대문짝만하게 싣고 싶은 충동을 겨우 참았다고 한다.

책이 출판되고 채 2년도 지나지 않았을 때(후에 이 책은 존 월리 앤 선스John Wiley & Sons 출판사에서 『Bill Gross on Investing』이라는 제목으로 다시 출판되었다), 「배런스 매거진Barron's Magazine」은 그로스의 뛰어난 투자실적을 기사화하면서 그를 '채권계의 거물'이라고 평했다. 그후, 채권, 채권투자 시장, 연방준비위원회에 대한 그로스의 의견을 묻는 기자들이 늘어났고, 덩달아 채권시장의 장점이 대중들에게 알려지게 되었다. 그로스를 찾는 사람들은 더욱 많아졌고, 그 또한 매스컴을 좋아해서 핌코 본사에 TV방송용 스튜디오를 설치하게 되었다(CNBC 방송에 출연할 때면, 그로스는 방송국이 위치한 뉴욕이 아니라 미국 대륙의 정반대편에 있는 핌코의 방송 스튜디오에 앉아서 방송을 탄다. 스튜디오 밖에는 방송을 위한 넥타이, 재킷, 메이크업 세트도 준비되어 있다). 스튜디오를 설치하는 데 막대한 비용이 들기는 했지만, 핌코의 파트너들에게는 그로스가 캘리포니아 패서디나에 있는 방송국 스튜디오까지 가는 시간도 아까웠다. 그로스의 시간은 핌코의 돈이고, 핌코의 돈은 결국 파트너들의 돈이기 때문이다.

그로스의 투자성과는 어떠한가

2000년 뮤추얼펀드 분석기관인 모닝스타는 그로스를 '올해의 채권펀드매니저'로 뽑았다. 그로스가 '올해의 채권펀드매니저'로 뽑힌 건 이번이 두 번째인데, 모닝스타가 같은 사람을 두 번 이상 호명한 경우는 그로스뿐이다. 모닝스타는 특히 그로스가 재무부채권 투자로 큰 수익을 올린 점을 강조했다. 당시 재정흑자를 기록하고 있던 미국 정부가 재무부채권을 재매입 하겠다고 발표한 덕분이었다. 모닝스타는 그를 '타의추종을 불허하는' 투자자라고 칭찬했다. 또 그로스는 모기지에 대한 투자를 늘리고 회사채 투자를 줄였는데, 그 후 회사채는 3년간 하락세를 기록했다.

모닝스타는 그로스가 핌코 토탈리턴펀드를 담당하는 펀드매니저이자 최고 투자책임자라는 사실에 주목했다. 토탈리턴펀드는 미국 내 최대 뮤추얼펀드로 자산이 722억 달러나 될 뿐 아니라 1987년 처음 출시된 이후로 채권펀드로서는 최고의 투자수익률을 자랑한다. 모닝스타에서 2003년 7월 31일까지 15년간 펀드 수익률을 비교한 결과 핌코 토탈리턴펀드가 다른 경쟁상품을 압도하는 것으로 나타났다. 채권시장의 기준인 리먼 브라더스 종합채권지수와 비교해 토탈리턴펀드의 수익률은 평균 0.88% 높다.

그로스의 실적

표 2.1

펀드 이름	연간 투자실적(1988-2003년)
핌코 토탈리턴펀드	9.23
뱅가드 토탈채권인덱스	8.05
피델리티 중기채권펀드	7.55
리먼 브라더스 종합펀드	8.35

2003년 7월 31일까지 총자산이 10억 달러 이상인 펀드의 15년간 연평균 펀드수익률 비교(단위: %)
자료제공 | 모닝스타

여기에 핌코가 처음 대중에게 뮤추얼펀드를 공개하기 이전 14년 동안의 투자수익률을 고려하면, 그로스의 채권투자 평균수익률은 더욱 높아진다. 총 기간 동안의 투자실적은 연평균 10.11%로 모닝스타에서 발표한 것보다 거의 1%나 높다.

그러던 중 베어마켓이 찾아왔다. 1990년대 가장 잘 나가던 뱅가드500 인덱스펀드Van guard 500 Index도 고전을 면치 못해, 2000년에는 9% 이상, 2001년에는 12%, 그리고 그 다음해에는 22% 이상 하락했다. 1990년대 불마켓 동안에 모든 국가에서 가장 크고 빠르게 성장하는 기업의 주식은 무조건 사들이던 투자자들은 뇌사상태에 빠지다시피 했다. 이 와중에 시장보다 나은 수익을 올리는 투자자들은 당연히 각광받았다. 그런 결과로 2002년 「포춘」에서는 그로스를 채권왕Bond King이라고 부르게 되었다.

채권계에서만 유명하던 그로스의 이름이 드디어 일반 대중 사이에서도 널리 알려지게 되었다. 2003년 「포춘」에서 선정한 가장 영향력 있는 25명의 기업인 중 투자 전문가는 단 두 명뿐이었는데, 한 명은 1위로 뽑힌 버핏이었고, 나머지 한 명은 10위에 랭크된 그로스였다.

그로스의 투자실적은 시장평균보다 0.50~1.00% 정도 높은데, 이는 핌코의 목표에 정확하게 부합하는 것이었다. 과도한 리스크를 감수하지 않으면서 다양한 투자전략을 활용해 추가적인 수익을 올리는 것이 그로스의 투자철학이기 때문이다. 그가 잘 쓰는 표현을 빌리면(그는 전문가뿐만 아니라 일반인들도 잘 이해할 수 있는 표현을 사용한다) 홈런을 치기보다는 1루타와 2루타를 지속적으로 쳐내는 것이 목표다.

야구에서 홈런 타자는 스트라이크 아웃을 당하는 확률도 높다. 2000년 미국 주식시장은 다우지수가 1만 선에 육박할 정도였지만, 스트라이크 아웃을 당해 3년간 하락세를 면치 못했다. 고공행진을 기록하던 나스닥은 70%나 하락했다. 1999년, IT주식펀드가 129% 상승한 데 비하면 핌코 토탈리턴펀드의 한 자리대 수익은 부끄러울 정도였다. 하지만 그 후 거품이 꺼지고 나스닥이 바닥까지 하락하자 핌코의 실적이 부각되기 시작했다. 2000년, 핌코 토탈리턴펀드는 8.45% 수익을 기록했지만 IT주식펀드는 31.7% 하락했다. 2001년, 핌코의 펀드는 7.54%, 2002년에는 8.77% 상승한데 반해 IT주식펀드는 2001년에는 36.3%, 그 다음 해에는 42.7% 하락했다.

일인자들의 공통점과 차이점

그로스와 버핏은 서로 면식이 있는 사이다. 그로스는 자신이 막 투자업계에서 일하기 시작했을 때, 버핏이 자신에게 돈을 빌리러 온 적이 있다고 너스레를 떨곤 한다. 실제로 버핏과 그의 파트너인 찰리 멍거Charley Munger는 그로스가 채권 애널리스트였던 시절 퍼시픽뮤추얼라이프 보험회사에 1,000만 달러나 되는 대출을 신청한 적이 있다. 1970년대 초만 해도 버핏의 버크셔 해서웨이는 그리 잘 알려지지 않은 작은 기업이었다. 그로스에 따르면 미국 북서부에 위치한 막대사탕 제조업체, 경품권 생산업체, 그 외의 다 허물어져가는 산업들의 집합체였다고 한다. 당시 버핏은 사모를 통해 가이코GEICO라는 작은 보험회사를 인수하려 했다. 그로스는 버크셔 해서웨이의 장부를 분석한 후, 버핏에 돈을 빌려줘야 한다고 결론 내렸다. "그때 이후로는 버핏을 본 적이 없죠."라고 그로스는 털어놓았다. 버핏은 가이코 보험회사의 현금 흐름을 활용해 투자금으로 활용했고, 덕분에 은행에서 대출을 받아야 할 필요가 없어졌기 때문이었다.

하지만 버핏과 그로스는 서로 가끔 연락은 하고 지내는 사이며, 매스컴에 공개되는 상대방의 행동과 논평을 주시한다. 이 둘은 서로를 존경한다. 두 사람 모두 근본적인 가치를 보고 투자하며, 성공가능성을 높일 수 있는 구조를 기반으로 투자모델을 구축한다. 그런데 버핏은 이 구조가 다름 아닌 자신의 보험회사다.

따라서 분기별로 투자결과를 보고할 필요도 없고, 자신이 옳다고 생각하는 대상에 소신껏 투자하면 된다. 하지만 그로스의 구조는 다르다. 일단 그는 투자고객들에 대한 책임이 있기 때문에 분기별 결과를 아주 무시할 수 없다. 핌코의 투자 포트폴리오는 투자모델에 있어서 매우 중요하며, 또 핌코가 계속 성공적인 성과를 도출할 수 있었던 이유이기도 하다. 여기에 대해서는 뒷부분에서 차차 설명하도록 하겠다. 어쨌든 이 두 사람은 모두 자신에게 유리하게 확률을 바꾸는 투자계획을 고안해내곤 한다.

이 둘 사이의 차이점은 또 있다. 바로 투자시장이 다르다는 점이다. 버핏은 주로 주식에 투자하고 그로스는 채권에 투자한다. 또 투자시장에 대한 접근방식도 다르다. 그로스의 장기투자는 수년에 걸쳐 진행되고, 버핏은 심지어 수십 년에 걸쳐서 투자한다. 그로스는 탑다운 투자방식을 사용한다. 개별적인 기업이 아니라 전체 산업이나 분야를 고려하고 투자하는 방식이다. 버핏은 그 반대로 바텀업bottom-up 방식을 사용한다. 전체 산업이 아니라 개별적인 기업의 상황을 고려해 투자하는 방식이다. 예를 들어, 버핏은 워싱턴 포스트 지분을 워터게이트 사건 이후부터 보유하고 있는데, 그 라이벌 기업인 뉴욕타임즈New York Times와 다우존스 앤 컴퍼니Dow Jones & Company의 주식은 고전을 면치 못해왔다. 이런 차이점이 있기는 하지만 그로스와 버핏은 모두 가치투자 신봉자들이다. 핌코가 「인베스트먼트 아웃룩」을 투자자들에게 발행하기 시작했을 때, 버핏은 "나는 매달 빌 그로스의 「인베스트먼트 아웃룩」을 기다린다. 생동감 넘치는 문체와 흠잡을 데 없는 논리, 뛰어난 통찰력 때문이다. 그의 견해를 계속 수집해 언제나 참고하려고 한다."고 말할 정도다.

이처럼 그로스는 주식투자계의 최고봉인 워렌 버핏과 어느 정도의 유대관계를 형성하고 있지만, 주식투자계의 2인자로 각광받았고 지금은 은퇴한 피터 린치와는 그렇지 못하다. 그로스는 스스로를 강박적일 정도로 경쟁적이라고 평가하는데, 이런 성격 때문에 린치의 갑작스러운 은퇴를 이해할 수 없어했다. 1990년 은퇴 당시 린치는 가족과 더 많은 시간을 보내고, 자선활동에 집중하겠다고 밝혔다. 그로스 또한 가족과 자선활동을 중요시하지만 그는 트레이딩 룸에 뼈를 묻고 싶어한다. 그로스는 린치의 은퇴가 '말도 안 되는 일'이라고 생각하면서 자신의 계획에 변함이 없다고 말한다.

하지만 그로스와 린치, 버핏은 하나의 공통점을 가지고 있는데, 바로 효율적 시장가설에 대해 회의적이라는 것이다. 효율적 시장가설은 주식과 채권 등에 관한 정보가 폭넓게 공개되어 있기 때문에, 이들 가격은 기업의 가치를 정확하게 반영한다는 주장이다. 사실 모든 투자자들은 가격이 제대로 책정되지 않은 주식이나 채권을 알아내 재빨리 매입하거나 매도한다. 이들이 충분히 매도와 매입을 하면 주식이나 채권의 가격은 다시 실제 가치를 반영하게 된다(엔론Enron이나 MCI 월드콤MCI WorldCom, 임클론ImClone 같은 특정 기업은 이 논의에서 제외한다). 효율적 시장가설의 논리적인 예는 인덱스펀드다. 인덱스펀드는 시장에서 대표적인 주식을 무작위로 선정해 합한 것으로(미국 S&P 500의 경우 시가총액이 높은 기업으로 선정), 같은 종류의 주식들을 선별해서 골라 투자했을 때보다 수익이 높은 경우가 많다. 게다가 펀드매니저들은 실수를 하지만 인덱스펀드는 실수하지 않는다. 펀드매니저들은 비싸지만, 인덱스펀드는 저렴하다. 뱅가드 그룹은 효율적 시장가설 논리를 앞세우고, 연금펀드 컨설턴트를 통해 인덱스펀드의 장점을 부각시키면서 피델리티 다음으로 가장 큰 펀드운용사가 되었다. 또 아놀드 슈왈츠제네거Arnold Schwarzenegger가 최대 외부 투자자로 있는 디멘셔널펀드 어드바이저Dimensional Fund Advisor는 인덱스펀드만을 취급하는데, 다만 일반적인 인덱스가 아닌 자사만의 벤치마크를 적용하고 있다. 1990년대, 뱅가드 500 인덱스펀드는 같은 종류의 주식시장에 투자하고 있는 뮤추얼펀드 80%보다 수익이 높았다. 필자는 금융전문 기자인 탓에 노벨 경제학 수상자 네 명을 인터뷰한 경험이 있는데, 이들은 모두 중요한 자산은 뱅가드 인덱스펀드에 투자하고 있다고 대답할 정도였다.

이 통설을 뒤집고 시장보다 나은 투자수익을 얻어내는 사람들이 바로 빌 그로스, 워렌 버핏, 피터 린치다. 하지만 펀드매니저인 로버트 해그스트롬Robert G. Hagstrom은 워렌 버핏의 투자에 관한 저서 『워렌 버펫의 완벽투자기법*The Warren Buffet Way*』에서 천재적인 버펏의 투자실적도 효율적 시장가설 주창자들의 신념을 바꾸지는 못했다고 적고 있다. 이들은 버펏, 함축적으로는 그로스까지도, 현실적으로 굉장히 드문 시그마 5 현상이라고 일축한다.

그로스는 MBA를 가진 이들이 흔히 그렇듯 통계학에도 밝은데, 금융 전문가들이 무지로 인한 오류를 범하고 있다고 말한다. 그는 자신의 책 『*Bill Gross on Investing*』에서 지금처럼 투자자들이 인터넷과 정보로 무장된 시장에서는 특히 효율적 시장가설이 어느 정도 논리적이기는 하지만, 투자자들의 심리를 간과한다는 맹점이 있다고 평가했다. 이런 문제점은 시장이 불마켓에서 베어마켓으로 바뀔 때 뚜렷하게 나타난다. 투자자들의 탐욕은 곧 투기 과열현상으로 이어지고(1999년 IT주식과 2003년 재무부채권의 예에서 알 수 있다), 투자자들이 공포를 느끼면 시장은 크게 하락한다. 4장에서도 설명하겠지만, 그로스의 투자 멘토들은 이런 감정들을 이해하고 활용했기 때문에 크게 성공할 수 있었다. 그래서 그로스는 시장의 심리를 분석하는 데 많은 시간을 할애하며, 다른 투자자들도 그래야 한다고 충고한다. 그렇지 않으면 급변하는 시장에서 비싸게 사고, 싸게 팔아 손해를 보게 된다는 설명이다.

투자 포트폴리오 구축의 시작

주식투자를 통해서 얻을 수 있는 수익이 두 가지 종류라는 건

초보 투자자도 알고 있는 기본 상식이다. 하나는 자본증가capital appreciation로 주식가격이 상승할 때 주식을 매도해 얻는 수익이다. 나머지 하나는 배당금수익으로 기업들이 주주에게 기업이윤을 나누어주는 것이다. 이 두 가지를 합하면 주식의 총수익*이 된다. 그런데 채권투자자들은 수십 년 동안 채권에도 두 가지 종류의 수익이 있다는 사실을 간과해왔다. 이는 자본증가와 채권수익률yield이다.

그로스가 채권시장에 처음 뛰어들었던 1971년까지도 은행신탁 책임자bank trust officer를 비롯해 여타 채권투자자들은 순진하게도 채권투자로 기대할 수 있는 건 이자수익밖에 없다고 생각했다. 채권은 액면가로 판매되었고, 투자자들은 10년이든 30년이든 만기 때까지 채권을 보유했다. 채권 옆에는 쿠폰이 붙어 있어서 6개월마다 한 장씩 뜯어서 채권발행자에게 보내면 채권발행자는 6개월치 이자를 지급했다. 채권만기가 되면 1달러당 100센트로 환매되었고, 그게 끝이었다. 은행의 신용부서는 대부분 남자 대학생 사교클럽 출신들로 채워졌고, 그들의 무능력함은 그들의 아이큐 숫자와 맞먹을 정도였다. 1980년대에는 전형적인 유리천장(직장 내 여성에 대한 성차별)이 존재해서, 머리가 희끗희끗한 간부들은 여성 펀드매니저들을 채권부서로 보냈다. 채권투자에

• 많은 주식 투자자들이 세금에 신경을 쓰곤 한다. 또 세전총수익보다는 세후총수익을 더 중요시한다.

서는 실수를 해도 크게 손해가 나지 않는다는 생각에서였다. 물론 이들이 빼어난 성과를 낼 것으로 기대하지도 않았다.

2003년 6월과 7월, 채권투자 포트폴리오는 크게 하락했다. 10년 만기 재무부채권 수익률은 6주 동안 3.11%에서 4.41%로 40%나 올랐다. 반대로 채권가격은(5장 설명) 요동치기 시작했다. 채권가격은 그 폭이 작기는 했지만 거의 매분 변화했다. 그리고 시간이 흐르자, 세계시장의 상황과 예측에 따라 채권가격은 체스판의 말처럼 움직였다. 하지만 실은 채권시장의 거품이 빠진 것뿐이었다. 2003년 초 투자자들은 경제신호를 오해하고 있었고, 연방준비위원회가 새로운 통화정책을 실시할 분위기를 풍기자 거품이 끼기 시작했다. 반대로 핌코를 비롯해 여타 총수익투자자들은 이미 재무부채권과 이자에 민감한 MPTS를 매도하고 있었다 (단 생각만큼 많이 매도하는 데는 실패했다).

채권투자 포트폴리오를 운용하는 방법에는 여러 가지가 있다. 이 책의 뒷부분에서 상세하게 설명하겠지만 미리 간략하게 언급해보면, 다변화, 상황에 따른 채권만기를 조율하는 방법도 있고, 또 국채, 모기지, 회사채, 해외채권 등 다양한 종목으로 진입하고 이동하는 방법이 있다. 이들 중 어떤 것을 선택할지 결정을 내려야 한다. 그로스는 '세속적secular 요소'와 '경제 사이클적cyclical 요소'를 고려해 결정한다.

먼저 핵심적인 투자 포트폴리오를 구축한다. 이 부분은 근본적이고 장기적인 경제, 사회, 지정학적 트렌드에 따라 구축해야 한다. 그로스가 말하는 '장기적인' 트렌드란 향후 3년~5년에 걸쳐 일어날 일을 뜻한다. 더 먼 미래를 예측하는 건 의미가 없다. 조지 오웰George Orwell의 『1984』나, 스탠리 큐브릭Stanley Kubrick의 〈2001, 스페이스 오딧세이2001, A Space Odyssey〉를 생각해보자. 영화에서 큐브릭이 사용한 비행선은 팬아메리칸항공Pan American World Airways에서 만든 것으로 설정되어 있는데, 해당 기업은 1991년 도산했다. 영화 속 시간적 배경보다 몇 십 년이나 전에 도산한 것이다. 이처럼 너무 먼 미래에 대한 예측은 정확성이 떨어진다.

경제학에서는 '장기적'이라는 말 대신에 '세속적'이라는 말을 사용하곤 한다. 따라서 그로스와 그 팀은 장기적인 트렌드에 관한 분석을 '세속적인 분석secular analysis'이라고 부른다. 이 과정에서 전문가들의 의견을 고려하고, 경제적인 트렌드도 살피며, 앞으로 몇 년간의 상황을 예측한다. 장기적인 트렌드는 세계 경제를 파도처럼 휩쓸고 지나가며, 체계를 변화시켜 모든 것을 완전히 바꾸어버린다. 대표적인 예 중 하나가 미국 인구의 고령화다. 게다가 유럽의 고령화는 미국보다 더 빠르게 진행되고 있다. 그래서 그로스는 의료보험과 제약회사들의 회사채에 대한 투자를 늘리고 있다. 그는 주식에 투자하지 않기 때문에 기업의 성장 가능성이나 잠재적인 수요 증가를 예측하지 않고, 대신 채권 발행자의 리스크를 고려한다. 즉 인구노령화 덕분에 미국 내 장난감 제조회사보다는 거대 의료법인의 채권이 투자가치가 높다는 결론이다.

핌코는 세속적인 분석을 보완하기 위해 '경제 사이클 분석 cyclical analysis'도 병행한다. 경제 사이클적 요소란 짧은 시간동안 시장에 영향을 미치는 사건을 뜻한다. 핌코는 공식적으로는 분기별로 경제 사이클을 분석하고 있는데, 실은 거의 매일 한다고 봐도 무방하다. 연방준비위원회가 금리를 변동시키지는 않는지, 새로운 생산자물가지수 producer price index가 어떤 영향을 미치는지, 중동의 상황 때문에 시장이 불안하지 않는지 등 매일 매순간 채권과 주식시장에 영향을 미치는 사건들을 분석한다. 2000년, 그로스는 당시 주식시장이 너무 과대평가되었고, 곧 불황이 시작될 것이라는 생각에서 재무부채권에 투자해 큰 성공을 거두었다. 상대적으로 짧은 1~2년 동안 일어날 경제 사건을 예측해 그에 따른 단기적인 경제 사이클에 맞는 대응책으로 효과를 본 사건이었다. 2003년 금리인상에 대한 대응도 장기적인 분석에 따른 것보다는 단기적인 사건에 대응한 것이었다. 당시 핌코는 단기적인 상황을 고려해 다량의 모기지채권을 매도했지만, 전반적으로는 세속적인 이유로 모기지채권에 대한 투자를 고수했다.

핌코가 모기지채권에 대한 투자를 고수하는 이유는 미국 베이비부머 세대들의 고령화 때문이다. 베이비부머 세대보다 젊은 세대의 숫자가 더 적기 때문에, 모기지 대출 수요는 줄어들 것이고,

그에 따라 모기지채권의 가격은 상승할 것이라는 예측이다. 주식투자자들은 이해하기 힘들지도 모르겠다. 물론 모기지 수요가 줄면 뉴욕 증권거래소에서 거래되는 패니메이Fannie Mae와 프레디맥Freddie Mac 같은 공기업들의 주가는 폭락한다. 이들은 주택모기지시장을 지원하기 위해 미 의회에 의해 창설된 공기업들이다. 주택담보를 채권으로 만들어 핌코와 같은 기업에 매도하고, 덕분에 주택담보 대출자들에게 더 많은 돈을 대출해주는 한편 대출비용은 낮추기 위해 만들어졌다. 모기지 수요가 줄면 이들의 사업은 위축되고, 이들이 받는 수수료도 줄어든다. 덕분에 이들 기업의 수익이 줄어들어 주가는 폭락할 수밖에 없다.

하지만 채권투자자들의 시각은 다르다. 주식의 가격은 천정부지로 상승할 수 있다(두 배, 네 배 상승도 기대할 수 있으며 심지어 피터 린치의 경우처럼 스물다섯 배 상승도 가능하다). 하지만 채권투자자들의 바람은 핌코의 수석 페드 워처인 폴 맥컬리의 말처럼 '빌려준 돈을 받는 것' 뿐이다. 채권투자자들은 기업이 잘되든, 잘 안되든 돈만 받으면 된다. 따라서 해당 기업이 파산해 디폴트를 선언하지만 않으면 된다. 패니메이와 프레디맥은 공기업으로 정부의 지원을 받기 때문에, 모기지시장이 축소되더라도 신용등급에는 전혀 문제가 없다.

대신에 모기지 수요가 줄어들면, 패니메이와 프레디맥은 신규 채권 발행을 줄인다. 결국 채권의 양이 줄게 되면 수요와 공급의 원리에 따라 이미 발행된 모기지채권의 가격이 상승한다.

현재 모기지채권의 수익률은 만기가 동일한 재무부채권 수익률보다 2% 높지만, 리스크는 거의 없다. 이런 캐리수익은 금융시장이 공짜로 나누어주는 돈이나 마찬가지다.* 캐리수익이 있다면 여전히 부동산시장은 활황이고, MPTS는 충분히 많다는 뜻이다. 현재 MPTS 시장의 가치는 6조 달러다. 그런데 모기지가 줄어들면 이전에 발행된 채권의 가격은 상승하고, 신규 발행되는 채권의 수익률은 하락한다. 패니메이와 프레디맥의 채권은 빠른 시간 내에 동이 날 것이고, 따라서 캐리수익을 제공할 이유도 없어진다. 그러나 이전에 발행된 채권은 높은 이자가 발생되면서도 가격이 상승한다. 따라서 핌코가 소유한 수조 달러어치의 채권이 올해는 1달러당 100센트일지라도, 그 다음해는 1달러당 102센트, 그 다음해에는 1달러당 104센트가 될지 모른다.

그래서 주식투자자와 채권투자자의 관점은 거의 정반대다. 주식투자자들은 경제호황을 반긴다. 그래야만 기업의 이익이 증가하기 때문이다. 반대로 채권투자자들은 경제호황이 반갑지 않다. 호황이 계속되면 연방준비위원회가 경기과열을 막기 위해 금리

---

* 모기지채권의 캐리수익에는 역볼록성(negative convexity)과 관련해 투자자들이 요구하는 추가적인 수익률이 포함되어 있다. 역볼록성이란 금리 변화가 조기상환 리스크에 미치는 영향 때문에 나타나는 비정상적인 상황이다. 일반적인 시장에서 역볼록성이 발생할 가능성은 낮지만 금리가 상승하면 크게 증가한다. 조기상환은 줄고, 듀레이션은 늘어 캐리수익을 갉아먹기 때문이다.

를 인상하고, 이는 다시 채권가격의 하락으로 이어지기 때문이다. 채권투자자들은 채권의 가치가 상승하는 경기불황에는 개의치 않는다. 물론 신용 리스크를 우려하지만 주식투자자들만큼은 아니다. 기업이 파산하면 주식은 휴지조각이 되지만 채권은 어쨌든 살아남고, 기업이 재구성되면 오히려 주식으로 전환되기도 한다. 주식투자자들은 만화에 나오는 릴 애브너Li'l Abner처럼 햇볕과 낙관주의를 만끽한다. 채권투자자들은 릴 애브너 만화의 징크스 캐릭터로 머리 위로 항상 검은 구름이 따라다니는 조 브브브스틱Joe Btfsplk과 같다. 주식투자자들은 돈을 많이 벌어 부자가 되려고 하고, 채권투자자들은 돈을 받지 못하는 건 아닐까 전전긍긍한다.

그로스의 전략은 무엇인가

그렇다면 그로스가 세운 전략의 기본 요소는 무엇일까? 그로스와 핌코가 만들어낸 총수익투자의 기본은 무엇일까? 이 질문에 대한 답을 알기 위해서는 먼저 채권왕으로 군림하는 그로스가 오랜 투자경력을 통해 얻은 가장 큰 교훈이 무엇인지 알아야 한다.

그로스가 카지노 도박판에서 얻은 경험을 펀드매니저가 되기 전에 받은 일종의 훈련으로 생각한다면, 투자계에 몸담고 있는 사람들은 적잖이 놀랄 것이다. '투자는 도박과 다르다'는 생각은 투자시장에 깊이 뿌리박혀 있어서, 투자시장 전체가 당연하게 생각하는 명제이면서 스스로를 정당화시키는 방법이기도 하다. 일례로, JP 모건은 꽤 괜찮은 계약을 중도에 파기해버린 적이 있는데, 상대편이 농담으로 투자를 도박에 비유하자 기분이 상했기 때문이었다. 상황이 이렇다 보니 투자시장이 도박판과 닮았다는 그로스의 생각은 거의 이단적이라고 할 만하다. 하지만 그의 천재적인 실적은 바로 여기서 나온다. 그렇다고 그로스가 도박꾼처럼 우둔하고 충동적이며 위험하다는 건 아니다. 도박의 중독성이나 퀴퀴한 담배냄새, 카지노에서 몇 시간이고 도박을 하고 있는 불쌍한 영혼들의 절박함이 아니라, 전문 도박사들이 사용하는 방법이나 그들의 확률이론(수학자의 확률이론과도 비슷하다)과 그로스의 방법이 유사하다는 뜻이다.

블랙잭 게임을 하면서 그로스는 미래의 사건에 대한 확률을 평가하고 측정하는 법을 배웠다. 도박판에서의 확률은 투자자들의 리스크와 같다. 그는 카드플레이를 두 개의 패러다임으로 나누었는데, 바로 세속적인 분석과 사이클 분석이다. 도박판에서 사이클 분석은 '딜러가 이번에 어떤 패를 꺼낼까' 하는 것이다.

블랙잭 게임에는 투자에 관한 모든 것이 담겨 있다. 만약 플레이어의 패가 15인데, 다음 카드의 숫자가 6 이하라고 예측된다면, 플레이어는 게임을 포기한다. 하지만 다음 패가 7 이상이라고 합리적으로 예측하고 있다면 게임을 계속한다(또 딜러가 가진 패를 짐작하고, 딜러의 다음 카드가 좋을지, 그렇지 않을지에 대해서도 예측해야 한다). 다만 확률은 어긋날 수도 있다. 투자시장에서도 마찬가지다. 앞으로 벌어질 사건을 점치기는 힘들다. 미국 상무부Department of Commerce에서 내구재 주문에 관해 어떤 자료를 내놓을지, 테러공격이 있지는 않을지, 북한이 어떤 도발을 하지는 않을지 알 수 없다. 다만 뛰어난 투자자라면 앞으로 자신에게 던져질 사이클적인 사건에 대해 예측할 수 있는 능력을 길러야 한다. 그로스가 그랬듯이 딜러가 다음에 뽑을 카드의 숫자가 높을지 혹은 낮을지에 대해서 예측할 수만 있다면 성공할 수 있다. 물론 사이클 예측은 틀리는 경우가 많지만, 그래도 평균적으로 뛰어난 정도만 된다면 게임에서 승리할 수 있다.

카지노 도박 테이블에서 장기적인, 즉 세속적인 도전과제는 카드박스에 남아 있는 카드들이다. 딜러가 이 카드들을 나누어주기 훨씬 전, 플레이어는 남아 있는 카드의 숫자가 낮을지 높을지에 대해 예측하고, 게임을 계속할지 포기할지를 결정해야 한다. 투자시장에서 경기 사이클의 변화는 갑작스럽게 발생하고 마치 모든 게 변한 것 같은 기분마저 들게 한다. 하지만 장기적인 미래는 각 국가와 세계에서 일어나는 세속적인 변화를 주시하면 예측 가능하다.

일반 투자자들도 앞으로 일어날 세속적인 변화를 어느 정도 정확하게 예측하는 방법을 배운다면 투자 감각을 높일 수 있다.

이것이 바로 그로스의 성공비결이다. 세속적인 변화에 대한 예측은 매일 뉴스를 장식해 우리를 놀라게 하는 사이클적인 사건들을 예측하는 것보다 쉽다.

그로스는 카지노 도박판에서 몇 개월을 보내면서 세 가지 교훈을 얻었다. 첫째는 리스크를 분산해야 한다는 교훈이다. 카드패는 좋을 때도 있고, 나쁠 때도 있다. 최고의 도박사라도 카드패가 좋지 않을 때를 견뎌내야 한다. 그러자면 칩을 충분히 가지고, 가뭄 끝에 단비가 올 때까지 버텨야 한다. 투자에서 칩은 바로 자본금이다. 자본금이 떨어지면 그것으로 끝이다. 두 번째 교훈은 내재되어 있는 리스크를 파악하고 측정하며, 리스크가 도박판에 끼치는 영향을 예측하는 것이다. 그로스는 이 교훈을 카드카운팅 기술에 활용해 다음 카드가 킹일지 퀸일지, 1점짜리일지 2점짜리일지의 가능성을 예측하곤 했다. 세 번째 교훈은 약간 위험하더라도 확률이 높다고 생각되면 돈을 많이 베팅하는 것이다.

그로스는 게임을 오래하면서 리스크를 분산시켰다. 즉 게임을 오래하기 위해서 자본금이 빨리 떨어지지 않도록 베팅을 적게 하곤 했다. 플레이어가 돈을 크게 따거나 잃는 흥미진진한 판은 간혹 찾아올 뿐, 대부분 지루한 시간이 계속되곤 했다. 그로스는 새로 딜러가 오거나 카드를 새로 갈면, 조금씩 베팅을 하면서 참을성 있게 기회를 기다렸다. 확률이 불리하다 싶으면, 베팅한 2달러를 포기하고 자신의 손실을 인정했다. 일종의 영업비용인 셈이었다. 하지만 확률이 유리하다는 생각이 들면 크게 베팅을 했고, 딜러를 이길 것 같다는 생각이 들면 베팅은 더욱 커졌다. 물론 확률도 틀릴 때가 있어서 베팅한 돈을 잃은 적도 있었지만 낙심하지 않고, 다시 2달러씩 베팅 하면서 기회를 기다렸다.

핌코의 투자 책임자로서도 마찬가지다. 그로스는 '호황이나 불황을 가리지 않는 투자자'가 되어야 한다고 말한다. 시장이 좋건 나쁘건, 항상 물러서지 않아야 한다는 것이다. 즉 시장이 나쁘다고 환매하지 말라는 뜻이다. 일부 투자자 중에는 환매를 하고 기다리면서 시장의 타이밍을 잡아내기도 한다. 그로스의 몇 안 되는 라이벌 채권투자자 중 한 명은 로스앤젤레스에 있는 퍼스트퍼시픽컴퍼니First Pacific Company Limited의 어드바이저인 로버트 로드리게스Robert Rodriguez다. 그는 중기 채권 중에서도 신용등급이 좋은 채권(FPA 뉴 인컴FPA New Income Inc. 등)에만 투자하는데, 지난 20년간 손실을 기록한 해가 단 한 번도 없다. 로드리게스는 마땅한 투자종목이 없다고 생각되면 전체 투자 포트폴리오 중 1/3 이상을 현금으로 보유한다. 하지만 그로스는 로드리게스와는 생각이 다르다.

도박판에서 돈을 많이 따려면, 기회가 왔을 때 큰 베팅을 하는 게 당연하다. 하지만 그러다 보면 리스크도 커진다. 계속 나쁜 패가 나온다면 눈 깜짝할 새에 돈을 다 잃을 수도 있다. 전문적인 도박사라면 종자돈 정도는 지켜야 한다. 그로스는 달랑 200달러로 도박판에 뛰어들었다. 그리고 한 번 도박을 할 때마다 전체 자본금의 1%를 베팅했다. 그로스의 부모는 그가 곧 돈을 다 잃고 돌아올 것이라고 생각했다. 서툰 도박꾼들은 고작 몇 달러를 따고 돈을 몽땅 잃기 일쑤기 때문이다. 하지만 그로스는 그렇지 않았다. 판돈이 커지면서, 자본금도 점점 불어났다. 하지만 그는 늘 '도박꾼의 파산gamblers ruin' 법칙을 지켰다. 최대 베팅이 전체 자본금의 1/50을 넘어서는 안 된다는 법칙이다. 핌코에서 무엇보다 최우선순위는 리스크 관리다. 늘 컴퓨터를 끼고 앉아 있는 전담 전문가팀을 따로 둘 정도로 리스크 관리에 온 신경을 쏟는다. 또 다양한 종목에 투자해 포트폴리오를 다변화시킴으로써 리스크를 분산한다. 그래서 핌코의 투자 포트폴리오는 재무부채권, 회사채, 정크본드, 전환사채, 다양한 파생상품을 포함하고 있다. 또한 채권발행자를 다변화해 리스크를 더욱 분산시킨다.

이처럼 핌코는 리스크를 철저하게 관리하면서도 확률이 유리하다고 생각될 때는 큰 베팅을 해야 한다고 믿는다. 그로스는 자신의 책에 "특정 주식이 마음에 든다면 전체 포트폴리오 중 10%를 투자한다. 그리고 해당 사실을 염두에 둔다. 신흥시장의 국채가 매력적인 투자처라는 생각이 든다면 역시 똑같이 한다. 투자 포트폴리오를 다변화한다는 미명 하에 좋은 투자처라고 생각되는 상품에 적은 돈을 투자하는 것은 어리석은 짓이다. 투자 포트폴리오가 주식 50개쯤으로 구성되어서는 안 된다. 뮤추얼펀드

10개쯤으로 구성했다면, 과도하게 다변화한 것이다."라고 적었다. 그리고 스스로 이 신념을 실천하고 있다. 실제 핌코는 주기적으로 전체 자산의 1/5 이상을 특정 채권에 쏟아 붓곤 한다. 1996년, 핌코는 전체 포트폴리오 중 20%를 해외 채권에 투자했는데, 당시 미국 국채에 대한 투자보다 해외 채권투자가 실적이 좋았다. 또 모기지에도 상당 금액을 투자했는데, 이를 통해서도 큰 수익을 얻었다. 1998년 러시아 디폴트 사태가 발생했을 때, 세계 주식시장이 크게 하락하는 바람에 투자자들은 안전한 재무부채권으로 몰리기 시작했고, 덕분에 핌코는 큰 수익을 올렸다. 2000년, 주식시장이 하락하고 기업이익도 감소하기 시작할 즈음 핌코는 재빠르게 재무부채권을 매입하기 시작했다. 후에 재무부는 엄청난 재정흑자를 줄이기 위해 재무부채권을 재매입했고, 핌코는 덕분에 돈을 벌었다. 2001년 중반, 연방준비위원회가 금리를 여섯 번이나 삭감한 후라 시장은 더 이상의 금리인하는 없을 것이라고 장담했다. 하지만 그로스의 생각은 달랐다. 그 후 몇 개월간 금리는 다섯 번에 걸쳐 총 2% 삭감되었고, 그로스는 큰 투자수익을 거둘 수 있었다. 이 일이 있은 후, 모닝스타는 그로스를 가리켜 "금리정책을 예측해 부가적인 가치를 만들어낸 능력은 놀랍기 그지없다."고 평가했다.

하지만 그로스라고 항상 성공만 하는 건 아니다. 역시 1996년, 그로스는 재무부 채권수익률이 하락할 것이라고 예상했지만 그렇지 않았고, 결국 해외 채권과 모기지로 벌어들인 수익을 날려 버렸다. 1999년 핌코는 0.28% 손실을 기록했다(당시 투자시장이 좋지 않아 다른 펀드들의 실적도 비슷하거나 약간 높은 정도였다). 그로스가 포트 폴리오에 포함된 채권들의 평균만기를 연장시켰는데, 연방준비 위원회는 1998년처럼 금리를 내리기는커녕 오히려 인상해 역효 과가 났기 때문이었다.

그로스의 라이벌 채권투자자들은 대부분 부작용을 우려해 큰 베팅을 피한다. 이들과 달리 그로스는 20대 초반에 얻은 도박꾼 의 자질을 아직도 가지고 있다. 그는 도박과 투자에 대해서 "본 질은 같다고 생각합니다. 하지만 제가 하는 도박은 광범위한 관 리를 요구하기 때문에 그래도 투자에 가깝다고 생각합니다. 무엇 보다 내가 얼마나 리스크를 감수할 수 있는지 알아야 합니다. 리 스크가 너무 크고, 운도 나쁘면 24시간도 안 돼 돈을 다 잃어버리 고 빈털터리가 될 수도 있으니까요."라고 말한다. 그래서 핌코는 기본원칙을 깨뜨릴 만큼 리스크를 회피하지는 않지만 그래도 리 스크를 훌륭하게 헤지hedge하고 있다.

그로스는 원래부터 확률적으로 유리하다고 생각되면 많은 돈 을 투자하기로 유명하다. 2001년 가을에는 모기지채권을 450억 달러어치나 매입한 적도 있다. 핌코에서 모기지채권 투자 책임자 로 있는 스콧 사이먼Scott Simon은 당시 모기지채권의 가격이 유례 없이 저렴했다고 기억한다. 그 이유는 채권차환refinancing이 증가하면서 시장이 과민 반응했기 때문이었다. 회사채에 콜call옵션이 있듯이 모기지채권은 조기상환이 가능하다. 금리가 하락하면 사람들은 모기지를 조기상환하려 하고, 이때 모기지의 유효만기는 크게 단축된다. 투자자들이 원치 않는 시기에 채권이 상환되는 것이다. 이 때문에 당시 투자자들은 모기지채권을 팔아치우기 시작했다. 덕분에 모기지채권의 가격은 하락했고, 반대로 수익률은 같은 만기의 재무부채권보다 200베이시스포인트, 즉 0.02%까지 높아졌다. 4개월 후, 채권차환이 시장에 그다지 큰 영향을 주지는 않는다는 게 증명되었고, 곧 모기지채권의 가격은 치솟았다. 핌코는 200베이시스포인트에 사들인 모기지채권을 140베이시스포인트에 매도했다고 한다. 그래서 450억 달러어치의 모기지채권을 모두 팔아치웠고 해당 거래로 2%의 수익을 올렸으며, 게다가 이자수익도 벌어들였다. 사이먼은 모기지가 나스닥주식과 비슷하다고 설명했다. 비쌀 때는 누구나 사고 싶어하고, 값이 떨어지면 모두 팔고 싶어하기 때문이다.

그런데 450억 달러는 당시 핌코 자산의 1/5이나 되는 돈이었다. 그로스가 다른 채권투자자들과는 다른 점이 바로 여기에 있다. 모닝스타에 따르면 핌코 토탈리턴펀드는 평균 295개 정도의 채권에 투자하고 있다. 즉 각 채권상품이 차지하는 투자포지션은 1%정도밖에 되지 않는다. 하지만 당시 모기지의 수익률을 보고 그로스는 승산이 있다고 믿고 20%나 되는 투자액을 할애했고,

그의 분석은 정확하게 들어맞았다.

그로스는 이처럼 이례적으로 많은 돈을 베팅하기도 하지만, 평상시에는 투자금을 잃지 않는 데 최선을 다한다. 그래서 리스크 관리에 강박관념을 가지고 있다. 덕분에 핌코 토탈리턴펀드가 손실을 기록한 해는 단 두 번뿐이다. 한 번은 0.28%였고, 또 한 번은 3.58%의 손실을 기록했다. 말은 쉽지만 손실을 기록하지 않는다는 건 어려운 일이다. 채권은 주식과 달리 다양한 옵션이 있어서 각 채권마다 리스크도 다르고 수익도 다르다. 예를 들어, 모기지채권의 경우에는 조기상환 리스크가 크다. 2003년 여름, 장기 금리가 갑자기 하락하자 리먼 브라더스 종합채권지수에 포함된 모기지의 평균 만기는 세 배나 늘어 3년을 기록했다. 듀레이션은 채권만기와 비슷하지만, 만기 리스크를 반영하고 있다는 점이 다르다. 장기 채권은 다양한 위험이 있기 때문에 단기 채권보다 리스크가 크다.

핌코가 투신사로 전환된 뒤 크리스 디알리나스Chris Dialynas를 영입한 것은 현명한 일이었다. 그는 옵션가격 전문가로, 그가 멘토로 생각하는 마이런 숄즈Myron Scholes가 노벨 경제학상을 받기 20년 전에 핌코에 합류했다. 디알리나스는 1980년 시카고대학교 비즈니스스쿨을 졸업했고, 30개가 넘는 기업에서 스카우트 제의를 받았다. 이 중 핌코보다 낮은 연봉을 제시한 곳은 단 한 군데밖에 없었다. 하지만 디알리나스는 핌코의 업무영역에 깊은 인상을 받아서 입사를 결정했고, 지금까지 그로스가 가장 아끼는 파트너가 되었다. 그는 핌코에 들어온 직후 드렉셀 번햄 램버트 Drexel Burnham Lambert 사의 마이클 밀켄Michael Milken의 이론을 분석하는 업무를 맡았다. 밀켄은 1980년대 투자부적격등급 채권을 열렬히 옹호하면서 정크본드시장에 혁신을 일으켰다. 하지만 디알리나스는 밀켄의 수학적인 증거를 신뢰하지 않았고, 핌코에 밀켄의 말을 듣지 말라고 충고했다. 핌코는 디알리나스의 분석을 믿었다. 밀켄은 이후에 사기혐의로 감옥에 가게 되며, 그의 기업은 파산했다.

월스트리트에서는 항상 투자자들의 감정이 고조되곤 한다. 그로스는 투자자에게 감정이란 매우 위험한 마약과 같다고 생각한다. 그래서 리스크 관리는 그로스에게 감정을 통제하기 위한 과정이자 방법이다. 투자자들은 수십억 달러를 벌어들인다는 생각에 마이다스 왕만큼이나 탐욕스러워지고, 그만큼의 돈을 잃을 수 있다는 생각에 공포를 느낀다. 어느 누구도 여기에서 자유로울 수 없다. 심지어 그로스의 멘토인 제시 리버모어도 자신의 열정을 다스리지 못하고 여덟 번이나 파산했었다. 그로스도 마찬가지다. 그는 1987년 10월 블랙먼데이 때 주식시장과 채권시장이 함께 폭락하는 걸 지켜보면서 놀란 사슴처럼 아무것도 하지 못했다. 만약 그로스가 그렇게 얼어버리지만 않았어도 핌코는 그 후의 채권시장 랠리에 편승해 수백만 달러를 벌 수 있었을 것이다.

그로스는 이런 맹점을 인식하고 다양한 방법을 활용해 투자에서 감정을 배제하고 있다. 물론 모든 감정을 배제할 수는 없다. 핌코의 마크 키셀은 2002년 10월의 폭락을 아직도 생생히 기억하고 있다. 기업의 주식뿐만 아니라 해당 기업이 발행한 채권과 그에 연계된 모든 것들이 베어마켓 중에서도 가장 바닥이라고 할 수 있는 수준까지 하락했다. 시간만이 그보다 더 심각한 베어마켓이 찾아올지 여부를 판단해줄 정도였다. 키셀에 따르면 이들 기업의 회사채와 리스크가 없는 재무부채권 간의 스프레드가 역사상 최고치였다고 한다. 키셀의 포트폴리오에서도 거의 반 정도가 바닥으로 추락했다. 그는 "매일 머리에 총구를 겨누고 있는 기분이었죠."라고 회상했다.

하지만 키셀은 공포에 질려 이들 회사채들을 몽땅 매도하지는 않았다. 세속적인 분석을 중요시하는 핌코의 문화 덕분이었다. 2002년 10월 시장의 폭락은 경제회복에 대한 기대가 사라졌기 때문이었다. 공식적으로, 2001년 3월에 시작된 경기불황은 회복될 줄 몰랐고 실업률도 증가하고 있었다. 하지만 핌코의 생각은 달랐다. 세속적인 시각에서 분석했을 때, 경기팽창은 이미 20세기 말에 끝이 났지만, 경제 사이클적으로는 약한 경제성장이 시작될 것이라고 예측했다.

실제로, GDP는 약하지만 성장세를 기록했다. 그로스와 핌코 투자위원회는 키셀을 혹독하게 몰아붙였다. 하지만 개별적인 투자 종목에 관한 비판이었고, 우량 회사채가 꽤 바람직한 투자종목이라는 전제에 대해서는 비난하지 않았다. 핌코의 임원진과 그로스가 당시 시장의 하락이 일시적인 현상이라는 키셀의 의견에는 기본적으로 동의하기 때문이었다. 핌코의 포트폴리오는 당시의 폭풍에서 살아남았다. 뒤돌아보면 당시 시장의 폭락은 폭풍이라기보다는 일종의 물결 정도에 불과했다. 곧 시장의 랠리가 시작되었고, 키셀은 덕분에 수익을 올릴 수 있었다. 다음해 여름이 되자 NBER은 경기불황이 시작된 지 단 8개월만인 2001년 11월에 불황의 종료를 발표했다. 세속적인 분석이 키셀과 핌코의 판단의 근거였고, 10월의 시장폭락은 눈에 보이는 현상에 불과했다.

이 책에서는 세속적인 요소의 중요성에 대해 상당 부분을 할애하고 있는데, 그만큼 중요하기 때문이다. 세속적인 분석을 내리고 유지하기 위해서는 끊임없이 노력해야 하지만 아주 힘든 일은 아니다. 예를 들어, 인구변화에 대한 자료는 미국 통계국 Census Bureau이나 UN 경제사회처Department of Economic and Social Affairs의 인구부서 등에서 제공하고 있어서 쉽게 얻을 수 있다. 인구고령화는 현재 많은 사회적인 논란의 원인이 되고 있다. 미국의 경우에는 베이비부머 세대들이 조제약을 지원해달라고 요구하고 있다. 미국에서 65세 이상의 고령인구는 향후 25년간 58% 증가해 다섯 명당 한 명 정도가 될 것으로 보인다. 현재는 여덟 명당 한 명꼴이다. 유럽에서는 강성노조가 연금개혁에 맞서 싸우고 있어서 미국보다 갈등이 더 심하다. 독일은 전체 인구에서 16%가 고령인구이며(미국은 12%), 2030년에는 26%에 이를 것으로 내다보고 있다. 일본은 더욱 암울한데, 현재 고령인구는 전체 인구 중 17%를 차지하고 있으며 2030년에는 30%에 육박할 것으로 예측된다.

고령인구는 젊은 층에 비해 가처분소득이 40% 정도 적은 것으로 집계된다. 미국에서는 소비가 GDP의 2/3을 차지하고 있어서, 전체 인구의 1/5의 소비가 40%나 줄어든다면 경제성장에 큰 걸림돌이 될 것이다. 그 여파는 연못에 돌을 던지는 것처럼 사회 전반으로 퍼져갈 것이다. 사회보장으로 인한 비용은 증가하고, 덕분에 세금도 늘어나게 된다. 게다가 세금을 부담할 인구도 줄어드는 상황이니, 투자 가능한 자본도 줄어들 것이다. 설상가상으로 은퇴자들은 저축했던 돈을 찾아 생활비를 충당할 것이다. 선진국이라면 어느 곳이나 마찬가지 상황이다. 하지만 개도국에서는 인구가 증가하고 또 젊어지고 있다. 해외 채권시장을 주목하라는 그로스의 조언은 이런 강력한 힘을 세속적으로 분석한 결과다.

게다가 전 세계에서는 인플레이션과 그의 사악한 쌍둥이 형제인 디플레이션이 전쟁 중이다. 2003년 재무부채권의 거품이 꺼진 이유 중 하나는 연방준비위원회가 지금까지의 입장을 선회해 디플레이션과의 전쟁을 선포했기 때문이다. 인플레이션을 부추기는 연방준비위원회라고 하면 좀 이상하게 들리지만, 실제 지금 일어나고 있는 현상이고 합리적인 사실이다. 중국과 인도는 선진국으로 컨테이너 박스를 하나씩 수출할 때마다 디플레이션도 같이 수출한다. 디플레이션은 전화로도 수출된다. 전 세계의 콜센터가 되어버린 인도가 그 예다. 미국인들이 콜센터에 전화를 걸면, 미국인들보다 훨씬 적은 임금을 받으면서도 완벽한 미국 영어 억양으로 이야기하는 인도인들이 전화를 받는다. 이들은 미국에서 벌어진 스포츠 경기의 결과까지 알고 있을 정도. 핌코는 세속적인 분석을 바탕으로 디플레이션을 점쳐왔다. 하지만 연방준비위원회가 인플레이션을 부추기겠다고 나선 상황이니 귀추가 주목된다.

세속적인 트렌드를 분석하고, 경제 사이클적인 변화를 예측하는 그로스의 능력은 채권왕 그로스를 만들어낸 원동력이다. 앞으로 어떻게 하면 그로스의 뛰어난 능력을 배울 수 있을지 설명하도록 하겠다. 하지만 그 전에, 그로스의 멘토들을 소개하려 한다. 이들은 그로스의 시각을 바꾸었고, 그로스에게 시장에 대한 지식을 심어주었다. 이들이 없었다면 그로스의 성공도 없었다는 생각에 나는 이 세 명의 멘토를 '세 사람의 동방박사'라고 부른다.

빌 그로스의 투자철학과
세 명의 동방박사

세 명의 동방박사, 그들은 누구인가?

'비치'에 있는 그로스의 사무실에 들어가면, 책상 뒤에 걸려 있는 액자 세 개가 가장 먼저 눈에 띈다. 그로스는 매일 날카로운 통찰력으로 세계 경제를 분석하고, 핌코의 전문가들은 세속적인 포럼을 통해 아이디어를 내거나 제안을 한다. 그로스는 이렇게 얻은 정보를 번개같이 빠른 속도로, 깜빡거리는 블룸버그 게시판의 숫자들에 적용시킨다. 그로스는 미국의 GDP, 동남아시아의 경제 등 여러 경제 현상과 관련해 즉각적인 아이디어를 생각해낸다. 그런데 그 바탕에는 보다 근본적이고 진지한 철학이 자리 잡고 있는데, 그의 사무실 책상 뒤에 걸린 흑백 사진들이 바로 그 상징이다. 사진 속 인물들은 그로스의 영웅들로 그로스의 의지를 더욱 강하게 다져주고, 그가 성공하도록 도와주었다. 이들은 그로스를 굽어보면서 묵언의 동의를 하고 있는 것처럼 보인다. 이들은 성경에 나오는 동방박사 세 명과 비슷하다. 그로스가 투자철학을 세우는 데 일익을 했고, 따라서 일반적인 채권투자자도 이들로부터 교훈을 얻을 수 있을 것이다.

이들 세 명은 다양한 공통점을 가지고 있다. 먼저 모두 19세기에 태어났다. 그 중 한 명은 모두들 알고 있는 JP 모건이다. 하지만 다른 두 명은 상대적으로 일반 대중들에게 잘 알려지지 않았는데, 그 중 한 명은 버나드 바루크이고 또 다른 한 명은 제시 리버모어다. 바루크는 성공한 주식투자자였을 뿐만 아니라 정부 관료였는데, '거리에 유혈이 낭자할 때 사라'라는 말로(이 말은 모든 사람이 주식을 매도할 때가 바로 매입 적기라는 뜻으로 원래는 로스차일드Baron Rothschild가 프랑스 유혈혁명으로 부동산가격이 하락했을 때 처음 한 말이다) 유명세를 탔다. 리버모어는 1920년대를 풍미한 주식투기자인데, 데이먼 러니언Damon Runyon이 쓴 아가씨와 건달들에 나오는 도박꾼을 꼭 닮았을 뿐만 아니라 실제로 뮤지컬에 출연했던 여배우와 사랑에 빠지기도 했다.

세 사람 모두 당시의 거물들로, 명확한 비전과 자신감으로 유명했던 인물들이다. 이들은 투자에서 감정을 배제해, 단기간 시장을 좌지우지하는 일시적인 현상에 휘말리지 않으려 노력했다.

이들은 투자를 전략으로 생각했고, 기회가 있으면 재빨리 기회를 붙잡았다. 이들의 성공은 모두 오랜 연구와 조심스러운 준비의 결과였다.

그로스는 이들과 공통점이 많다. 모건은 금융제국 JP 모건을 만들었고, 바루크는 운동을 좋아했으며, 리버모어는 풍자와 뛰어난 유머감각이 있었다. 그로스처럼 이들은 모두 셈에 능해 다른 경쟁자보다 재빠르게 이익을 산출할 수 있었다. 모두들 스스로에게 높은 윤리적 잣대를 들이댔다. 바루크는 그로스보다 몇 인치 더 키가 컸지만 몸무게는 똑같았다. 또 그로스처럼 시골에서 유년 시절을 보낸 뒤, 열 살 때 처음 도시에 왔고 큰 인상을 받았다. 그로스와 바루크 모두 종교가 다른 부인을 만나 결혼했다. 리버모어는 그로스처럼 일할 때 작은 소음도 용납하지 않았다. 리버모어와 바루크는 대담한 도박꾼이었다. 반면 모건은 자신이 죽은 뒤에도 살아남을 기업을 세우는 일에 사명감을 가졌다. 이처럼 세 명의 동방박사와 그로스는 여러모로 공통점이 많다.

제시 리버모어는 어떤 인물인가

1970년대 초, 그로스는 핌코에 입사한 직후 『어느 주식 투자자의 회상Reminiscences of a stock operator』을 읽게 되었다. 이 책은 에드윈 르페브르Edwin Lefevre라는 1920년대 주식투자자이자 작가가 쓴 소설이지만, 실은 리버모어의 일대기를 다룬 책이다. 그로스는 이 책의 주인공인 래리 리빙스톤Larry Livingston, 즉 리버모어의 솔직함에 완전히 매료되었다. 책의 주인공은 투자자로서 자신의 실패를 인정하고 여러 주제, 그 중에서도 특히 인간의 본성에 관한 시각을 공유하는 데 거리낌이 없었다. 대학에서 심리학을 전공한 그로스는 리버모어가 인간심리에 있어 전문가라고 생각한다. "리버모어는 투자자들이 자신에 대해 알아야 한다고 말합니다. 시장을 이해하려 하기 전, 자신과 자신의 단점, 문제점을 이해해야 한다는 것이죠."라고 그로스는 말한다. 그래서 그로스의 사무실에 걸려 있는 리버모어의 사진에는 "투자를 할 때, 투자자는 여러 가지를 조심해야 하지만 무엇보다 자신을 조심해야 한다." 고 적혀 있다.

리버모어는 바루크, 존 F 케네디John F. Kennedy 대통령의 아버지인 조지프 P. 케네디Joseph P. Kennedy와 함께 1929년 대공황을 일으킨 장본인으로 비난받았고, 다른 두 사람과는 달리 다시는 재기하지 못했다. 하지만 그가 투자시장에 처음 뛰어들었을 때의 이야기는 마틴 즈웨이그Martin Zweig와 케네스 피셔Kenneth L. Fisher 등 많은 투자 전문가들에게 귀감이 되었다. 『제시 리버모어: 월스트리트 최고의 투기꾼 이야기Jesse Livermore: World's Greatest Stock Trader』에서 작가인 리처드 스미튼Richard Smitten은 "『어느 주식투자자의 회상』은 두말할 것 없이 가장 뛰어난 금융서적이다."라고 평가했다.

제시 리버모어는 1877년 7월 26일 메사추세츠의 한 농촌에서 태어났다. 그의 아버지 히람Hiram은 늘 시무룩하고 스스로를 불행하다고 생각하는 가난한 농부였다. 손도 하나밖에 없었고, 아들에게도 그리 사랑받지 못한 아버지였다. 어머니 로라Laura는 아버지보다 훨씬 낙천적인 성격으로, 리버모어는 어머니의 성격을 많이 닮았다. 어린 시절에는 문법학교에 다녔는데, 수학에서 매우 뛰어나 3년 과정을 1년 만에 마칠 정도였다. 늘 쉽고 정확하게 수를 기억하고 셈하는 능력은 나중에 리버모어가 성공과 명성을 얻는 데 밑거름이 되었다.

하지만 열세 살이 되자 리버모어의 아버지는 그를 학교에 다니지 못하게 했다. 농부에게 교육은 시간낭비라는 게 이유였다. 하지만 실은 농사가 리버모어에게 시간낭비일 뿐이었다. 학교를 그만두고 채 몇 달 지나지 않아, 리버모어는 어머니가 모아준 쌈짓돈 5달러를 가지고 보스턴으로 도망쳤고, 페인 웨버Pain Webber 증권회사 사무실에서 증시 현황을 칠판에 쓰는 급사가 되었다. 당시 리버모어의 상사는 그의 자신감을 높이 샀다. 그 후에도 리버모어는 항상 자신감이 넘치기로 유명했다.

당시 증권회사에서는 증시현황을 손으로 칠판에 적어야만 했다. 리버모어는 꼼꼼하기도 했지만 주식가격이 변화하는 패턴을 재빠르게 알아차렸다. 어린 리버모어는 주가를 변화시키는 근본적인 원인을 알지 못했다. 하지만 투자계의 거물이 된 후에도 펀더멘털 애널리스트라기보다는 테이프 리더tape reader(주가 및 거래량을 살펴 투자의사 결정을 내리는 투자자)였다. 단 그는 수적인 패턴을 읽어내는 데 굉장히 빨랐다. 매일 일이 끝나면 그날의 종가를 꼼꼼하게 기록했고, 그 이전 기록과 비교해 패턴을 분석했다. 그렇게 해서 주가 변화에는 일종의 모멘텀momentum이 있다는 사실을 알게 되었다. 주가는 한 번 오르기 시작하면 계속 올랐고, 하락할 때에는 계속 떨어지곤 했다. 리버모어는 이런 모멘텀을 투자에 유리하게 활용할 수 있다고 생각하고, "최소 저항 경로path of least resistance를 따라야 한다."고 말했다.

리버모어는 투자를 위한 종자돈을 마련하기 위해 검소하다 못해 구두쇠처럼 돈을 아꼈다. 그는 일반적인 주식계좌를 개설할 만한 돈이 없었다. 게다가 매매수량 단위인 100주를 매입 혹은 매도할 만한 돈(당시에는 약 100달러 전후였다)도 없었다. 대신 보스턴에는 수많은 버킷숍bucket shop이 있었다. 이들은 합법적인 증권회사로 가장하고 있었지만 실은 갱단이 운영하는 일종의 도박장이었다. 버킷숍에서는 주식을 소량씩 매입할 수 있었고 심지어 한 주씩도 살 수 있었다. 다만 투자자들이 지불하는 돈 중 주식가격은 고작 10%였고, 나머지 90%는 마진이었다. 갱단은 투자자들을 이른바 '호구'로 생각했고, 리버모어도 그랬다. 버킷숍에서는 주가를 거의 실시간으로 칠판에 써놓았지만 실제 주식을 거래하는 게 아니라 가게의 장부에 기입해놓았다. 투자자들은 매입한 주식의 가격이 10% 하락하면, 돈을 다 잃어버리는 셈이었다. 버킷숍은 주가 정보를 일부러 늦게 적어놓곤 해서 투자자들이 잘못 베팅 하도록 유도하곤 했다. 예를 들어, 주식이 90달러에서 100달러로 천천히 상승하고 있다면, 버킷숍에서는 주가가 95달러에 정체되어 있는 것처럼 만들었다. 그러면 투자자는 주가가 곧 하락할 것으로 예측하고 숏포지션short(청산)을 취하게 된다. 이런 방법으로 버킷숍은 투자자들의 주머니를 털었다. 리버모어는『어느 주식투자자의 회상』에서 "버킷숍 투자자들은 매번 주식에 돈을 넣을 때마다, 돈을 모두 날리곤 했다. 버킷숍은 합법적인 사업인 척 꾸몄지만 절대 그렇지 않았다."고 회고했다.

리버모어의 감각은 남달랐다. 리버모어의 투자육감은 언제나 여지없이 발휘되곤 했는데, 가끔은 이 때문에 화를 부르기도 했다. 그는 플로리다의 습지를 구입하거나 소형비행기에 투자해 수백만 달러를 잃은 적도 있었다. 하지만 버킷숍에서만큼은 리버모어가 천하무적이었다. 몇 달 후, 리버모어는 페인 웨버를 그만두고 전문 주식투기꾼이 되었다. 그렇게 해서 약 1,000달러를 모으고 '꼬마투기꾼' 이라는 별명을 얻으면서 유명해졌는데, 보스턴에 있는 모든 버킷숍이 그의 출입을 금지할 정도였다.

스무 살이 되던 해, 리버모어는 뉴욕 맨해튼으로 건너와 E. F. 허튼E. F. Hutton에 주식계좌를 개설했다. 그는 버킷숍에서 쌓은 실력으로 끈기 있게 투자했지만 결과는 좋지 않았다. 버킷숍에서는 주가현황을 거의 실시간으로 칠판에 적어놓곤 했는데, 덕분에 리버모어는 한 번 베팅에 자본금의 10% 이상을 잃는 적이 없었다. 하지만 증권사는 달랐다. 증권사에서 주식을 거래하면 시간차가 있었다. 투자자가 급사에게 주식을 매입 또는 매도하겠다고 주문을 넣으면, 급사는 칠판에 손으로 주문 내용을 적어놓고, 증권거래소까지 뛰어가 거래를 해야만 했기 때문에, 실제 거래가격과 칠판에 적힌 가격이 다른 경우가 많았다. 그래서 리버모어는 매입할 때 곧잘 10% 이상을 지불하기도 했고, 주가가 하락할 때에는 계획보다 싼 가격에 매도하는 일도 있었다. 게다가 그는 허튼 사에 마진의 50%를 떼어주었기 때문에 손실이 엄청났다. 결국 몇 달 안돼, 리버모어는 파산했다. 허튼 사는 리버모어에게서 어마어마한 수수료를 받았기 때문에, 그가 벌어들인 돈의 일부를 떼어주겠다고 제안했다. 그는 제안을 거절하고 대신 1,000달러를 대출해달라고 요구했다.

리버모어는 빌린 돈을 가지고 세인트루이스St. Louis에 있는 버킷숍으로 가서 단 3일 만에 3,800달러로 돈을 불렸다. 결국 세인트루이스 버킷숍에서 출입금지를 당했고, 다시 뉴욕으로 돌아왔다. 허튼 사에 빌린 돈은 갚았지만, 다시 계좌를 개설하라는 허튼 사의 제안은 거절했다. 그는 합법적인 다른 거래시스템이 필요했다. 버킷숍은 거래가 빨랐지만, 규모가 작았다. 하지만 뉴욕의 월스트리트는 너무 느렸다. 또 뉴욕은 다른 도시에 있는 버킷숍들을 암묵적으로 용인했지만, 뉴욕 시 내에서는 버킷숍을 허가하지 않았다. 불필요한 경쟁을 줄이기 위해서였다. 그래서 그는 허드슨 강을 건너 뉴저지의 호보켄Hoboken으로 갔고, 새로 개장한 버킷숍에서 투자를 시작했다. 리버모어는 호보켄에서도 큰 성공을 거두었고, 곧 모든 버킷숍에서 출입금지를 당했다. 그는 친구를 대신 시켜 투자를 계속했다. 스물세 살이 되자 자본금은 1만 달러까지 불어났다. 리버모어는 그의 가족들의 관점에서 보았을 때 엄청난 부자가 되었고, 덕분에 돈에 덜 인색하게 굴기 시작했다. 네티 조단Nettie Jordan이라는 여성을 만나 결혼까지 했지만, 얼마 지나지 않아 두 번째로 파산했고, 결국 이혼하게 되었다. 그 후로도 리버모어는 여섯 번이나 파산해, 살면서 총 여덟 번 파산을 겪게 된다.

리버모어는 역사상 가장 성공적인 주식거래 전략을(일반적인 통념을 기반으로) 개발하고, 그렇게 만들어진 규칙을 스스로 어기기를 반복했다. 그의 투자방식은 간단했고, 또 혼자 일했다. 누구든지 같이 일을 하면 결과가 좋지 않았다. 다른 사람의 의견을 무시했기 때문이었다. 리버모어는 시장에서 스스로 생각하지 않고 정보에 따라 움직이는 투자자들을 호구로 치부했다.

리버모어의 투자전략과 실적

리버모어는 시장의 모멘텀에 따라서 롱포지션을 유지하기도 하고 숏포지션을 유지하기도 했는데, 실제 시장의 느린 템포에 맞추어 몇 분에서 몇 개월까지 같은 포지션을 유지했다. 덕분에 버킷숍에서처럼 순간적인 변화가 아닌 장기적인 경제 현상을 인식하게 되었다. 이런 방법은 기술적인 투자기법에 불과했지만, 그는 1907년부터 1929년까지 모든 최고점과 최저점을 한 번도 놓치지 않았다. 주가현황을 파악하는 뛰어난 감각과 거시경제조건을 합리적으로 분석해낸 덕분이었다. 리버모어는 점점 그로스가 말하는 '세속적인' 접근방법을 갖게 되었다. "투자자는 옳은 판단을 내리고도 아무런 행동을 하지 않을 수 없다."라는 리버모어의 말 그대로였다.

월스트리트의 거물이 되기 전 두 번이나 파산을 경험했던 리버모어는 도박꾼들처럼 앞일을 위해 쌈짓돈을 챙겨놔야 한다는 생각을 하게 되었다. 그래서 잘 나가던 시절, 신탁을 만들어 자본금을 넣어놓곤 했지만 소용이 없었다. 시장에서는 냉철하기 그지없던 리버모어였지만 사생활은 엉망이었던 것이다. 몇 번이나 이혼을 경험하고 수많은 정부를 사귀면서 재산을 탕진했다. 그로스의 사무실에 걸린 리버모어의 사진에는 "내가 돈을 잃을 때는 오직 내가 세운 규칙을 어길 때뿐이다."라는 격언이 적혀 있다. 리버모어는 자신의 격언을 그렇게 몇 번이고 어겼다. 스미튼에 따르면 이 격언은 리버모어가 자신의 아들에게 한 말이라고 한다. 결국 리버모어는 가진 돈을 다 잃고 말았다.

리버모어의 투자전략은 기술과 과학이 어우러진 결정체다. 처음 매도나 매입을 해야겠다는 결정이 서면, 매도 또는 매입할 주식의 양을 정한다. 그리고 그 중 20%를 실행으로 옮긴다. 주가가 예상했던 대로 변화하면(즉 롱포지션인 경우 상승하고, 숏포지션인 경우 하락했다면), 또 20%, 그리고 그 다음 또 20%를 매도 또는 매입한다. 이 정도 되면 해당 주가는 안정세에 접어든다. 여타 투자자들은 수익을 실현하거나 손실을 메우려 하기 때문이다. 이렇게 주가가 안정되었다가 다시 변화하기 시작할 때, 원래 리버모어가 예측하지 않은 방향으로 움직인다면 지금까지의 투자포지션을 청산한다. 단 원래 계획했던 투자규모의 10% 이상 손실이 나지 않도록 조심한다. 반대로 원래 예측했던 방향으로 주가가 움직인다면 마지막 남은 40%까지 매도 또는 매입 포지션을 유지하면서 끈기 있게 몇 달이고 기다린다.

그는 "돈이 나를 기다리고 있다."고 말하곤 했다. 리버모어는 1940년에 출판된 자신의 책 『주식 매매하는 법How to Trade in Stocks』에서 '전환점pivotal point'에 다다를 때까지 포지션을 유지해야 한다고 설명했다. 전환점이란 주식의 가격이 변화하는 순간을 말한다. 어디가 전환점인지는 시장만이 말해줄 수 있는데, 거래량이 급격하게 증가하면 전환점이 임박했음을 의미한다. 이 모든 방법은 리버모어가 주식투자를 하면서 감정을 배제하려는 목적이었다. 리버모어 또한 여느 투자자처럼 자신의 감정에 매우 취약했기 때문이다. 어쩌면 그는 그 어떤 투자자보다 감정에 취약했는지도 모른다. 대공황의 여파를 이기지 못하고 자살을 선택한 것을 보면 말이다.

1906년, 리버모어는 합법적인 주식투자에서도 달인이 되었고, 거래계좌에는 25만 달러가 넘는 돈이 들어 있었다. 그는 뉴저지 애틀랜틱 시티로 여행을 가기로 했고, 평소 습관대로 뉴욕을 떠나기 전 모든 투자포지션을 정리했다. 바람이 세차게 불던 4월 오후, 애틀랜틱 시티의 보드워크를 친구와 함께 산책하던 리버모어는 별 생각 없이 허튼 지점으로 걸어 들어가 주가와 거래량을 나타내는 티커테이프를 훑어보았다. 리버모어는 티커테이프를 볼 때마다 자신에게 친근하게 속삭이는 것 같은 알 수 없는 기분을 느끼곤 했다. 물론 그는 늘 합리적으로 증시현황을 분석했다. 주가가 상승하고, 거래량이 증가하면 주식을 사야 하고, 그 반대로 주가가 하락하고 거래량이 증가하면 주식을 팔아치워야 했다. 하지만 그뿐만이 아니었다. 그는 티커테이프를 읽을 때면 신비로운 직감을 느끼곤 했다. 그날도 마찬가지였다. 리버모어는 당시 가장 잘 나가던 유니언 퍼시픽Union Pacific 철도회사 주식을 살펴보다가 말도 안 되는 충동에 사로잡혔다. 유니언 퍼시픽의 주식을 팔아치워야 한다는 직감이었다. 그는 즉시 1,000주나 공매도했다. 그의 친구뿐 아니라 증권회사 직원까지도 리버모어를 말려보려 했지만 소용이 없었다. 리버모어 스스로도 당시 자신이 그렇게까지 확신했던 이유를 설명하지 못할 정도로 팔아야 한다는 생각에 사로잡혔다. 다만 그는 당시 에피소드를 '으스스한 이야기'라고 회상했다. 어쨌거나 리버모어는 유니언 퍼시픽을 1,000주나 공매도한 후에도, 또 2,000주씩 두 번 공매도해 총 5,000주를 공매도했다. 그리고는 4월 17일, 휴가를 끝내고 뉴욕으로 돌아왔다. 그 다음날 샌프란시스코에 큰 지진이 발생했다.

유니언 퍼시픽 철도회사는 샌프란시스코를 포함해 미국 서부에 수천 마일에 이르는 철로를 가지고 있었는데, 지진 소식이 전해지자 오히려 유니언 퍼시픽의 주가와 주식시장은 상승하기 시작했다. 경쟁자들은 리버모어가 공매도를 했다는 소문을 듣고 고소하게 생각할 정도였다. 하지만 그는 물러서지 않고, 유니언 퍼시픽의 주식 5,000주를 추가로 공매도했다. 곧 지진의 심각성과 경제에 미치는 여파가 드러났고, 결국 유니언 퍼시픽의 주식은 곤두박질쳤다. 리버모어는 자신의 직감 덕분에 25만 달러를 벌었고, E. F. 허튼도 나서서 리버모어를 칭찬할 정도였다.

같은 해 여름, 리버모어는 다시 유니언 퍼시픽의 주식을 매입하기 시작했다. 리버모어의 분석은 틀리는 법이 없었는데, 당시 그는 누군가가 유니언 퍼시픽의 주식을 완만한 속도로 매입하고 있다는 사실을 눈치 채고 매입을 시작한것이 었다. 그러던 중, E. F. 허튼의 CEO인 에드 허튼Ed Hutton이 리버모어에게 전화를 걸어 리버모어가 속고 있다고 귀띔했다. 자신이 입수한 내부 정보에 따르면 유니언 퍼시픽의 내부자들이 손해를 보지 않고 주식을 매도하려고 가격을 조작하고 있다는 것이었다. 사실 가능성이 전혀 없는 이야기는 아니었다. 리버모어 자신도 대규모의 주가조작에 관련된 적이 있었고, 불법도 아니었다. 리버모어는 여전히 자신이 옳다고 확신했지만 다만 자존심에 상처를 입었다. 그래서 유니언 퍼시픽의 주식을 매도해 최소한의 수익을 실현했다. 하지만 곧 유니언 퍼시픽은 어마어마한 배당금 지급을 발표했다. 리버모어가 옳았다. 유니언 퍼시픽의 내부자들은 배당금 발표 전, 주식을 계속 매입하고 있었던 것이다. 하지만 리버모어가 주식 매입에 뛰어들면서 주가가 크게 올랐고, 유니언 퍼시픽의 내부자들은 허튼에게 일부러 거짓정보를 흘렸던 것이다. 만약 리버모어가 매입포지션을 유지했다면 약 5만 달러의 수익을 올렸을 것이다. 하지만 그는 허튼을 탓하지 않았다. 단지 내부 정보 따위는 믿지 말라는 자신의 규칙을 어긴 것을 후회했을 뿐이었다.

작은 해프닝들이 있기는 했지만 리버모어의 주식계좌에는 100만 달러로 불어나 있었다. 1907년 그는 언제나처럼 모든 포지션을 청산하고, 긴 휴가를 계획했다. 리버모어는 월스트리트에서는 잘 알려진 유명 인사였지만, 그리 대중적인 인물은 아니었다. 그래서 좋아하는 낚시나 하겠다며 플로리다의 멕시코만류를 잠시 들렀다가 프랑스 파리로 여행을 갔다. 하지만 그는 어디를 가든 마음은 늘 주식시장에 있었다. 리버모어는 한창 때, 자신의 집과 맨해튼 아파트, 뉴욕 북부 레이크플래시드에 있는 별장, 팜비치에 있는 고급 호텔인 브레이커스호텔의 스위트룸과 요트에 티커테이프를 설치할 정도였다. 1907년 여름, 여전히 파리에서 휴가를 즐기던 리버모어는 「헤럴드 트리뷴Herald Tribune」 유럽판을 읽다가 유럽의 은행들이 금리 인상의 여파를 겪고 있다는 기사를 보게 되었다. 또 미국에서도 금리가 상승하고 있으며, 반대로 실업률은 증가하고 있었다. 그는 경기불황이 닥쳤는데, 주식시장이 그 신호를 무시하고 있다는 결론을 내렸다. 리버모어는 그 즉시 뉴욕으로 돌아와 공매도를 시작했다.

1907년 패닉 때, JP 모건은 리버모어보다 훨씬 유명했기 때문에 더 많은 주목을 받았는데, 당시 리버모어의 역할은 상당했다. 투자자들이 패닉상태에 빠지면서 은행에서 자금이 빠져나갔고, 곧 주식시장의 자금도 줄어들기 시작했다. 당시 주식시장은 레버리지가 컸다. 10월 24일 주식시장은 끝도 없이 바닥으로 추락했다. 거래일 정오면 중개인에게 돈을 빌려주려는 은행가들로 붐비던 뉴욕 증권거래소의 머니포스트Money Post도 그날만큼은 황량하기 그지없었다. 이자가 150%를 웃돌았지만 소용없었다. 투자자들은 동시에 포지션을 철회하려 했고, 주가하락은 가속화되었다. 모건은 위기를 해결하기 위해 은행들에게 유동성을 공급하도록 설득하고, 또 리버모어에게는 주가폭락을 투자기회로 활용하지 말아달라고 부탁했다.

사실 주식하락이 정점에 달했던 10월 24일은 리버모어에게는 더할 수 없이 기쁜 날이었다. 그는 하루 동안 앉아서 100만 달러를 벌었다. 그의 인생 최고의 날이라고도 할 수 있었다. 그뿐만이 아니었다. 그 다음날에도 숏포지션을 유지한다면서 더 많은 돈을 벌었다. 당시는 연방준비위원회도 없던 시절이었다. JP모건은 24일의 유동성 위기를 막아냈지만, 장기적으로는 어쩔 도리가 없었다. 리버모어는 1,000만 달러, 2,000만 달러, 심지어 4,000만 달러에 달하는 수익을 예상할 수 있었다. 하지만 24일 밤, 한 친구가 리버모어를 방문했다. 모건 밑에서 일하던 친구는 리버모어에게 공매도를 청산하고, 롱포지션을 구축해달라고 부탁했다. 그의 애국심에 호소하는 한편, 모건의 개인적인 부탁임을 강조했다. 리버모어도 상황의 심각성을 우려하고 있었고, 친구에게 공매도를 철회하겠다고 약속했다. 약속은 지켜졌다. 곧 주식시장의 랠리가 시작되었고, 며칠 후 리버모어는 200만 달러의 수익을 올렸다. 리버모어는 자신이 모건의 주목을 받아 '왕이 된 듯한' 기분을 느꼈다고 고백했다. 1907년 패닉 때, 리버모어의 역할이 신문에 보도되었고 그는 국민적인 영웅이 되었다. 하지만 곧 리버모어는 파산 위기에 직면하는데, 이때 중요한 교훈을 얻게 된다. 그로스 또한 제1원칙으로 삼고 있는 '너 자신을 알라'는 교훈이다.

1907년 패닉이 끝나고 리버모어는 거물이 되어 있었다. 200피트나 되는 요트를 소유했고, 팜비치에 있던 당대 최고의 카지노 브래들리 비치클럽에서 룰렛게임을 하곤 했다. 클럽 단골 중에는 코튼킹Cotton King이라는 별명을 가진 퍼시 토마스Percy Thomas도 있었다. 단 토마스는 사업 실패로 도박을 할 돈이 없었다. 하지만 그는 카지노 저녁만찬에 언제나 환영받았고, 리버모어에게 자신을 소개했다. 리버모어 또한 상품commodity투자에도 뛰어났던지라, 두 사람은 처음부터 마음이 잘 맞았다.

리버모어는 토마스에게 돈을 빌려주겠다고 제안했는데, 토마스는 그보다는 파트너를 원했다. 그는 밤낮으로 면화시장과 관련된 모든 것을 리버모어에게 알려주었다. 하지만 그 대가는 매우 비쌌다. 거시경제적인 상황으로 보아도 그렇지만, 숙련된 트레이더였던 리버모어의 눈에 면화는 사장산업으로 판단되었다. 그래서 리버모어는 밀 산업에 투자하고 있었고 수입도 꽤 올리고 있었다. 하지만 토마스의 성격과, 논리, 시장의 펀더멘털에 대한 해박한 지식에 매료된 리버모어는 자신의 신념과 투자방식을 버리고 가진 돈을 전부 면화 시장에 털어넣었다. 후에 손실이 커지자 결국 밀 산업에 투자했던 돈까지 면화시장에 넣어버렸다. 손실은 감수하고, 수익이 나는 부분의 투자는 그대로 둔다는 스스로의 원칙까지 어긴 것이었다. 불과 몇 주 만에 리버모어는 가진 돈을 다 잃고 100만 달러에 달하는 빚까지 지게 되었다. 그는 요트도 팔아버리고, 우울증까지 얻어(우울증은 그 후 그를 끊임없이 괴롭히게 된다), 시카고로 향한다. 버킷숍에서부터 다시 시작하겠다는 생각이었다. 하지만 리버모어는 토마스를 원망하기보다는 어리석었던 자신을 탓했다.

리버모어는 1908년부터 1915년까지 가난했고, 사람들에게서 잊혀졌다. 심지어 파산신청을 하기도 했는데, 스스로 빚을 갚지 못한다는 사실을 부끄러워했다. 그러면서 리버모어는 자신이 성공할 수 있었던 비결과 모든 돈을 잃게 된 이유에 대해 분석했다. 그는 곧 증권사에서 대출을 받아 다시 주식투자를 시작했다. 당시 유럽에서는 전쟁이 한창이었고, 덕분에 미국의 제조업은 때아닌 호황기를 맞고 있었다. 리버모어는 롱포지션을 유지하면서 다시 많은 돈을 벌었다. 이 후, 미국의 참전이 가시화되자 리버모어는 다시 숏포지션으로 바꾸었는데, 그의 친구였던 버나드 바루크도 마찬가지였다. 덕분에 두 사람은 미 의회로부터 시달림을 당했다. 당시 공매도는 국가에 대한 배신행위로 생각되었기 때문이었다. 하지만 리버모어는 개의치 않았고, 제1차 세계대전 동안 많은 돈을 벌어들였다. 법적인 의무는 없었지만 자발적으로 빚을 다 청산하고, 다시 호화로운 생활을 시작했다.

리버모어의 위태로운 사생활

리버모어가 새로운 아내를 맞게 된 것도 이때다. 리버모어는 유명한 뮤지컬 감독이었던 플로렌스 지그펠드Florenz Ziegfeld와 친구였는데, 〈지그펠드 폴리스Ziegfeld Follies〉에 나오는 자그마한 체구의 여배우 도로시 웬트Dorothy Wendt와 사랑에 빠졌다. 리버모어는 전 부인과 오래 전부터 별거 중이었고, 1917년 이혼했다. 1년 후, 웬트는 결혼했고, 1919년 장남 제시 주니어Jesse Jr.가 태어났다. 리버모어는 롱아일랜드, 그레이트넥Great Neck 킹스포인트King's Point에 있는 방이 29개나 되는 대저택을 구입했다. 집에는 매일 아침 리버모어의 수염을 다듬어줄 개인 이발사까지 있었다. 리버모어는 원래 맞춤 양복과 맞춤 구두를 좋아하는 멋쟁이였다. 그는 키가 5피트 10.5인치였는데, 키높이 신발을 신었기 때문에 6피트는 되어보였다. 브리지 게임을 즐겼고(워렌 버핏도 브리지 게임을 즐긴다고 알려져 있다), 총 쏘기도 좋아해서 피스톨, 라이플, 샷건 등 여러 총기를 수집했다. 그는 아내 도로시를 뮤지Musie라는 애칭으로 불렀는데, 곧 둘째 아들인 폴Paul을 낳았다.

이때가 리버모어의 전성기였다. 1921년 맨해튼 56번가와 57번가 사이에 피프스 애비뉴5th Avenue 730번지에 들어선 핵셔빌딩Hecksher Building(현재 크라운빌딩Crown Building)은 당시 뉴욕에서 가장 호화로운 사무실 건물이었는데, 이 빌딩의 펜트하우스에 리버모어의 사무실이 있었고, 그를 위한 전용 엘리베이터가 설치되어 있었다. 건물 꼭대기 층은 아무나 들어갈 수 없었고, 당시 「뉴욕 타임즈」에는 리버모어의 사무실이 뉴욕에서 가장 으리으리하며 대리석 바닥과 멋진 벽으로 꾸며져 있다고 보도되었다. 그의 사무실 직원은 총 일곱 명이었는데, 그 중 여섯 명은 증권시황을 칠판에 적는 급사였고, 한 명은 해리 에드거 대처Harry Edgar Dacher라는 이름의 비서였다. 대처는 키가 6피트 5인치나 됐고, 몸무게는 거의 300파운드나 나가는 거구로 리버모어의 사무실을 지켰다. 리버모어의 사무실은 무덤처럼 조용했다. 그가 잡음이 들리면 집중을 못했기 때문이었다. 신문에서는 리버모어가 사무실까지 어떻게 출근하는지에 대해서도 보도될 정도였다. 그는 매일 아침 7시 20분 전용운전사가 운전하는 리무진을 타고 출근했다. 리버모어는 시간을 정확히 지키기로 유명해서 뉴욕 시 경찰은 리버모어의 차가 지나가는 시간에 맞추어 신호등을 초록불로 바꾸어주곤 했다. 리버모어의 운전사는 일주일에 한 번씩 각 신호등을 담당하는 경찰에게 팁을 나누어 주었다. 『어느 주식투자자의 회상』이 출판되었고, 미국 의회가 증권산업에 관련해 청문회를 열 때마다, 리버모어는 증언을 했다. 1920년대 리버모어는 미국에서 가장 돈이 많은 부자 중 한 명이었다. 1929년 여름에는 주식을 모두 매도하고공매도에 주력했는데, 그 결과 대공황이 끝날 즈음, 그의 자산은 현금으로 1억 달러나 되었다.

하지만 그의 사생활은 엉망이었다. 원래 쇼걸이었던 부인 웬트는 술을 좋아했고, 자유분방한 생활을 즐겼다. 리버모어는 다시 우울증에 빠졌고, 덕분에 그의 투자감각은 무뎌졌다. 대공황이 끝난 후에는 이른바 바보들의 랠리sucker's rally(펀더멘털이 좋지 않은 상황에서 단기적으로 주식시장이 상승하는 현상을 말한다. 어느 정도의 시간 동안은 지속되어 생각이 없는 투자자들이 투자에 뛰어들곤 하는데, 결국에는 주가하락으로 이어진다)에 편승해서 손해를 보기도 했다. 1932년 리버모어는 수백만 달러에 달하는 위자료를 주고 아내와 이혼한다. 리버모어로서는 증권시장에서도 잃어본 적인 없을 만큼 큰돈이었다. 결국 1934년 리버모어는 다시 파산신청을 하기에 이른다. 그 이듬해에는 전 부인이 된 웬트가 술을 먹고 장남 제시 주니어와 말다툼을 하다가 오발사고를 일으켜 아들을 불구로 만드는 사건이 발생한다. 리버모어는 다시 결혼하지만 여전히 정부를 거느렸고, 우울증은 깊어만 갔다. 아들 제시 주니어는 이제 63세인 아버지가 우울증을 견뎌내고 재기를 했으면 하는 마음에 투자서적을 써보자고 권유한다. 하지만 당시 미국은 전쟁이 임박해 투자에 별 관심이 없었던 데다가, 리버모어의 책은 좋은 평가를 받지 못했다. 그의 견해는 너무나 새로웠고, 논란거리였으며, 일반적인 통념과는 동떨어진 것이었다. 덕분에 책은 잘 팔리지 않았다. 1940년 11월 27일 리버모어는 뉴욕에 있는 쉐리네덜란드호텔 화장실에서 손을 씻은 후 총으로 자신의 생을 마감했다.

그로스가 따르는 또 한 명, 버나드 바루크

그로스가 핌코에 갓 입사한 채권펀드매니저들에게 추천하는 또 다른 책은 버나드 바루크의 『My Own Story』다. 그로스는 "저는 바루크의 일생을 다룬 전기를 몇 권이나 읽었죠. 그리고 시장과 관련해 그가 말한 수많은 격언들을 따르고 있습니다."라고 말한다. 그 중 그로스가 가장 좋아하는 격언은 역시 그의 사무실 벽에 걸려 있다. "사람들은 무엇을 시도하건, 과도하게 지나치기 쉽다. 희망이 생길 때면 나는 스스로에게 '2 더하기 2는 4일 뿐이다. 노력이 헛되이 끝나는 법은 없다'고 되된다. 상황이 좋지 않을 때에도 '2 더하기 2는 4일 뿐이다. 영원히 내리막길일 리는 없다'고 채찍질한다." 그로스는 바루크의 '분별력'과 '상식'에 감동했다고 한다.

버나드 맨스 바루크는 1870년 8월 19일, 사우스캐롤라이나의 캠던에서 태어났다. 그 아버지인 사이먼 바루크Simon Baruch는 독일에서 이주한 유대교 랍비로 자신들이 성경에 나오는 바룩의 자손이라고 주장한다. 사이먼은 열다섯 살 때, 프로이센 군대의 징집을 피해 가족들과 떨어져 미국으로 건너왔다. 고향에서 이웃에 살던 맨스 바움Mannes Baum 가족이 사이먼을 키워주었고, 후에 감사의 표시로 아들의 중간 이름을 맨스로 지었다. 바움 가족은 캠던에서 잡화점을 운영했는데, 사이먼이 아주 명석하다는 사실을 알고는 사우스캐롤라이나와 버지니아에 있는 의대에 입학시켰다. 의대를 졸업한 후, 사이먼은 남부연합군에 입대했다. 하지만 남부연합군의 장군이던 로버트 E. 리Robert E. Lee와 마찬가지로 노예를 부리지는 않았고 오히려 노예제도에 반대했다. 그는 이주민으로서 자신이 살고 있는 지역에 소속감을 느껴 입대했을 뿐이었다. 사이먼은 게티즈버그전투에서 포로가 되었고, 그 후에도 두 번이나 전쟁포로가 되었다. 북부연합은 전쟁포로에 대해 합당한 대우를 해주었고, 사이먼은 북부인들에 대해서는 반감이 없었지만, 미국 재건Reconstruction에 대해서는 매우 비판적이었다. 그래서 초기 KKK단의 몇 안 되는 유대인 중 한 명이었다(하지만 바루크의 아버지는 흑인 환자도 백인과 똑같이 대했다).

사이먼은 또 정계의 떠오르는 샛별 같은 존재였다. 사우스캐롤라이나 주 의료협회 회장직과 의료이사진 회장직을 맡고 있었는데, 가난한 사람들을 위한 공공의료체계를 만들어야 한다고 주장했다. 취미로 농사일도 했고 타일로 만든 관개시설을 고안해내기도 했다. 가난한 농부들이 소유한 농장들이 대부분 지대가 낮았기 때문이었다. 바루크가 열 살 때 가족들은 모두 뉴욕으로 이주하게 되었는데, 사이먼은 KKK단 때문에 혼자 사우스캐롤라이나에 남았다. 하지만 바루크 가족은 정치적으로 진보적이었다. 뉴욕에 이주한 후에도 사이먼은 가난한 공동주택 거주자들을 위해 대중목욕탕을 설립하자고 주장하기도 했다. 바루크 또한 토마스 윌슨Thomas Wilson을 비롯해 해리 트루먼Harry Truman 등 민주당 출신 대통령의 보좌관으로 일했다.

바루크의 가족은 풍족했지만 부유하지는 않았다. 뉴욕으로 이주했을 때, 순자산이 고작 1만 6,000달러였다. 하지만 바루크의 어머니 이자벨 바루크Isabelle Baruch는 부유한 집안 출신이었다. 어머니는 어린 시절 집안에 노예가 많아서 남북전쟁 전까지는 스스로 옷을 입어본 일이 적을 정도였다. 하지만 남북전쟁 후, 바루크의 외할아버지도 경제적인 압박을 받았다. 그때 어머니는 아버지를 만났고 한눈에 남편감으로 점찍었다고 한다. 그의 어머니는 아들만 넷을 두었는데, 바루크는 그 중 둘째 아들이었다.

남북전쟁과 재건사업의 여파로 남부는 경제적으로 피폐했고 결국 그 가족은 1880년 뉴욕 맨해튼으로 이주했다. 고작 열 살의 소년이었던 바루크는 도시의 사람들과 풍요롭고 낯선 풍경에 매료되었다. 어린 바로크에게 가장 신기했던 것은 뉴욕의 수도꼭지였다. 그는 『My Own Story』에 뉴욕에서 느낀 기쁨 중 하나는 우물에서 목욕물을 길어오지 않아도 되는 것이라고 적었다.

바루크는 열네 살에 뉴욕시립대학교CCNY에 입학한다. 당시로서는 그리 이례적인 일도 아니었다. 공립고등학교가 없었던 데다가 그의 문법 성적이 좋았기 때문이었다. 대학에서 바루크는 우연히 정치경제 과목을 수강했는데, 이때 처음으로 수요와 공급의 법칙에 대해 배웠다. 그는 후에 자신의 회고록에서 "그로부터 10년 후 나는 그때 배운 법칙을 기억한 덕분에 부자가 되었다."고 적었다. CCNY에서 바루크는 유대인이라는 이유로 남자대학생 사교 클럽에 가입할 수 없었다. 그와 그의 가족들은 남부에서 살면서 한 번도 반유대주의를 경험해본 적이 없었고, 그의 형제 중 한 명은 버지니아대학교에서 사교 클럽에 별 문제없이 가입했기 때문에 바루크로서는 처음 반유대주의를 피부로 느낀 사건이었다. 하지만 그는 그 이후 평생 반유대주의적인 공격을 받으면서 살게 된다.

그는 대학에서 수학에 두각을 나타냈는데, 이런 능력은 나중에 월스트리트에서 성공하는 데 도움이 된다. 또 운동에도 뛰어나서 대학에서 레슬링을 하기도 했다. 바루크는 키가 6피트 3인치에 170파운드나 나가는 건장한 체격이었고, 평생 운동광이었다.

가족은 바루크가 의사가 되길 원했지만, 그는 전혀 관심이 없었다. 대신 주급 3달러짜리 도매상 약제사로 취직했다. 어느 날, 바루크는 JP 모건의 사무실로 심부름을 가게 되었는데, 모건을 보고 깊은 인상을 받았다고 한다. 그는 "모건의 유명한 코와 황갈색 눈이 마치 그의 막강한 힘을 그대로 보여주는 것 같았다."고 회상했다. 가족들은 질색을 했지만 바루크는 도박을 즐기기 시작했다. 그는 엄청난 부자가 된 뒤에도 도박을 즐겼고, 철두철미한 사업가이자 주식투기꾼이던 존 게이츠가 100만 달러를 베팅해 유명해졌던 바로 그 도박판에 끼기도 했다. 월도프호텔에서 사적으로 열린 바카라 도박판이었는데 덕분에 게이츠는 '백만 달러 베팅맨' 이라는 별명을 얻게 되었다. 게이츠는 경마도박도 즐겨 거금을 베팅하곤 했는데, 이 사건만큼 사람들을 놀라게 한 적은 없었다. 게이츠의 100만 달러 베팅은 결국 무효로 돌아갔지만 바루크는 그가 경솔했다고 생각했다. 그로스와 마찬가지로 바루크도 확률을 계산하고, 현금을 보유해야 하며, 자신의 감정을 다스려야 한다는 점에서 도박과 투자가 유사하다고 생각했다. 그 유명한 도박판이 열린 날 밤, 바루크는 1만 달러를 잃었다. 그리고 3세대가 지난 후 라스베이거스에서 그로스는 정확하게 1만 달러를 따면서 영광과 부, 권력으로의 첫발을 내디뎠다.

투자시장에 발을 들여놓는 바루크

한편 친정나들이를 하고 돌아오던 바루크의 어머니는 열차에서 한 독일인을 만나게 된다. 맨해튼에서 작은 투자은행을 운영하는 줄리우스 A. 콘Julius A. Kohn이라는 사람이었는데, 마침 수습사원을 찾는 중이었다. 바루크는 어머니의 소개로 콘의 투자은행에서 무보수로 일하기 시작했다. 콘의 은행은 재정거래, 즉 특정 시장에서 외환이나 주식을 매입해 다른 시장에 팔아 수익을 올리는 사업을 했다. 바루크는 외환차익이나 가격 프리미엄 등을 필요할 때마다 재빠르게 암산해냈고, 각종 거래를 상세하게 기록한 장부를 즐겨 읽었다. 그의 상사가 바루크의 능력에 깊은 인상을 받아 주급 3달러를 지급할 정도였다.

하지만 바루크는 여기에 만족하지 않고 돈벌이가 될 일을 찾기로 했다. 그와 그의 친구는 콜로라도 크리플크리크에서 은사업을 시작했다. 하지만 사업은 그리 신통치 않았다. 바루크와 그의 친구는 대신 크리플크리크에 있는 룰렛 도박장에 빠졌다. 판돈이 커질 때마다 두 사람은 어김없이 돈을 잃었다. 언제부터인가 바루크는 돈을 많이 베팅 하는 사람들과 반대로 베팅을 하기 시작했고, 덕분에 많은 돈을 벌어 결국 도박장에서 쫓겨나고 말았다. 바루크는 광산에 대한 꿈을 접고 월스트리트로 돌아왔다.

그는 나중에 정부기관에서 일을 하게 되지만, 늘 투자에 대한 열정을 품고 있었다. 심지어 주식시장이 '우리 문명을 가늠하는 잣대' 라고 평가하기도 했다. 바루크는 월스트리트로 돌아온 후, A. A. 하우스맨 앤 컴퍼니A. A. Houseman & Company에 취직해 투자를 시작하지만 약간의 손실을 보게 된다. 그는 그때부터 하나의 버릇이 생겼다. 자신의 손해를 분석해 잘못을 가늠하는 것이었다. 하지만 A. A. 하우스맨 앤 컴퍼니는 바루크의 신중한 성격을 높이 사 겨우 스물다섯인 그를 파트너로 승진시킨다. 바루크는 말쑥한 정장을 입고 실크 모자를 쓰게 됐고, 애니 그리펜Annie Griffen이라는 여성을 만나게 된다. 그리펜은 부유한 성공회 가문 출신으로 둘은 센트럴파크에서 데이트를 즐기곤 했지만 결혼하는 데는 꽤 시간이 걸렸다. 바루크가 자유분방한 생활을 즐겼던 탓이었다. 그는 닭싸움을 관람하다가 체포당할 뻔하기도 하고, 투자에도 과하게 열을 올렸다. 바루크는 1897년이 되어서야 정착한다.

그는 아메리칸슈거리파이닝American Sugar Refining 주식 100주를 증거금만 치르고 매입했다. 당시 이 회사는 설탕시장의 3/4을 장악하고 있었고 배당금도 후했지만, 미 의회와 관세문제로 싸움을 벌이고 있었다. 바루크는 이 싸움에서 아메리칸슈거리파이닝이 승리할 것이라고 추론했고, 그의 예측은 들어맞았다. 바루크는 그렇게 벌어들인 돈을 또 재투자했고, 6만 달러나 되는 수익을 올렸다. 가족들은 종교를 이유로 반대했지만, 바루크는 개의치 않고 애니 그리펜과 결혼하는 한편, 전문 주식투기꾼이 되기위해 뉴욕 증권거래소 회원자리까지 구매하기에 이른다.

리버모어가 그랬듯이, 바루크 또한 '투기꾼'이라는 직업을 자랑스럽게 생각했다. 19세기 투기꾼들이 수익을 올리려 수많은 기업을 파괴하면서 그들에 대한 인식이 퇴색했지만, 전통적인 교육을 받은 바루크는 투기꾼speculator이라는 말이 라틴어인 'speculari', 즉 '관찰하다'에서 유래되었다고 강조했다. 그는 반드시 지켜야 할 세 가지 규칙을 만들었는데 첫째, 잠재적인 투자에 관한 모든 정보를 얻을 것 둘째, 정보를 충분히 분석한 후 결정할 것 셋째, 너무 늦기 전에 빠르게 행동할 것 세 가지였다.

바루크는 이 세 가지 원칙을 지켜 스스로 '내 인생 최초의 큰투자'라고 부르는 사건을 만들어낸다. 1898년 당시, 미국은 스페인과 전쟁 중이었다. 7월 3일 일요일 밤, 당시 월스트리트의 거물들이 그렇듯 뉴저지 해변에서 휴가를 즐기던 바루크는(아직 햄튼Hamptons이 유명하지 않은 때였다) 칠레 산티아고베이Santiago Bay에서 미국이 크게 승리했다는 소식을 듣는다. 미국 주식시장은 그 다음날 폐장일이었고, 유럽 주식시장은 아직 개장 중이었다. 하지만 시간이 너무 늦어 맨해튼으로 가는 열차가 이미 끊긴 상태였고, 바루크는 기차를 하나 빌리기까지 해서 뉴욕으로 향했다. 그는 로스차일드가 워털루전쟁 때, 비둘기를 이용해 누구보다 소식을 먼저 전해 큰 성공을 거두었던 사실을 잘 알고 있었고, 자신도 1898년의 기회를 놓치지 않았다. 하우스맨 앤 컴퍼니는 밤새 런던에서 미국의 주식을 사들여 큰 수익을 올렸고, 덕분에 큰 유명세를 얻게 된다. 하지만 바루크가 그보다 더 유명세를 탔다.

1901년 바루크는 통합동광회사Amalgamated Copper Company의 주식을 공매도해 70만 달러의 수익을 올린다. 당시 내부자들과 통합동광회사에 절대적인 신뢰를 가진 투자자들 덕분에 주당 130달러까지 주가가 치솟았다. 하지만 주가가 너무 높아 황동 값이 너무 비싸졌고, 덕분에 수요가 크게 하락한 상태였다. 바루크는 '저항할 수 없는 경제적 중력의 힘'이 작용할 것이라면서 공매도를 시작했다. 심지어 바루크의 친한 친구까지도 바보짓 말라며 말렸지만, 그는 물러서지 않았다. 바루크의 예측대로 주가는 60달러까지 하락했고, 덕분에 바루크의 이름은 더욱 유명해졌다. 윌슨 대통령은 이런 바루크의 능력을 높이 사 후에 보좌관 자리에 앉혔고, 그에게 '미스터 팩트Mr. Facts'라는 별명을 지어주었다.

하지만 그 어느 때보다 바루크의 통찰력이 빛났던 때는 시장이 공포에 휩싸일 때였다. 그는 1901년과 1907년 미국 주식시장이 폭락했을 때 큰돈을 벌었는데, 하락장에서 공매도를 한 후 롱 포지션을 구축했기 때문이었다. 바루크는 자신의 전기에 "시장이 좋지 않을 때 사람들은 상황이 앞으로도 나아지지 않을 것이라고 낙담하곤 한다. 그럴 때면 국가를 믿어야 한다. 주식을 매입하고 기다리면 언젠가는 성과가 나타난다."라고 적었다.

바루크는 계속 대박을 터뜨렸다. 1901년 처음 자동차를 구입했는데, 몇 백 마일만 주행하면 타이어가 마모된다는 사실을 알고는 고무산업에 투자해 큰돈을 벌었다. 그는 운전사가 너무 술을 좋아해 해고할 수밖에 없었다는 엉뚱한 소리로 당시를 회고했다. 1902년 바루크는 JP 모건과 루이스빌 앤 내쉬빌 철도Louisville & Nashville Railroad의 경영권을 사이에 두고 싸움을 벌였다. 그는 모건을 이겼고, 100만 달러나 되는 수익을 벌어들였다. 하지만 철도에 대한 소유권은 얻지 못했는데, 바루크는 후에 철도회사를 소유하지 못한 게 게 평생의 가장 큰 한이라고 말했다. 서른두 살이되자 바루크의 연 수익은 10만 달러에 달했다. 1907년 주식시장이 패닉에 휩싸였을 때 바루크는 150만 달러를 지원해, 모건 다음으로 많은 금융지원금을 제공했던 것으로 알려져 있다. 2년후, 모건은 바루크에게 텍사스에 있는 유황광산의 가치를 평가해달라고 부탁한다. 바루크는 텍사스 광산의 가치를 알아보고 흥분해 광산가격의 반인 25만 달러를 내놓는 도박을 할 용의가 있다고 말했다. 하지만 모건은 "도박은 하지 않습니다."라면서 광산투자를 단칼에 포기했다고 한다. 제1차 세계대전이 발발하고 유황가격은 치솟기 시작했다. 덕분에 바루크의 재산은 크게 불어났다. 모건이 1913년 사망한 후, 모건 그룹은 바루크와 계약을 맺고 유황광산에 투자를 하게 된다. 바루크는 전체 수익의 일부분을 모건 그룹에 떼어주었는데, 그것만도 7,000만 달러나 되었다. 이후 모건 그룹은 다른 사람에게 유황광산 지분을 양도하고 적은 수익을 벌어들였는데, 바루크에게는 재매입할 기회를 주지 않아서 그는 매우 분개했다고 한다.

바루크의 정치적인 행보

바루크는 줄곧 민주당에 정치기부금을 내왔다. 그래서 처음에는 뉴욕에서 그리고 곧 전국에서 민주당 측 자본가로 인식되기 시작했다. 1916년에는 윌슨 대통령의 보좌관으로 임명되었고, 그 후에는 전시산업위원회War Industries Board의 의장직을 맡았다. 프랑스 베르사유에서 평화회담이 열렸을 때, 윌슨 대통령의 개인 보좌관으로 참석하기도 했다. 그러자 찰스 코플린Charles F. Coughlin 신부, KKK단, 헨리 포드Henry Ford는 바루크가 유대인이라는 이유만으로 비난하기 시작했다. 포드는 미시간 주 디어번 「인디펜던트Independent」 신문을 통해, 바루크를 가리켜 '국제적인 유대인의 음모'를 꾸미고 있는 인물 중 하나라고 지목하기까지 했다. 바루크는 정계에 진출한 후에도 투자를 계속했지만 예전처럼 은 아니었다. 1929년 대공황 때에는 바루크 또한 리버모어나 조지프 케네디와 마찬가지로 미리 공매도 포지션을 구축했다. 그로부터 3년 후, 다른 두 사람과 마찬가지로 대공황을 일으켰다는 혐의로 의회에서 증언을 해야 했다. 바루크는 유대인이고, 케네디는 로마 가톨릭이었지만 모건 그룹을 위시한 월스트리트 와스프WASP(앵글로색슨계 미국 신교도, 즉 미국 주류 계급)의 비난에도 불구하고 엄청난 사회적인 명성을 쌓았다. 이들에 대한 비난은 순전히 정치적인 이유 때문이었다. 루즈벨트 대통령은 케네디를 미국 증권위원회 초대위원장에, 바루크는 개인적인 보좌관에 앉혔다. 바루크는 후에 UN을 창설하는 데에도 일익을 담당했다. 바루크는 트루먼 대통령과 케네디 정부에서도 인정받았으며, 1965년 95세의 나이로 맨해튼에서 사망했다. 맨해튼의 뉴욕시립대학교에는 아직도 버룩 칼리지Baruch College 캠퍼스가 건재하고 사우스 캘리포니아에는 그의 어머니의 이름을 딴 벨 W. 버룩 인스티튜트Belle W. Baruch Institute라는 환경연구센터가 운영 중이다.

그로스의 스승, JP 모건

그로스는 비즈니스스쿨 재학 중에 처음 JP 모건의 철학에 대해 알게 되었는데, 무엇보다 이 유명한 은행가의 정직함에 감동받았다고 한다. 그로스의 사무실에 걸린 모건의 사진에는 "금융업의 근본은 돈이나 자산이 아니다. 바로 품성이다."라는 모건의 말이 적혀 있다. 그로스는 필자와의 인터뷰에서 "지난 몇 년간 엔론이나 월드콤 같은 대기업들의 도덕적 해이를 똑똑히 목격했습니다."라면서 분개했다. 또 그로스는 모건의 결단력에도 깊은 인상을 받았다고 한다. 그는 "모건은 필요할 때는 단호했고, 미리 측정된 리스크를 감수할 줄도 알았지요."라고 설명했다. 그로스가 '측정된 리스크'라고 말한 이유는 리버모어나 바루크와는 달리 모건은 어느 모로 봐도 투기꾼이 아니었기 때문이었다.

사실 모건에게 리버모어나 바루크는 어린아이들이었다. 모건의 아들인 J. P.주니어J. P. Jr.가 바루크보다 세 살, 리버모어보다 열 살이나 많았다. 리버모어가 가난한 시골에서 자라고 있고, 바루크의 가족이 그저 부유한 정도였을 때 모건은 이미 부자였고, 거물이었다. 리버모어와 바루크가 반바지를 입고 뛰어다닐 때, 모건은 이미 세계적인 은행을 만들었고, 그 아들마저도 미국 경제계에서 두각을 나타내고 있었다. 그로스는 자신의 세 명의 멘토 중 모건은 당연 최고로 생각한다. 모건의 도덕성은 확실히 시간을 뛰어넘는 중요한 가치다. 그로스의 사무실 벽에 걸린 모건의 사진에 적혀 있는 글귀는 모건이 의회에서 한 증언의 일부다. '경제적인 논리에 따라 돈을 빌려주는 게 은행가 아니냐!'는 한 의원의 질문에 대한 모건의 대답이었다. 역사가들은 흔히 두 부류로 나뉜다. 사람이 특정 시대를 만들었다는 부류와 반대로 특정 시대가 사람들을 만든다는 부류다. 모건은 역사가들이 '명백한 사명Manifest Destiny' 이라고 부르는 미국의 전성시대에 큰 영향력을 발휘했다. 당시 미국 대학 중 상당수는 '카르페디엠carpe diem(직역하면 지금을 잡으라는 뜻이고, 의역하면 현재에 충실하라는 뜻이다)' 이라는 모토가 유행이었는데, 모건은 그야말로 당대를 쥐락펴락한 인물이었다.

모건의 역사

모건은 1837년 4월 17일 코네티컷의 해트포드Harford에서 태어났다. 그의 아버지였던 주니어스 스펜서 모건Junius Spencer Morgan은 은행가이자 상인이었다. 당시 상인, 투자자, 은행은 모두 신용장으로 거래했다. 모건의 할아버지 또한 은행가여서 모건의 아버지가 일을 하는 데 도움이 되었다. 모건의 어머니 줄리엣 모건Juliet Morgan은 유명한 북부 가문 출신이었다. 외가 쪽으로는 유명한 목사나 시인이 배출되었는데, 그 중 한명은 〈징글벨〉 작사가이기도 하다. 모건은 어렸을 때부터 허약했고, 75세로 사망하기 전까지 갖가지 병에 시달렸다. 외가 쪽에서 유전된 선천적인 피부병과 종기, 혈관확장 등에 시달렸는데, 중년이 되었을 때에는 코에 자줏빛의 덩어리가 생겨 아이들이 무서워하곤 했다. 그래서 에드워드 스타이켄Edward Steichen이라는 유명한 포토그래퍼가 모건의 초상사진을 찍으려 했을 때, 모건은 옆모습은 찍지 말고 앞모습만 찍으라고 했고, 그것도 약 2분간 카메라렌즈를 어색하게 처다보다가 자리를 떴다는 일화도 있다. 모건은 원래 이름도 매우 길어서 어린 시절 다양한 애칭으로 불렸다. 그가 글을 쓰는 법을 배우고 나서 스스로 J. 피어폰트 모건이라고 서명한 뒤부터 친구와 가족들이 그를 피어폰트라고 부르기 시작했다. 나중에 그의 파트너들도 피어폰트라는 이름으로 불렸다. 하지만 대부분은 그를 미스터 모건이라고 불렀다.

모건 그룹은 런던에서 시작되었다. 볼티모어 출신 상인인 조지 피보디Georgy Peabody가 런던에서 은행을 만들고 미국 내 괜찮은 벤처기업들을 위해 영국 투자자들을 모집하기 시작했는데, 이 은행이 바로 J. P. 모건 앤 컴퍼니J. P. Morgan and Company의 전신이다. 당시만 해도 런던이 세계 금융의 중심이었고, 미국 시장은 막 개발되던 참이었다. 미국에서는 강을 중심으로 상업활동이 시작되고 있었는데 더 많은 자본이 필요했다. 1854년 모건의 아버지는 할아버지가 유산으로 남겨준 100만 달러를 투자하고 피보디의 파트너가 되었다. 모건의 아버지는 런던에서 평생을 보냈고, 모건은 뉴욕 지사를 담당했다. 그 후 영국과 미국의 경제적인 위치는 역전되는데, 모건이 이 과정에서 주도적인 역할을 했다.

모건은 별로 특이할 것 없는 교육을 받았다. 그는 스무 살이 되어 피보디의 미국 지사인 던컨 셔먼 앤 컴퍼니Duncan Sherman &

Company에 견습생으로 입사하기 전까지는 공부에 관심이 없었다 (모건 가문에서 처음 대학교육을 받은 사람은 그의 아들이었다). 모건은 1857 년의 패닉Panic of 1857을 겪으면서 미국 경제의 취약성을 깨닫게 되었다. 그보다 한 세대 전에 포퓰리스트였던 앤드류 잭슨Andrew Jackson 대통령은 중앙은행을 없애버렸고, 연방은행뿐만 아니라 지방은행까지도 독자적으로 통화를 발행했다. 피보디은행은 연방에서 발행한 국채나 운하 건립과 같은 공공산업을 위해 발행된 채권을 주로 거래했는데, 정부는 국가 경제를 발전시키고 규제하는 데 필요한 리더십이 부족했다. 모건이 나중에 이 부족함을 메우게 된다.

1859년 피보디가 너무 연로해지자, 모건의 아버지가 기업을 인수한다. 남북전쟁 때, 모건의 기업은 별로 큰 역할을 하지 못했다. 전쟁 때문에 발행된 채권은 대부분 뉴욕에 위치하면서 북부를 응원하는 유대인 기업들이 인수했다. 독일계 기업인 쿤 롭Kuhn Loeb도 그들 중 하나였다. 모건은 뉴욕에서 작은 규모의 거래밖에 성사시키지 못했지만, 1863년 북부가 빅스버그에서 승리했다는 소식을 재빨리 런던에 있던 아버지에게 알렸다. 모건의 아버지는 런던에서 미국 국채를 매입했고, 많은 수익을 올렸다. 피보디가 1869년 사망했을 때, 장례식을 준비한 사람은 모건이었다. 모건은 형제 중 유일하게 죽지 않고 살아남았고, 졸지에 독자가 되었다. 19세기에는 가업을 물려받는 게 당연해서, 모건이 다른 일을 할 것이라고는 생각되지 않았다. 모건의 아들 또한 원래는 의사가 되고 싶어했지만 결국 가업을 물려받게 되었다. 론 처노Ron Chernow가 쓴 『금융 제국 J.P. 모건The House of Morgan』에서 이를 가리켜 '금융가의 신사도Gentleman Banker's Code' 라고 칭했다.

모건은 보수적이고 전형적인 와스프였다. 백인이고, 북부 출신이었으며, 미국 성공회교도였다. 신앙심이 깊고, 도덕심이 높아, 자신이 한 말은 반드시 지켰고, 거래는 늘 악수로 끝냈다. 미술품 수집을 즐겼을 뿐만 아니라 자선활동에도 일만큼이나 열심이었다. 사회에 환원하는 기부금도 상당했다. 뿐만 아니라 그는 낭만주의자였다. 모건은 아멜리아 스터지스Amelia Sturgis를 첫 아내로 맞았는데, 그녀는 결혼하자마자 결핵을 얻어 사망했다. 가족 내에서 그녀의 이름은 신성시되다시피 했고, 모건은 첫 아내와의 추억을 언제나 기억했다. 그녀는 모건의 유일한 사랑이었다. 1865년 그는 프란시스 루이사 트레이시Francis Louisa Tracy를 두 번째 아내로 맞게 된다. 그는 두 번째 결혼생활을 꽤 오래 유지했고, 아내를 패니Fanny라고 불렀다. 하지만 실제 결혼생활은 공허하기 그지없었고, 모건은 자신의 요트를 밀회장소로 사용하면서 미국이나 유럽을 떠돌며 연애를 즐겼다.

런던에 있는 모건의 아버지에게 가장 큰 숙적은 로스차일드와 베어링스Barings였다. 1870년 프러시아의 공격을 받은 프랑스는 런던에서 돈을 융통하기 시작하고 모건의 아버지에게 도움을 요청했다. 베어링스는 프러시아를 지원했고, 로스차일드는 프랑스가 패배할 것으로 생각해 중립적인 입장을 취했다. 모건은 금융연합을 만들고, 아주 유리한 조건으로 프랑스에 채권을 발행해줬다. 전쟁 중 채권가격이 하락하자 전 재산을 들여 채권을 매입해 채권가격을 유지하기도 했다. 프랑스는 결국 전쟁에서 졌지만 채권을 거부하지는 않았고, 채권가격은 액면가로 회복되었다. 덕분에 모건의 아버지는 많은 부와 명성도 얻었다.

한편 모건도 미국에서 입지를 다져가고 있었다. 그는 키가 6피트나 되는 다부진 체격이었고, 모든 것을 꿰뚫어보는 것 같은 갈색 눈을 가지고 있었다. 모건은 항상 정장을 갖추어 입었다. 철마다 다른 모자를 썼고, 가끔은 체크무늬 조끼를 입기도 했다. 또 공정하고 강력한 계약을 한다고 정평이 나 있었다. 모건의 초기 거래 중 가장 유명한 것은 1869년에 있었던 계약이었다. 뉴욕의 철도를 두고 제이 굴드Jay Gould와 조지프 램지Joseph Ramsey가 한창 경쟁 중이었는데, 램지는 철도에 관한 통제권을 뺏어오기 위해 모건을 고용했다. 모건은 대담한 계획을 세웠다. 판사를 한 명 찾아내 철도위원회에서 굴드의 세력을 아예 축출하는 한편 굴드의 세력이 미치지 못하는 더 큰 철도사들과 합병을 시작한 것이다. 모건은 램지로부터 수수료를 받았을 뿐 아니라 합병한 철도위원회에서 자리 하나를 차지하게 되었다. 모건은 은행가였지만 초기 형태의 신탁money trust을 대표하기도 했다. 그는 당대에 가장 강력한 사업가였다. 모건은 앤드류 카네기Andrew Carnegie나 존 데이비슨 록펠러John D. Rockefeller에 버금가는 재산을 모으지는 못했지만 그 어느 누구보다 큰 영향력을 발휘했다. 1907년 주식시장이 급락했을 때, 루즈벨트 대통령에게 해결책을 제시하고 성공적인 결과를 이끌어낸 일화가 그 대표적인 예다.

한편 모건의 아버지는 필라델피아 출신의 은행가인 토니 드렉셀Tony Drexel과 모건의 파트너 계약을 추진했다. 드렉셀은 뉴욕이 필라델피아를 대신해 미국의 금융 중심으로 부상하고 있음을 눈치 채고 있었다. 그 결과, 1871년 드렉셀 모건 앤 컴퍼니Drexel, Morgan and Company가 세워졌다(드렉셀 모건Drexel Morgan은 1910년에 J. P. 모건 앤 컴퍼니로 명칭을 바꾸게 된다). 2년 후, 드렉셀 모건 앤 컴퍼니는 뉴욕 증권거래소에서 브로드 스트리트Broad Street 건너편 월스트리트 23번지로 본사를 옮기게 된다. 또 그 해, 드렉셀 모건 앤 컴퍼니는 미국 정부가 남북전쟁 때문에 빌린 3억 달러 중 반을 지원하는 은행연합을 이끌면서, 중대한 변화를 맞게 된다. 모건이 아니었더라면, 제이 쿡Jay Cooke가 해당 계약을 따냈을 것이다. 제이 쿡는 드렉셀이 필라델피아에서부터 경쟁했던 라이벌 기업이었다. 모건이 이끄는 은행연합에는 모건 그룹뿐 아니라 베어링스도 참여했다. 해당 계약은 모건의 아버지가 아닌 모건이 주도해 그의 아버지에게 어마어마한 수입을 안겨준 첫 번째 사건이었다. 같은 해, 쿡의 기업은 파산했고, 1873년 주식시장 폭락의 빌미가 되었다. 당시 유럽의 철도 투자자들이 특히 큰 손해를 입었지만, 모건은 아니었다. 철도 주식에 투기하지 않은 덕분이었다. 모건은 돈을 잃기는커녕 100만 달러에 달하는 수익을 기록했다. 덕분에 모건 그룹은 청렴함의 대명사가 되었고, 모건이 살아 있는 동안 조금도 그 빛을 잃지 않았다.

미국사회에 막대한 영향력을 발휘하는 JP 모건

모건의 아버지는 늘 그에게 주식투기에 대해 경고했고, 모건 자신도 1873년 주가하락을 경험하면서 미국 금융계에 대한 독단적인 견해를 굳히게 된다. 모건은 경쟁을 싫어했고, 그래서 매번 경쟁을 없애기 위해 최선을 다했다. 당시에는 은행가라면 자신의 사업이 흥하든 망하든 책임을 져야 한다는 개인적인 사명감이 있었고, 모건 또한 마찬가지여서 그의 최우선순위는 채권투자자들이었다. 모건은 금융거래를 하면서 채권투자자들의 리스크를 최소화시키려 노력했고, 이 때문에 트러스트trust가 생겨났다. 트러스트란 경쟁관계에 있는 대기업들이 서로 힘을 합쳐 시장을 독점하는 것을 말한다. 모건은 이런 트러스트를 활용해 독점기업을 만들고 활용하는데 그 누구보다 뛰어났는데, 록펠러마저도 그를 따라올 수 없었다. 이런 방식으로 모건은 제너럴 일렉트릭의 설립을 도왔고, US 철강회사United States Steel Corporation를 창립했다. US 철강회사는 그의 가장 뛰어난 업적 중 하나다. 미국 내에서 최초로 10억 달러의 규모를 자랑하는 거대 기업이었고, 당시 미국 주식시장 총가의 1/9를 차지했다. 모건은 US 철강회사를 설립하면서 카네기의 철강회사를 인수했다. 그 대가로 4억 8,000만 달러어치의 채권을 카네기에게 지급했고, 덕분에 카네기는 미국 최고의 부자가 되었다. US 철강회사를 설립하면서 모건은 유대인들이 장악하고 있던 뉴욕의 은행계에서 명실상부한 일인자로 부상했고, 카네기는 자신이 회사를 굉장히 비싸게 팔았다면서 기뻐했다. 카네기는 "양키(모건)가 유대인을 이겼고, 스코틀랜드인(카네기)은 양키를 이겼다."면서 자랑하곤 했다. 사실 모건은 1억 달러 정도 싸게 기업을 인수했다고 생각하고 있었고, 카네기도 나중에는 그 실수를 깨닫고 후회했다고 한다.

모건의 아버지가 1890년 사망하면서 모건은 기업의 최고 대표 자리에 오른다. 당시 모건 그룹은 미국뿐 아니라 유럽에도 기업을 여러 개 소유하고 있었다. 그는 혹독한 상사로 유명했는데, 그 이유로 모건 기업의 파트너들 중 상당수가 자살하거나 요절했다. 하지만 막상 모건 자신도 허약한 체질 때문에 일을 고되게 할 수 없는 처지였다. 또 그는 꼼꼼하게 분석을 하기보다는 직관적으로 결단을 내리는 편이었다. 예를 들어, 카네기의 철강회사를 인수할 때에도 카네기가 요구한 가격을 보고는 바로 동의했다고 한다. 하지만 모건은 매일 16시간씩 일했고, 대신 휴가를 석 달씩 즐기곤 했다. 그는 자신의 요트로 여행하곤 했는데, 스스로를 해적 헨리 모건Henry Morgan의 후손이라면서 요트 이름을 '코세어 Corsair' 즉 해적선이라고 지었다. 모건은 요트를 여러 개나 가지고 있었고, 그 중 가장 큰 것은 길이가 300피트나 되었다. 모건의 여름별장 근처에 있는 허드슨 강이 조금만 더 넓었더라면 아마 더 큰 요트를 샀을 것이다. 모건은 1880년대와 1890년대 미국의 철도를 거의 장악하다시피 했는데, 요트에서 철도회사 인수 계약에 서명했을 정도였다. 그 외 계약은 맨해튼 머레이힐Murray Hill 에 있는 호화로운 사무실에서 이루어졌는데, 이 건물은 아직 건재하며 공공건물로 활용되고 있다. 모건의 존재는 아직도 맨해튼 곳곳에 남아 있다. 그는 메트로폴리탄 미술관, 미국 자연사 박물관, 메트로폴리탄 오페라의 후원자였다. 모건 그룹의 본사 건물은 아직 월스트리트에 남아 있는데, 알렉산더 해밀턴의 트리니티 교회 묘지Trinity Churchyard of Alexander Hamilton에서 몇 발짝 떨어져 있지 않다.

20세기가 되자 모건은 더 많은 시간을 여행으로 보냈다. 아내는 이미 여행에 동행하지 않은 지 오래였고, 유럽과 뉴욕의 유명한 여성들과 밀회를 즐긴다는 소문이 파다했다. 그는 여생의 마지막 3년간 이집트를 세 번이나 여행했다. 윌리엄 맥킨리William Mckinley 대통령이 암살된 후, 그 뒤를 이은 루즈벨트 대통령은 트러스트를 반대했고, 덕분에 루즈벨트 대통령과 모건 기업은 일종의 전쟁을 치르게 되었다. 하지만 모건은 이마저도 무시하거나 아들을 포함해 다른 직원들에게 맡겨두기 일쑤였다. 그러던 중 1907년 패닉이 발생한다. 모건은 당시 성공회 대표직 때문에 버지니아 리치먼드에 머무르고 있었는데 사태의 심각성을 직감하고 사태를 수습하기 위해 뉴욕으로 돌아왔다.

1907년 주식시장에는 투기가 팽배했고 주가는 최고조였다. 먼저 이집트 주식시장이 폭락했고, 일본 주식시장도 폭락하기 시작했다. 덕분에 일본 은행들 또한 나락으로 떨어졌다. 영국 중앙은행Bank of England은 현금이 부족했다. 보스턴과 뉴욕 시 채권은 잘 팔리지 않았고, 그보다 1년 전 지진을 겪고 재건에 나선 샌프란시스코는 돈을 빌릴 수 없었다. 주요 대기업들의 도산이 이어졌다. 8월 10일 미국 주식시장이 폭락했을 때, 손실은 10억 달러에 달했다. 월스트리트는 루즈벨트 대통령의 반트러스트 정책이 기업 신뢰도를 깎아먹었다며 비난했다. 한편 루즈벨트 대통령은 대기업들의 음모라면서 월스트리트를 비난했다. 루즈벨트 대통령은 당시 '부자들의 해악' 에 관한 연설을 하기도 했는데, 이때 연설을 듣고 있던 모건을 노려보았다는 소문도 있다. 그 해 가을, 각 지방 은행들은 언제나처럼 가을걷이 때문에 뉴욕에 있는 자본을 고갈시켜버렸다. 10월에는 니커보커 트러스트Knickerbocker Trust가 800만 달러를 예금자들에게 지급한 후 더 이상은 감당하지 못해 파산했다.

뉴욕으로 돌아온 모건은 은행위원회를 조직하고 사태를 수습하려 노력했다. 먼저 니커보커 트러스트를 감사한 후, 회생이 불가능하다는 결론을 내렸다. 대신 그는 아메리카 신탁회사Trust Company of America만은 지키기로 한다. 10월 내내 모건은 뉴욕 최고의 은행가들이 지급한 원조금과 연방 정부의 지원금 2,500만 달러로 신탁기금과 은행의 자본유출을 막았다. 10월 24일, 뉴욕 증권거래소는 공포에 휩싸였다. 콜머니call money, 즉 증권회사 상호간의 단기 차입이 말라버렸기 때문이었다. 증권거래소 위원장은 모건에게 도움을 요청했고, 약 15분 후 모건은 2,500만 달러를 동원해 콜머니 시장을 지원했다. 이 소식이 전해졌을 때, 증권거래소 사람들의 환호소리가 모건의 사무실까지 들렸다고 한다.

하지만 위기는 끝나지 않았다. 은행과 증권시장을 살려낸 모건은 이번에는 뉴욕 시의 호소를 들어야 했다. 뉴욕 시가 돈을 빌리지 못하게 되자, 뉴욕 시장은 모건에게 3,000만 달러를 요청했고 요청은 받아들여졌다. 뉴욕 시 다음은 테네시 탄광 철광회사 Tennessee Coal and Iron Company 지분의 상당 부분을 소유한 한 증권회사 차례였다. 은행가, 신탁관리자, 산업계 거물들이 모건의 사무실에서 밤새 계약조건에 대해 협의했고, 결국 모건은 테네시 탄광 철광회사에 대한 통제권을 얻게 되었다. 그러지 않아도 철광산업의 거대 기업이던 US 철강회사에 더욱 힘을 실어주게 된 사건이었다. 평상시였다면 어림도 없는 일이었다. 루즈벨트 대통령이 열정적으로 시행한 셔먼 독점금지법Sherman Antitrust Act 법안에 위배되었기 때문이다. 하지만 당시에는 상황이 심각하다 보니 루즈벨트 대통령도 동의할 수밖에 없었고, 밤새 기차로 워싱턴까지 달려온 모건의 특사에게 허가를 주었다.

경제위기를 수습한 뒤, 모건은 거의 은퇴한 거나 다름없는 생활을 한다. 그는 하루에 몇 시간만 일하면서 예술품과 여타 수집에 열을 올렸고 미국 개인 수집가 중에서는 최고의 소장품을 가지게 되었다. 그러던 중 모건이 만든 신탁 중 하나에서 타이타닉Titanic 호를 제작했다. 배 안에는 그를 위한 개별 스위트룸이 만들어졌고, 모건은 타이타닉 호를 돌아보기는 했지만 막상 배를 타지는 않았다. 1912년 4월 타이타닉 호는 프랑스를 항해하던 중 침몰했다. 모건은 그 즉시 미 의회 청문회에 회부되었다. 의회는 타이타닉 호 침몰을 공격의 기회로 여겼다. 모건은 적이 많았다. 모든 채무자들은 모건을 미워했고, 미국 국민 중 대다수가 채무자였다. 유명한 윌리엄 브라이언William Jennings Bryan의 크로스 오브 골드cross of gold 연설도 실은 모건을 겨냥한 것이었는데, 모건이 1895년 미국이 금본위제를 실시하는 데 주도적인 역할을 했기 때문이었다. 청문회에서 모건은 혹독한 질문공세를 받았다. 그로스의 사무실에 걸린 모건의 액자에 적힌 명언은 바로 이때 증언에서 나온 말이다. 의회 기록에 따르면 모건과 미 하원 금융통화위원회House Banking and Currency Committee 법률고문이던 사무엘 운터마이어Samuel Untermyer는 다음 대화를 나누었다.

운터마이어: 은행은 주로 돈이나 재산을 보고 대출을 해주지 않습니까?

모건: 아닙니다. 무엇보다 기본은 품성입니다.

운터마이어: 돈이나 재산보다 더요?

모건: 돈이건 재산이건, 그 어떤 것보다 먼저입니다. 돈으로 품성을 살 수는 없습니다. … 제가 믿지 못하는 사람이라면 그 어떤 채권을 가져와도 돈을 빌려갈 수 없습니다.

청문회를 겪은 모건은 극도로 약해졌고, 회복을 위해 유럽으로 여행을 떠났다. 하지만 1913년 3월 31일 밤, 로마의 한 호화로운 호텔에서 향년 75세의 나이로 사망한다. 모건과 함께 여행 중이던 딸인 루이자Louisa는 동생 모건 주니어에게 아버지가 모건 제국을 맡겼다고 전했다. 「뉴욕타임즈」는 모건의 부고를 실었고, 그의 재산이 1억 달러 정도라고 추산했다. 카네기는 신문을 보고 '모건은 그리 부자가 아니었구나!' 라고 탄식했다고 한다.

모건이 사망한 해, 미국에는 연방준비위원회가 설립되었다. 그 이후로 미국 중앙은행의 업무를 개인이 대신했던 적은 없었다. 하지만 모건 제국은 그 이후에도 미국 금융계의 중심이었다. 모건이 남긴 가장 위대한 유산은 '모건 제국' 이었다. 그는 해안가에 있는 작은 은행을 세계적인 금융기관으로 키워냈다. 모건의 파트너들은 큰 권력을 얻었고, 덕분에 모건이 사망한 후에도 기업은 건재했다. 모건은 당대 무소불위의 권력을 휘둘렀지만, 물질적인 결과보다 더 중요한 것은 그의 비전 뒤에 숨어 있는 뛰어난 능력과 자원을 활용하는 방법이었다. 그는 후세대 기업인들에게 유산을 남겼고, 물질적인 성과는 그의 직원들에게 돌아갔다. 모건은 과묵한 사람이었다. 그의 사무실 책상 위에는 Pense moult, Parle peu, Ecris이라는 작은 판이 붙어 있다. '많이 생각하고, 적게 말하고, 절대 써서 남기지 말라' 는 뜻이다. 모건은 언제나 자신을 낮추었고, 이 교훈을 실천했다.

세 명의 멘토에게 듣는 투자철학

그로스는 바루크, 모건, 리버모어의 삶에서 교훈을 얻었고, 에드 소프가 쓴 책『Beat the Market』을 투자철학의 기본으로 삼았다.

그로스는 리버모어에게서 숫자의 패턴을 읽어내는 능력이 경제적인 수익을 가져다준다는 사실을 배웠다. 또 감정과 변덕이 투자결정을 지배할 때 치러야 하는 대가와, 시장에서 자신만의 시스템으로 돈을 벌려면 얼마나 엄격하고 금욕적이어야 하는지를 배웠다. 만약 리버모어가 자신의 규칙을 지켜냈더라면 훨씬 행복하고 부유했을 것이다.

바루크는 투자가 도박과 유사하다는(다만 이길 확률이 좀 더 높을 뿐이라는) 그로스의 생각에 확신을 갖게 해준 인물이다. 바루크는 장기 투자를 하고 잠깐의 공포에 휩쓸리지 않았으며, 세계 경제와 비즈니스에 대한 모든 정보를 활용해 성공을 거두었다. 그로스가 끊임없이 저평가된 종목을 찾고, 전문가들의 의견을 구하며, 세계 경제의 사이클을 예측하고, 이를 통해 채권투자 수익을 올리려는 것과 비슷하다고 할 수 있다.

리버모어와 바루크가 그로스에게 시장과 투자의 근본에 대해 알려주었다면, 모건은 그로스에게 동기를 부여해주었다. 그는 처음부터 자신의 능력을 넘는 투자운용사를 만들겠다는 목표를 가지고 있었고, 그래서 기업 경영이나 고객관리는 파트너들에게 맡겨두었다. 그리고 '세속적인 포럼'을 바탕으로 충분한 정보를 얻어 합리적인 의사결정을 할 수 있는 체계를 만들었다. 핌코의 투자 포지션은 그로스가 단독으로 구축하지 않고 핌코의 투자 위원회가 결정한다. 파트너가 아닌 일반 직원들도 투자위원회에 참석하고, 그로스와 다른 의견을 주장하기도 한다. 2004년은 1904년과 달라서 모건 제국 같은 독단적인 기업은 바람직하지 않다. 게다가 한 사람의 능력에 의존하는 기업은 살아남을 수 없다. 하지만 모건 제국은 다음 세대, 그리고 그 다음 세대에도 영원히 살아남을 수 있는 기업을 만들어보겠다는 그로스와 그 파트너들에게 귀감이 되었다.

총수익투자를
늘리는 빌 그로스
만의 법칙

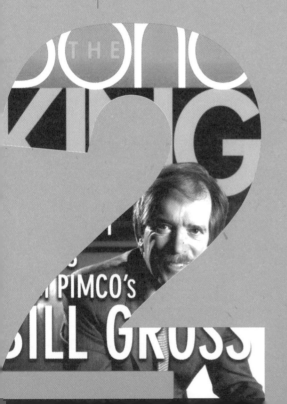

INVESTMENT
SECRETS
FROM
PIMCO's

BILL
GROSS

그로스는 투자를 결정하기에 앞서 시장의 장기적인 변화를 예측한다. 그로스의 멘토
이자 선의의 경쟁자면서 동시대 인물인 워렌 버핏은 경제와 시장의 변화를 예측하는
데 능하다. 그로스가 핌코에서 세속적인 포럼을 고안하고 지속적으로 개최하는 것도
같은 이유 때문이다. 그로스는 처음 투자시장에 뛰어들었을 때나 지금이나 마찬가지
로 시장의 변화를 이해해야 감정을 통제할 수 있다고 생각한다. 그는 시장의 변화에
놀라지 않는다. 오히려 변화도 시장의 특성 중 하나라고 생각하고, 연구하고 관리하
려고 노력한다.

물에 잠긴 세계에서
혼자 살아남기

그로스는 투자를 결정하기에 앞서 시장의 장기적인 변화를 예측한다. 그의 롤모델인 리버모어, 바루크, 에드 소프는 시장의 트렌드와 그로 인한 영향을 파악하는 능력이 뛰어났다. 리버모어는 보스턴 버킷숍에서 티커테이프를 읽으면서 패턴을 파악해냈고, 바루크는 광기와 공포에 휘둘리지 않고 주가의 장기적인 등락을 점치는 능력이 있었다. 소프는 비유동자산(여기에서는 전환사채)의 정확한 가치를 파악하고, 활용할 줄 알았다. 그로스의 멘토이자 선의의 경쟁자면서 동시대 인물인 워렌 버핏은 경제와 시장의 변화를 예측하는 데 능하다. 그로스가 핌코에서 세속적인 포럼을 고안하고 지속적으로 개최하는 것도 같은 이유 때문이다.

핌코의 세미나, 미래를 예측한다

그로스는 처음 투자시장에 뛰어들었을 때나 지금이나 마찬가지로 시장의 변화를 이해해야 감정을 통제할 수 있다고 생각한다. 그는 시장의 변화에 놀라지 않는다. 오히려 변화도 시장의 특성 중 하나라고 생각하고, 연구하고 관리하려 노력한다.

그래서 그로스는 시장의 변화를 시간적 특성에 따라 두 부류로 나눈다. 하나는 3개월~12개월에 걸친 경제 사이클 변화이고, 또 다른 하나는 3년~5년에 걸친 세속적인 변화다(여기에서 세속적이라는 단어는 종교와 관련이 없고, 경제적인 용어일 뿐이다).

1970년대 초반 그로스가 총수익투자 접근방법을 실시한 직후 핌코는 향후를 예측하기 위한 방법의 하나로 '스텝백step-back 세미나'를 열기 시작했다. 핌코의 모든 투자 포트폴리오 매니저들이 책상에서 한 걸음 물러나 시장의 상황을 정확하게 분석하고, 그 영향을 예측하도록 돕는 것이 세미나의 목적이었다. 1975년부터 1981년까지 스텝백 세미나는 분기별로 열렸고, 경제 사이클 변화를 분석했다. 스텝백 세미나는 예측보다는 이미 발생한 변화에 대한 대응책을 세우는 데 더 가까웠다. 경제 사이클 변화란 1998년 러시아 정부의 디폴트, 2003년 유로화 사용에 관한 스위스 국민투표, 2000년 미국 대선 결과 등 예측이 거의 불가능한 사건들이기 때문이었다. 이런 사건들을 예측한다는 건 주사위를 던지거나 찻잎을 읽어 미래를 점치는 것이나 마찬가지였다. 누가

스웨덴 외무장관 안나 린드Anna Lindh의 암살을 예상했겠으며, 그 때문에 며칠 후 열린 국민투표에서 스웨덴 국민들이 유로화 사용을 거부할 것이라고 생각했겠는가? 또 대통령 선거에서 조지 부시가 엘 고어를 이길 것이라고 예상할 수 있었겠는가? 물론 변화하는 세계 정세에 따라 투자자들은 포트폴리오를 수정해 빠르게 대응해야 한다. 하지만 이 방법은 돈을 아끼고 손실을 줄이는 것일 뿐, 공격적으로 돈을 불리는 방법은 아니다.

1982년 그로스는 좀 더 폭넓은 맥락에서 투자결정을 내리기 위해 '세속적인 포럼'의 필요성을 깨닫는다. 같은 해, 핌코는 최초의 세속적인 포럼을 개최했다. 당시 두 명의 발표자가 초대되었는데, 첫 번째는 월스트리트 에너지 애널리스트인 찰스 맥스웰Charles Maxwell로 에너지 분야 전반에 대해 강연했고, 두 번째 발표자는 경제학자인 존 러트릿지John Rutledge로 거시경제 및 금융 트렌드에 관해 강연했다. 이때 이후로, 핌코의 세속적인 포럼은 매년 열리고 있는데, 다양한 주제에 관해 다섯 명 내지 여섯 명의 강사가 초빙되고 있다. '경제 사이클' 포럼은 분기별로 열린다.

포럼의 주제는 경제에만 국한되지 않고, 인구학, 정치, 그 외 장기적으로 경제에 영향을 미치는 다양한 분야도 포함되어 있다. 덕분에 웨인 에인절Wayne Angell 전 연방준비위원회 위원장뿐만 아니라 벤 버냉키Ben Barnanke 위원장 또한 임명 직전 핌코 포럼에 초대되었다. 또 헨리 카우프만Henry Kaufman 등 거물 투자 은행가,

모건 스탠리Morgan Stanley의 스티븐 로치Steven Roach도 단골 연사다. 스티브 로이트홀트Steve Leuthold나 제레미 그랜덤Jeremy Grantham 같은 시장 전문가들도 핌코 포럼에 참여한 적이 있다. 정치나 사회적인 강연도 있었다. 즈비그뉴 브레진스키Zbigniew Brzezinskisms는 지미 카터Jimmy Carter 행정부에서 사퇴한 직후, 로버트 라이시Robert Reich는 클린턴 정부에 합류하기 전 핌코의 포럼에서 강연을 했다. 케네디와 존슨 대통령의 냉전시대를 풍미했던 월터 로스토우Walter Rostow는 냉전이 끝난 1986년에 핌코에서 강의를 했다. 사회 비판론자인 케빈 필립스Kevin Phillips와 윌리엄 그라이더William Greider도 자주 초대되는 강연자들인데, 2003년에는 두 사람이 나란히 발표를 하기도 했다. 2002년에는 예일대학교 역사학 교수인 조나단 스펜스Jonathan Spence가 '현대 중국의 발전'이라는 주제로 담론했다. 메릴랜드대학교 국제 경제학과 학과장이던 길레르모 칼보Guillermo Calvo도 1995년 핌코 포럼에 초대되어 1년 전에 발생한 멕시코 외환 위기와 이 사건이 라틴아메리카에 미치는 영향에 대해 연설했다. UBS 워버그UBS Warburg 미국 수석 이코노미스트 폴 맥컬리는 1998년 핌코 포럼에서 강연을 했는데 깊은 인상을 남겼다. 결국 6년 전 핌코로 이직해 페드 워쳐와 단기 채권 포트폴리오 매니저로 일하게 되었다.

세속적 포럼의 강연자와 주제는 그로스가 직접 선택한다(분기별로 열리는 경제 사이클 변화에 관한 회의 강연자와 주제는 맥컬리가 선정한다).

대부분 그 이전 연도에 지속적으로 거론되던 이슈가 회의 주제로 선정되곤 한다. 즉 핌코가 골머리를 앓아오던 투자 딜레마들인 셈이다. 핌코 직원들은 주제와 관련해 수백 장에 달하는 보고서와 각종 자료를 준비한다. 2003년 회의의 주제는 인구변화, 생산성, 인플레이션, 통화정책, 재정정책, 자산수익률, 국제 무역, 중국 시장 등으로 다양했다. 직원들은 강연자가 추천한 자료를 미리 읽어놓는다. 강연이 끝나면 Q&A시간이 이어지고, 그 후에는 핌코 직원들 사이에서 토론이 진행된다. 세속적 포럼은 핌코 본사의 강연장에 있는 어마어마하게 큰 회의탁자에서 진행되는데, 강연장에는 100명밖에 앉을 수 없기 때문에 나머지 직원들은 핌코 폐쇄회로 화면을 통해 강연을 시청한다.

이 책에 담긴 그로스의 제안 중 상당수는 2003년 5월 뉴포트비치에서 열린 세속적인 포럼에서 결정된 내용이다. 포럼은 3일 동안 계속되었는데, 당시 포럼에서 논의된 주제들은 곧 이슈화되었고, 2003년 내내 신문 헤드라인을 장식했다. 가장 대표적인 것이 미국 연금산업에 대한 암울한 예측이었다. 그로스는 "우리는 논의하고 변화하지만 꼭 합의점을 찾는 건 아닙니다. 다만 결론을 내리죠. 그리고 그 결론에 따라 행동합니다."라고 설명한다. 핌코의 투자위원회는 거의 매일 열리다시피 하는데, 장기적인 시각을 바탕으로 다양한 투자방법에 대해 논의한다. 이렇게 해서 핌코가 향후 12개월간 활용할 투자전략이 도출된다.

핌코는 현재 개인과 기관 투자자가 맡긴 3,300억 달러를 관리하고 있으며, 명실상부하게 가장 성공적이고 가장 존경받는 채권펀드운용사다. 그로스는 이런 성과가 무엇보다 장기적인 시각을 갖고 있기 때문에 가능했다고 설명한다. 모두는 아니더라도 상당수의 투자 전문가들은 시장에서 매일매일 바뀌는 수많은 변수에 흔들린다. 핌코는 이들 중 상당수를 '노이즈noise'로 치부하거나, 이들이 만들어내는 비효율성을 활용한다. 사회와 세계의 장기적인 트렌드를 이해함으로써 핌코의 매니저와 트레이더들은 투자에서 감정을 배제한다.

그로스는 2003년 세속적인 포럼의 주제가 '얼마나 나무가 젖었나?'였다고 말했다. 여기에서 '젖은 장작'은 선진국들이 이미 불경기에 접어들었거나 혹은 가까워지고 있다는 사실을 은유적으로 표현한 것이었다. 물에 젖은 나무는 불이 쉽게 붙지 않듯이, 경제도 마찬가지라는 뜻이다. 포럼이 열릴 당시, 미국의 금리는 50년 최저치인 1%대를 기록하고 있었다. 일반적으로 금리가 낮으면 경제회복이 촉진된다. 소비자들은 돈을 빌려 소비를 하고, 기업들은 돈을 빌려 투자를 하기 때문이다. 게다가 일본 금리는 거의 제로에 가까웠고, 유럽 중앙은행 또한 경제위기 극복을 위해 금리를 내리려 하고 있었다. 하지만 낮은 금리가 경기부양으로 이어지지 않는 상황이었다.

문제는 일자리였다. 1990년대 말, 핌코 포럼은 앞으로 구직시

장이 계속 암울할 것이라고 예측했는데, 그 예측은 정확하게 맞
았다. 중국(그리고 중국만큼은 아니지만 인도)이 세계 임금 수준을 하락
시키고 있기 때문이었다. 임금 하락은 근본적인 변화였고, 덕분
에 미국 경제는 새로운 딜레마에 직면했다. 일자리가 줄어드는
상황에서 어떻게 경제를 회복시킬까 하는 문제였다. 미국 경제연
구소National Bureau of Economic Research(NBER)의 수석 연구원이던 마틴
펠드스타인Martin Feldstein도 2003년 발표자였다. 펠드스타인은 레
이건 대통령의 경제보좌관을 역임했으며, 하버드대학교 경제학
교수이기도 했다. 보스턴에 위치한 NBER은 경제가 불황인지 아
니면 회복 중인지를 판단하고 발표하는 기관이다. 일반적으로
GDP가 2분기 이상 마이너스 성장을 기록하면 불경기로, 플러스
성장을 기록하면 회복기로 인식한다. 하지만 당시 포럼에서 펠드
스타인은 NBER의 판단 기준이 GDP보다는 실업률에 더 비중을
두고 있다고 설명했다. 그는 2003년 봄 GDP는 성장하고 있지만
실업률은 그만큼 회복되지 못하고 있다고 지적했다. 당시 미국의
GDP는 미약하기는 하지만 4분기 연속으로 성장세를 기록했기
때문에, 일반적인 잣대로는 불경기를 벗어났다고 해야 하지만,
실업률이 너무 높아 회복기라고 보기에는 시기상조라는 설명이
었다. 하지만 그로부터 2개월 후, NBER은 미국 경기침체가 2001
년 3월에 시작되었으며, 단 8개월 만인 2001년 11월에 종결되었
다고 선언했다. 그러면서 NBER은 실업률을 고려해 경제 사이클

을 가늠하던 전통적인 방식을 버릴 수밖에 없었다고 설명했다. 정부에서 발표한 자료에 따르면 2001년 11월부터 2003년 1분기까지 오히려 90만 개의 일자리가 감소했고, 15만 명은 구직을 포기한 것으로 집계되었기 때문이었다. 그때부터 실업률은 미국 경제에서 뜨거운 감자로 대두되었다.

세계적인 경제질서 속에서 중국은 거대한 공장의 역할을 하고 있다. 선진국들은 제조업을 중국으로 앞다투어 아웃소싱하고 있다. 중국 근로자들의 임금은 아주 저렴하기 때문에 멕시코나 한국까지도 중국에 제조업 일자리를 빼앗기고 있는 실정이다. 중국은 임금하락만을 유발시키고 있는 게 아니라 완성품의 가격도 하락시키고 있다. 핌코의 2003년 포럼이 열렸을 때, 연방준비위원회는 중앙은행으로서의 역할 변화를 고려하고 있었다. 약 한세대 동안 중앙은행은 공격적으로 인플레이션 하락을 위해 노력해왔고, 사실 성공했다. 하지만 2003년 미국의 소비자물가지수는 고작 2.8%였다. 20년 전만 해도 물가지수는 두 자리 대를 기록했었다. 연방준비위원회는 이제 인플레이션이 아니라 디플레이션과 맞서 싸우겠다고 발표했다. 물가하락이 아닌 물가상승, 즉 인플레이션을 지원하겠다는 연방준비위원회의 정책적 변화는 사실 채권산업에 있어서는 그리 달갑지 않은 것이다. 채권투자자들의 목표는 구매력을 유지하는 것이다. 2003년 포럼에서 그로스와 그의 팀은 좀 더 보수적인 포지션을 구축하기로 결정했는데 예를 들어, 금리상승이 예측되므로 평균 듀레이션을 단축하는 것 등이다. 그 후 단 2개월 만에 장기 채권의 이자가 크게 상승했는데, 연방준비위원회의 정책 때문이었다.

세계 경제에 미치는 중국의 영향을 단적으로 보여주는 또 다른 예는 바로 SARS, 즉 중증 급성 호흡기 증후군이었다. 2003년 핌코 포럼에 아시아 지사 관계자들은 참석하지 못했는데, 그 이전해 중국에서 발발한 SARS 바이러스가 홍콩 등지로 퍼졌기 때문이었다. 당시 SARS에 대해서 알려진 것이라곤 걸리면 치명적이라는 사실뿐이었다. SARS 바이러스는 2002년 말부터 회복기에 접어들던 세계 경제에 찬물을 끼얹었다. 하지만 곧 미국에서 채권금리는 크게 상승했다. 미국 내 경제활동이 우려했던 것보다 SARS의 악영향을 덜 받았기 때문이기도 했고, 6월과 7월의 경제실적 또한 예상보다 좋았기 때문이었다. 게다가 연방준비위원회가 디플레이션과의 전쟁을 발표하자, 금리에 민감한 미국 재무부채권과 모기지 관련 상품들이 대량 매도된 탓이었다. 당연히 SARS는 핌코 포럼의 주제 중 하나였다. 포럼이 열릴 당시에는 채권시장이 활황세였지만 핌코는 앞으로 채권시장이 하락할 것으로 예측해 투자 포트폴리오 듀레이션을 조정하기로 결정했고, 이 예측은 정확했다.

그로스는 당시 개막 연설에서 여기에 대해 설명했다. 앞으로는 정부가 경기를 부양할 수 없고, 기업은 고용과 투자를 늘릴 의 지나 능력이 없어 경제는 '젖은 장작'처럼 성장이 둔화될 것이라는 내용이었다. 성장이 둔화되면 기업의 이익이 경기회복 때만큼의 빠른 속도로 증가하지 않는다. 당연히 인플레이션은 하락하고, 디플레이션이 우려되기 시작한다(연방준비위원회는 포럼이 열린 뒤 몇 주 후 디플레이션 가능성을 발표했다). 그래서 그로스는 2003년 포럼의 목적이 세계가 경제를 다시 점화하는 데 필요한 충분한 땔감을 가지고 있는지 여부를 가리는 것이라고 말했다. 1930년대 대공황 때의 실패를 답습할 가능성은 얼마든지 있었다. 앨런 그린스펀은 인플레이션을 성공적으로 통제하면서 그 누구보다 오랫동안 그리고 성공적으로 연방준비위원회 수장 자리를 지키고 있었다. 하지만 디플레이션은 달랐다. 핌코 페드 워쳐인 맥컬리는 디플레이션을 '자본주의가 감당하기에는 너무나 버거운 짐'이라고 표현했다. 일본의 예에서 보듯이, 정부가 공격적으로 모든 노력을 경주해야 디플레이션을 해결할 수 있었다.

전문가들의 미래에 대한 예측

그로스는 2003년 포럼에서 세 가지의 근본적인 문제에 대한 해답이 모색되어야 한다고 말했다.

1. 핌코는 캐리수익을 계속 추구해야 할까?
2. 캐리수익을 포기하고 현금화해야 할까?

3. 샐러드를 계속 먹을 수 있을까?

채권투자는 사실 현금을 보유할지, 캐리수익을 쫓아야 할지를 결정하는 과정이라고 해도 과언이 아니다. 캐리수익은 채권투자를 하면서 약간의 리스크를 감수하는 대가로 얻는 추가수익을 뜻한다. 회사채는 재무부채권보다 더 많은 캐리수익을 제공하고, 정크본드는 캐리수익이 더 크다. 다만 여기에서 주의할 점은, 그로스가 지칭하는 '현금화' 란 일반인들이 생각하는 돈과 다르다. 여기에서 '현금' 이란 은행이나 기업의 익일상환대출금overnight loan 같은 단기 투자 상품을 뜻한다. 일반적으로 투자 전문가들은 시장에서 별다른 도리가 없거나, 캐리수익을 기대할 수 없을 때 '현금화' 를 하는데, 이는 매우 방어적인 방법이면서도 비싼 방법이다. 당시 CP 같은 현금대용증권의 투자수익률은 몇 십년간 최저치를 기록했고, 투자 포트폴리오를 유지하는 비용보다 약간 비싼 정도였다. 세 번째 질문에서 '샐러드를 먹다' 라는 의미는 1980년대와 1990년대가 채권시장의 샐러드데이salad day, 즉 전성기였다는 뜻에서 나온 말이다. 그때만 해도 채권수익률은 높았고, 리스크는 낮았던 데다가 더불어 채권가격도 꾸준히 상승했다. 리스크라고는 금리상승 리스크밖에 없어서 재무부채권이 가장 큰 수혜자였다. '샐러드를 계속 먹다' 는 말은 전처럼 신용도가 좋은 채권에 투자하면서 높은 이자를 받는다는 뜻인데, 사실

이미 핌코는 시장 상황이 그렇지 못하다고 예측하고 있었다.

그로스의 연설이 끝난 후, 『The Emerging Republican Majority』라는 책으로 1960년대 말부터 유명세를 탔던 케빈 필립스Kevin Phillips가 연단에 올랐다. 필립스는 미국 정치 리포트 American Politics Report를 편집, 출판하고 있었고, 『The Politics of Rich and Poor』『부와 민주주의Wealth and Democracy』를 집필했다. 연단에 오른 필립스는 포럼 참석자들에게 '헤게모니, 거만함, 과도함'이라는 제목의 인쇄물을 나누어주고, 곧바로 미국의 외교와 경제정책을 통렬하게 비판했다. 그는 아프가니스탄과 이라크 전을 스페인, 네덜란드, 영국의 식민지 정복에 비유했다. 이들은 과도했고, 미국도 현재 그렇다고 설명했다. 미국의 거만함은 권력의 상징이 아니라 하락의 징조라는 것이었다. 그로스 또한 2003년 3월 「인베스트먼트 아웃룩」에 이라크 전에 반대하는 평론을 실었다가 「월스트리트 저널」로부터 악의적인 비난을 받은 적이 있었다.

그 다음 필립스는 '부가 권력을 정의하는 방법(새로운 황금기의 정치)'이라는 인쇄물을 나누어주었다. 필립스는 이 주제를 '과도함'의 측면에서 설명했다. 1990년대 말 최신 기술 덕분에 가능해진 번영은 100년 전 마크 트웨인Mark Twain이 외친 '황금기'와 닮아 있으며, 지금 미국이 '새로운 패러다임'을 건설했다고 외치듯이, 1920년대 경제학자 어빙 피셔는 미국이 '번영을 위한 영원한 기반'을 마련했다고 외쳤다는 게 필립스의 설명이었다.

필립스는 다양한 자료를 통해 부가 소수계층에만 집중되고 있다는 사실을 입증하고, 황금기 동안에도 마찬가지였다고 말했다. 미국에서 남북전쟁이 일어나기 전, 미국의 최대 거부는 코모도어 밴더빌트Commodore Vanderbilt였고, 그의 재산은 1,500만 달러였다. 40년 후 카네기와 록펠러의 재산은 각각 3억 달러를 넘어섰다. 40년간 인플레이션은 거의 없었으므로, 이 두 사람의 재산가치는 상당한 셈이었다. 1980년 미국 10대 경영인들의 평균 임금은 350만 달러였는데, 2000년에는 1억 5,500만 달러로 과거에 유례를 찾아볼 수 없이 증가했다는 주장이었다.

'황금기'와 '새로운 패러다임'의 차이가 있다면, '황금기' 때는 미국이 세계 열강으로 성장하던 시기였지만 '새로운 패러다임'이 주창되는 지금 미국은 세계 유일의 강대국이라는 것이다. 따라서 미국이 하는 행동의 영향은 그만큼 확대되었다. 필립스는 미국이 '일본화'되고 있다고 경고했다. 경제에서 중요한 가치는 '공동화'되고, 나약한 빈껍데기만 남았다는 것이었다. 미국의 재정적자는 전체 GDP의 5%나 된다. 20세기 초 영국 경제가 파산했을 때, 재정적자는 6%였다.

필립스의 분석은 지금까지 핌코가 가지고 있던 세속적인 시각 중 하나에 직격탄을 날렸다. 핌코는 지금껏 세계화의 열렬한 찬성을 보냈다. 하지만 세계화는 미국 제조업의 '공동화'를 불러왔고, 결국 반세계화로 이어졌다. 미국의 증가하는 재정적자는 달러화에도 좋지 않았다. 달러화의 가치는 엔화와 유로화 대비 하락했고, 세계 채권시장을 들썩이게 했다. 질문자에게 답변을 하면서 필립스는 앞으로 아시아계 미국인 학자나 기업인들이 해외로 유출될 것이며 덕분에 중국이 곧 세계 최고의 강국으로 부상할 것이라고 예측했다. "미래 세계질서는 아시아에 있습니다. 게다가 아시아 국가의 중앙은행들은 미국 국채를 가장 많이 보유하고 있습니다."

필립스의 강연을 들은 핌코의 매니저들은 그 즉시 활발하게 토론을 시작했다. 핌코의 간부들이 앉아 있던 탁자에서 먼저 논평과 질문을 던져댔다. 탁자의 한쪽 끝에는 그로스가 앉아 있고, 다른 한쪽 끝에는 맥컬리가 앉아 있었다. 그의 오른쪽에는 핌코에서 신흥시장 투자 전문가 자리에 있는 모하메드 엘 에리언Mohamed-El Erian, 세계 채권 전문가인 리 토마스Lee Thomas III, 수석 전략 담당자이자 모기지채권 전문가인 윌리엄 파워스William Powers가 앉아 있었다. 그리고 맥컬리의 바로 왼쪽에는 크리스 디 알리나스가 앉아 있었다. 파워스의 맞은편에는 존 브라이언오프슨John Brynjolfsson이 앉아 있었다. 아이슬랜드계인 브라이언오프슨은 이름을 발음하기 너무 어려워 동료들이 '브라이언오'라고 짧게 부르곤 하는데, 물가연동국채(또는 TIPSTreasury Inflation-Protected Securities) 전문가다. 1990년대 인플레이션이 지속적으로 하락했지만 TIPS는 여전히 인기가 많았고, 계속해서 랠리를 이어갔다. 곧 테이블에 앉아 있던 다른 직원들, 그리고 그 다음에는 다른 회의실에 있는 직원들에 의해 질문은 계속됐다. 필립스는 한 시간 동안이나 열심히 답변했고, 그 후 핌코 직원들은 또 한 시간 동안 열띤 토론을 벌였다.

점심식사 후에는 또 다른 사회비평가 윌리엄 그라이더의 강연이 이어졌는데, 그의 논리 또한 필립스의 우울한 시각을 뒷받침했다. 그라이더는 『The Manic Logic of Global Capitalism』의 저자였고, 「워싱턴 포스트」에서는 에디터이자 칼럼니스트로 활약했었다. 연방준비위원회의 내부를 조명한 『Secrets of the Temple』이라는 책과 미국 정치 브로커들이 클린턴 대통령의 선거 전날 밤 증언한 내용을 담은 『Who Will Tell The People: The Betrayal of American Democracy』의 저자이기도 했다. 그라이더가 포럼 참가자들에게 제공한 인쇄물의 제목은 '군사 세계주의'였고, 그는 '미국의 독보적인 군사력이 지배하는 세계에서 자유시장을 추구하는 세계화가 살아남을 수 있을까?'라는 질문을 던졌다. 그라이더는 이 질문에 스스로 '부정적이다'라고 답하면서 핌코 페드 워쳐인 맥컬리의 말을 인용했다. 맥컬리는 「페드 포커스Fed Focus」라는 소식지를 제공하고 있었는데, 이 소식지에서 "미국의 제국주의는 세계 자본주의로부터의 후퇴이며, 시장의 보이지 않는 손으로부터의 후퇴다. 오히려 그와는 반대로 정부가 보이는 주먹을 휘두를 수 있도록 좀 더 압도적인 역할을 하게 된 것이다."라고 논평했었다.

그라이더는 거대 정부뿐 아니라 거대 기업에 대해서도 혹독하게 비판했다. 그는 "거대 기업들이 사회를 파괴하고 있다"면서 "거대 기업들은 미래를 두려워한다."고 평가했다. 거대 기업들이 사회적으로 무책임했고, 지구를 오염물질로, 사회를 무심한 탐욕으로 채워왔기 때문이라고 설명했다. 지난 25년간 거대 기업의 행태는 소비지상주의를 낳았고, 덕분에 근로자들은 더 오랜 시간 일하도록 강요받았으며, 각 가정에서는 필요한 물건들이 늘어났고, 개인들은 빚에 허덕이기 시작했다고 비난했다. 그는 미국의 자본주의가 이제 새로운 가치(가족, 지역사회, 환경 등)를 보호하거나 아니면 기득권세력을 뒤엎을 만한 역동적이고 반동적인 변화를 촉발시켜야 한다고 주장했다. 당시는 미국 기업들의 충격적인 스캔들이 몇 건이나 터진 후라 그라이더의 주장이 특히 설득력이 있었다. 기업의 탐욕은 엔론과 그 감사 기업이던 아서 앤더슨Arthur Anderson을 파괴시켰고, 월드콤의 주주들을 파산시켰으며, 임클론의 창립자는 감옥살이를 했다. 곧 뉴욕 증권거래소 이사회는 기업 간부들의 과도한 임금을 허용한 데 대한 책임을 물어 해산될 예정이었다. 이 모든 스캔들을 목격하던 사회비평가들은 아담 스미스가 주장한 '보이지 않는 손' 만 가지고는 경제사회를 유지하는 게 부족하다고 주장했다. 투명성은 이런 사회비평가들뿐 아니라 채권투자자들도 모두 동의하는 덕목이었다.

우울한 미래, 해결책은 없는가

포럼에 참여하다 보니 그로스가 얼마나 다양한 분야에 관심을 가지고 있는지 짐작할 수 있었다. 실제로 채권시장에는 세계 경제의 모든 분야에 대한 투자자들의 공통적인 의견과 예측이 반영된다. 중앙은행(미국의 경우 연방준비위원회), 기관 투자자, 정부, 은퇴 연금을 불려보려는 개인 투자자 등 채권시장의 모든 참여자들은 계속해서 지구 경제가 얼마나 건강한지 가늠해보고 예측한다. 지구 경제의 체온을 재보고, 상황이 나아지는 시기가 언제쯤이 될지, 이전의 성공이 미래의 성공을 보장할 수 없는 시기는 언제인지를 짐작한다.

투자자들의 공통적인 의견은 채권시장의 초상화라고도 할 수 있는 수익률곡선에 나타난다. 안정적인 선진국의 경우, 국채의 수익률곡선은 인플레이션 리스크에만 노출된다. 만기되는 채권에 대해 투자자들이 지불하려는 가격을 나타낸 것이 수익률곡선인데, 각 시장의 인플레이션에 대한 기대 또한 반영된다. 회사채 채권가격은 인플레이션 리스크와 신용 리스크에 대한 투자자들의 시각을 반영한다. 모기지채권의 경우에는 채권의 조기상환 리스크를 빼놓을 수 없고, 그러다 보면 당연히 부동산시장에 대한 예측이 모기지채권의 가격에 반영된다. 해외 채권의 국내 가격에는 부동산시장 예측보다는 국내 인플레이션 예측이 반영된다.

포럼 이틀째, 오전 7시부터 강연이 시작되었다. 강연자는 연방연금보장공사(또는 PBGCPension Benefit Guaranty Corporation)의 이사인 스티브 카다리안Steve Kadarian이었다. PBGC는 미국 노동부의 한 부서로 개인연금을 보호하는 기관이다. 대중들에게 잘 알려진 기관은 아니지만, 카다리안은 연금에 대해 가장 잘 알고 있는 사람이다. 연금은 미국에서 가장 큰 투자자산이어서 2002년 말, 개인연금 규모만 3조 6억 5,800만 달러였다. 미국의 연금정책은 각 기업의 연금 부담액을 보면 잘 알 수 있다. 쉽게 말해, 기업이 연금을 더 많이 부담하면 할수록 기업의 자본지출은 줄어든다. 자본지출은 각 국가의 경영에서 매우 중요하다. 예를 들어, 통신 인프라에 대한 비용 때문에 1999년 IT거품이 꺼졌다.

PBGC는 1974년에 제정된 종업원퇴직소득보장법(ERISAEmployee Retirement Income Security Act)에 의해 만들어졌다. 미국인 근로자 4,400만 명이 PBGC의 보호를 받고 있기 때문에 당연히 ERISA법이 투자시장에 미치는 영향력은 막강했다. 또 ERISA법은 (사람들이 돈을 맡기는) 신탁을 대상으로 기준을 제정한다. 신탁은 핌코를 비롯한 투자회사들로 기업과 노동부의 감독에 따라 연금을 투자한다. 핌코가 지금처럼 성장한 데에는 ERISA법이 제정된 탓도 있었다. 이 법은 전문적이고 독립적인 투자관리를 승인하는 역할을 하는데, 핌코가 전문적인 채권투자 서비스를 제공하기 시작한 후 몇 년 만에 의회가 ERISA법을 승인하면서 핌코가 크게 성장하는 계기가 마련되었다. 미국에서 근대 연금법을 401(k)라고 부르는데 이는 ERISA법에 포함된 한 조항의 이름이다.

카다리안은 강연에서 전통적인 연금산업이 쇠락하고 있다고 강조했다. 1986년 이후로 9만 7,000개의 연금이 사라졌고, 3만 2,000개만 남았는데, 남은 연금은 대부분 제조업 등 오래된 산업들이 제공하는 연금이라고 설명했다. 보증제 또한 난항을 겪고 있어서 지난 회계연도 적자가 36억 달러에 달하는데, 그 전 연도에는 77억 달러의 흑자를 기록했었다고 한다. PBGC는 세금이 아니라 연금 가입자들이 납부하는 보험료로 유지되는데, 이들의 수가 점점 줄고 있는 상황이었다. 당연히 재정적 부담은 어마어마했다. 카다리안에 따르면 이미 연금에 3,000억 달러의 구멍이 나 있으며, 이를 위해서는 투자금을 회수해야 한다고 설명했다. 그는 연금산업의 하락이 금융시장에 또 먹구름을 드리우고 있다면서 강연을 마쳤다.

하지만 핌코 포럼장이 우울한 분위기에 휩싸이는 건 이례적인 일이 아니었다. 채권투자의 목표는 하나다. 자신이 투자한 돈을 돌려받는 것이다. 주식투자자들은 꿈을 키우지만, 채권투자자들은 악몽을 키운다. 채권투자는 본질적으로 '대박'을 치지는 못하기 때문에 늘 구름이 드리워지지 않을지 살핀다. 반대로 주식투자자들은 늘 구름 사이로 비치는 햇빛을 찾는다. 채권과 주식투자는 서로 상이하다. 주식투자는 대중들 사이에서도 잘 알려져 있기도 해서 여러모로 채권투자보다는 긍정적이다. 핌코의 세속적인 포럼이 끝나고 6주 후, 맥컬리는 시카고에서 열린 투자회의에 참석해서, 핌코 포럼에서 토론한 내용에 관해 연설했다. 모건스탠리 주식 전략가인 마이런 빈Myron Wien은 패널로 회의에 참석하고 있었는데, 맥컬리의 연설을 듣고 '지금까지 들었던 것 중 가장 우울한 이야기' 라고 평가했다.

그 다음 강연자는 「파이낸셜 애널리스트 저널Financial Analysts Journal」의 편집자인 로버트 아놋Robert Arnott이었다. 그는 투자 전문가이기도 하고, 리서치 어필리에이트Research Affiliates와 퍼스트 쿼드란트First Quadrant라는 투자 기업의 회장이기도 하다. 자산배분asset allocation 전문가로, 핌코의 올에셋펀드All Asset Fund를 운용하는 어드바이저이기도 했다. 올에셋펀드는 채권뿐만 아니라 주식에도 투자하기 때문에 아놋은 핌코의 세속적인 포럼에서 늘 신선한 시각을 제공했는데, 2003년 포럼에서는 오히려 우울한 분위기를 배가시켰다.

그는 "현재는 장기적인 베어마켓의 초기 단계라고 생각됩니다. 그리고 베어마켓은 앞으로 몇 번의 경제 사이클을 거치는 동안 계속될 것 같습니다." 라고 말하면서 앞에 나왔던 연사들의 의견에 동의했다. 아놋의 의견은 논란거리일 수도 있었지만, 사실 핌코 팀에게는 낯설지 않았다. 그는 1982년부터 2000년까지 지속적으로 투자시장이 상승했던 것과 달리 지금부터는 보합세를 유지할 것이라고 예측했다. 그리고 베어마켓의 평균 주기도 19년이었다고 아놋은 덧붙였다.

장기적인 베어마켓에서는 채권투자가 주식투자보다 유리하다. 역사적으로 인플레이션을 감안한 주식투자의 수익률은 7%다. 4.3%는 배당금수익이고 1.1%는 기업이윤이 증가해서 얻을 수 있는 수익이며, 1.5%는 멀티플 익스팬션multiple expansion이다. 하지만 스탠더드 앤 푸어스Standard and Poors 인덱스 기업들의 배당금은 당시 1.8%였고, 멀티플 익스팬션은 거의 제로에 가까웠다. 배당금수익과 기업영업이익으로 인한 수익을 합해 예측해보면 앞으로 주식투자의 수익률은 단 2.9%로 예측되어, TIPS채권투자의 수익률과 비슷하다는 설명이었다. 그로스 또한 같은 내용의 글을 몇 년이나 써왔었다. 주식과 채권의 투자수익률이 비슷하다면 채권이 주식보다 리스크가 훨씬 적기 때문에, 채권투자가 주식투자보다 낫다. 아놋의 강연 당시 핌코 올에셋펀드에는 주식 지분이 하나도 없었다.

아놋의 주장은 다른 강연자들과 비슷했지만, 핌코 직원들은 이번에도 활발하게 질문공세를 했다. 엘 에리언은 아놋이 강연 중 미국 경제와 일본 경제를 비교한 데 대해 질문했고, 또 다른 참여자는 은퇴 수익 감소에 대한 아놋의 공포가 과도하다고 평가했다. 그로스는 주택가격 하락에 대한 아놋의 우려에 이번 포럼에서 우려할 일은 아니라고 말했다.

세속적인 포럼이 열리면 핌코 직원들은 늘 치열한 토론을 벌인다. 솔직하게 자신의 의견을 피력한다고 하기에는 좀 과할 정도다. 이들은 서로를 반박하고, 통계자료를 마치 테니스공처럼 주고받는다. 서로에게 많은 질문을 하고, 철저하게 사실만을 도출한다. 이번 핌코 포럼에서 맥컬리와 리 토마스는 토론을 하다 서로에게 소리를 지르기 시작했다. 서로에게 화를 내는 건 아니었지만 의견이 판이하게 달랐다. 그로스는 토론에 참여하기보다는 사회자 역할을 하며 일촉즉발의 상황을 풀어내곤 하는데, 맥컬리와 리 토마스 사이에서 한동안 아슬아슬한 침묵이 흐르자 "폴, 두 가지 질문이 있네. 첫째, 그 넘치는 남성 호르몬 좀 내게 나누어줄 수 있겠나?" 라고 농담을 던졌다.

마지막 강연자는 펠드스타인으로 차기 연방준비위원회 위원장이라고 소개되었다. 핌코는 여타 채권투자 기업과 마찬가지로 연방준비위원회를 분석하는 데 뛰어나기 때문에, 차기 연방준비위원회 위원장으로 유력한 후보들이 포럼에 종종 참여하곤 한다. 2000년 포럼에서는 프린스턴대학교 경제학 교수였던 버냉키가 미국 중앙은행에 관해 강연했었다. 버냉키는 얼마 후 실제 연방준비위원회 위원장으로 임명되었고, 핌코에서 설명했던 내용을 정책에 반영하기 시작했다.

펠드스타인은 강연자 중 가장 두꺼운 자료를 나누어주었다.

그 중에는 '낮은 금리 속에서 자유로운 재정정책의 역할' 이라는 인쇄물도 포함되어 있었다. 재정정책이 '양' 이라면 금융정책은 '음' 이었다. 펠드스타인은 연방 정부가 투자세액 공제 같은 일부 계층에만 적용되는 정책으로도 경기부양 효과를 낼 수 있다고 설명했다. 하지만 그 또한 앞으로 경제에 대해 우울한 전망을 내놓았다. 1990년 8%나 되던 미국의 저축률은 3.6%까지 하락했고, 다시 예전 수준으로 되돌리려면 소비가 감소할 수밖에 없는데 그러다 보면 경제성장이 위축된다는 것이었다. 게다가 투자 때문에라도 자본이 필요한 상황인데 인구 변화는 정반대였다. 베이비부머 세대들은 이제 은퇴에 접어들어 평생 저축한 돈을 인출하고 있고, 현재 일을 해야 하는 세대들도 또 다른 어려움을 겪고 있어서 경제성장에 걸림돌이 되고 있다고 설명했다. 펠드스타인은 무엇보다 생산성 향상으로 일자리가 사라지고 있다고 우려했다. 약 1세대 전, 기계가 사람을 대신할 것이라는 공포는 이제 현실이 되었다. 사무실과 가게에서 그리고 공장에서 근로자들이 기계로 대체되고 있는 상황이다. 펠드스타인은 덕분에 연평균 GDP성장은 앞으로 0.25% 더 하락해 3%까지 떨어질 것으로 예측했다. GDP는 이제 더 이상 생산적인 용도가 아닌 비생산적인 용도가 되었다. 사회보장기금, 메디케어Medicare 등 빈곤 계층을 보호하기 위해 만들어진 프로그램이 GDP에서 차지하는 비중은 날로 높아지고 있어서, 현재 전체 GDP의 7%이지만 2030년이 되면 12%로 증가할 것으로 예측했다. 펠드스타인은 마치 이 정도는 충분치 않다는 듯이, 미국의 재정적자도 증가하고 있다고 덧붙였다.

그는 다만 부동산시장에 대해서는 낙관적이었다. 미국 주택시장에 거품이 끼고 있다고 우려하고 있는데, 이는 사실이 아니라고 반박했다. 미국 주택시장은 불황이 빗겨나는 몇 안 되는 분야 중 하나였다. 소비자들은 모기지 차환으로 현금을 손에 쥘 수 있었고, 덕분에 불황도 상대적으로 그 여파가 적은 편이었다. 펠드스타인은 평균 주택가격이 17만 달러에서 23만 달러로 상승했는데, 그 이유가 모기지 금리가 낮아졌기 때문이며, 덕분에 주택가격이 상승해도 각 가정은 여전히 모기지 이자를 갚을 여력이 있다고 설명했다.

핌코 투자 전문가들만의 토론

포럼의 마지막 날은 토론으로만 진행되는데, 앞서 이틀간 강연된 주제와 이들이 핌코의 투자 포트폴리오에 미치는 영향에 대해 토론한다. 강연은 정보를 제공하는 역할을 할 뿐, 실제 결정은 핌코 투자위원회에서 내린다. 핌코 전 직원이 모여 앉을 수는 없으니, 회의 탁자에는 투자위원회 회원들만 앉게 된다. 하지만 이들의 질문과 논평의 상당 부분은 그보다 낮은 직급의 투자매니저, 애널리스트, 회계담당자들의 의견을 포함한다. 각 회의실과 심지어 아시아에 있는 지점들까지 스피커폰으로 연결되어 있어서 가능하다. 핌코처럼 직원들이 상사와 자유롭게 토론하는 문화가 미국 기업들 사이에 일반화되었더라면, 직장생활을 풍자한 만화 〈딜버트Dilbert〉가 크게 인기를 끌지는 못했을 것이다.

포럼 후, 그로스는 「인베스트먼트 아웃룩」에 포럼 결과를 간략하게 소개했다. 주식투자자들이 읽었다면, 맥컬리가 참석했던 회의에서 패널로 참석했던 마이런 빈과 같은 반응을 보일만큼 우울한 내용이었다. 2000년 거품이 꺼진 후, 미국에서 수조 달러가 사라졌다. 그로스는 이 때문에 앞으로도 한동안은 기업과 개인들이 부채에 시달릴 것이고, 때문에 공급보다는 수요가 적을 것이라고 예측했다. 그로스는 기업들이 연금을 제공하고, 현금을 비축하며, 채권을 재매입해 빚을 줄이면서, 지출을 하지 않게 된다고 설명했다. 또한 일본은 아직도 경기불황을 이겨내지 못했고, 유럽은 2003년부터 새로운 경기불황에 접어들었다는 점을 지적하면서 그렇지 않아도 9.11테러와 SARS 바이러스로 몸살을 앓고 있는 전 세계 경제는 한층 부담을 갖게 되었다고 평가했다. 이런 상황에서 또 다른 테러라도 발생한다면, 경제는 그 즉시 위기를 맞게 될 것이라고 우려했다. 그는 전쟁의 공포가 경제 불확실성을 만들어내, 기업과 소비자 신뢰를 파괴하고 있다고 설명했다. 그로스 또한 펠드스타인처럼 앞으로 GDP성장률이 3%에 그칠 것으로 내다봤다.

그로스는 중국이 선진국에서 제조업 일자리를 지속적으로 빼앗아가고, 일본은 여전히 불황을 겪을 것이며, 유럽은 '안정화 협약Stability Pact(유럽의 각 정부들이 균형예산을 유지하도록 한 협약)'을 실시하고 있는 덕분에 빠르게 회복세로 돌아서지는 않을 것이라고 전망했다. 미국의 재정적자는 거의 6%로, 즉 GDP보다 미국의 소비가 6%나 많다는 의미이며, 이는 경제에 또 다른 장애물이라고 설명했다. 그로스는 연방준비위원회가 디플레이션을 막기는 하겠지만 덕분에 금리는 0% 이상을 유지할 것으로 예측했다. 또 미국의 인플레이션은 2~3% 수준으로 유지되고, 유럽은 1~2%정도이며, 일본은 인플레이션이 거의 제로이거나 혹은 경미한 디플레이션을 겪을 것이라고 논평했다.

이제 재무부채권에 투자하고 자본소득을 올리던 샐러드 데이는 끝났다. 그렇다고 당장 베어마켓이 시작된다는 뜻은 아니다. 다음달부터 심각한 경제불황이 시작된다는 뜻도 아니다. 다만 금리가 상승하면서 베어마켓은 서서히 다가올 것이다. 채권투자자들이 캐리수익을 노리고, 재무부채권이 상환에 1년씩 가까워질 때마다 상승되는 가격을 노린다면, 신용등급이 좋은 채권에 투자하면서도 짭짤한 수익을 얻을 수 있을 것이라고 그로스는 조언한다. 그로스는 자신의 글에서 "채권시장의 샐러드 데이는 끝났다. 하지만 인플레이션이 거의 유발되지 않는 상황에서 5%의 수익을 올릴 수 있다면 성공적인 투자다."라고 썼다. 또 TIPS는 앞으로도 매력적인 투자종목이라고 내다봤다.

그로스는 1년 전에 시작된 정크본드를 비롯한 회사채의 랠리는 점차 약화될 것이라고 예측했다. 하지만 다른 기회를 소개했다. 유럽 국채의 경우 미국 국채보다 더 높은 수익률을 제공하고 있고, 지방채 또한 여러 이유로 재무부채권과 같은 수익률을 제공하고 있다고 한다. 지방채의 경우 세제혜택 때문에 과세 후 국채보다 1/3이나 수익률이 높다.

그로스에 대해 비판적인 사람들은(대부분 주식투자자들) 그로스가 자신이 매입한 채권을 사라고 부추기는 '자신에게 유리한' 소리만 하는 사람이라면서 비난하곤 한다. 사실 주식을 매입하라고 부추기는 전문투자자들은 흔하다. CNBC나 월스트리트위크Wall Street Week 채널은 이런 프로그램으로 가득하다. 하지만 예외적인 경우를 주목해야 한다. 미국에서 가장 큰 뮤추얼펀드 기업인 피델리티 인베스트먼트는 자사의 펀드매니저들이 매입이나 매도에 관한 정보를 누설하지 않도록 엄격하게 통제하고 있다. 피델리티는 미국 증권거래소와 나스닥시장에서 매일 거래되는 주식의 8~12%를 담당하는 미국 최대 투신사다. 당연히 자사의 거래상황을 TV에 전국적으로 방송해 매입 주식은 가격을 올리고, 매도 중인 주식은 가격을 떨어뜨리는 바보짓은 하지 않는다.

피델리티처럼 그로스도 바보짓은 하지 않는다. 다만 릴 애브너 만화의 징크스 캐릭터로 머리 위로 항상 검은 구름이 따라다니는 조 브브스틱처럼 채권투자자들은 항상 걱정이 많다. 하지만 투자자들에게는 무조건적인 걱정보다는 정확한 정보가 중요하다. 핌코가 2003년 세속적인 포럼을 통해 얼마나 미래를 정확하게 예측했는지 여부는 시간이 지나면 알게 될 것이다. 사실 포럼이 개최되었던 즈음에 일본의 주식시장은 갑작스러운 상승세를 기록했는데, 일본 경제가 수년간의 불황을 벗어나고 있다는 조짐 때문이었다. 또 그로스가 당장 채권시장이 하락일로를 걷게 될 것이라고 점친 건 아니었다. 하지만 이번 7월 핌코는 3.75%의 손실을 기록했는데, 핌코 역사상 최악의 실적이었다. 중요한 건 장기적인 시각이다. 이례적인 경우를 제외하면 핌코는 항상 동종업계의 경쟁자들보다 뛰어났는데, 그 이유는 무엇보다 장기적인 안목 덕분이었다. 이 책을 읽은 후 독자들 또한 그로스와 같은 장기적인 안목을 갖게 될 것이다. 그로스처럼 자신만의 '세속적인 포럼'을 열고 앞을 예측하는 방법에 대해 설명이 되어 있기 때문이다. 또 그로스의 기술에 따라 채권투자 포트폴리오를 구축하고 거래하는 능력을 얻게 될 것이다. 하지만 무엇보다 먼저 채권의 기본에 대해 배워보자.

채권의 기본을 아는 것부터가
시작이다

채권보다 주식에 밝은 투자자라면 일단 명심하라. 채권투자는 주식투자와 전혀 다르다. 각기 다른 관습과 법칙이 지배하는 전혀 다른 세계다. 채권에 낯선 투자자들은 일단 적응부터 해야 한다. 채권투자자가 되려면 생각부터 바꾸어야 한다. 본 책의 5장부터 7장까지는 채권투자에 관한 기본적인 설명이다. 독자들이 채권시장의 용어, 이론, 법칙에 익숙해지길 바란다.

채권의 특징, 무엇이 있나

월스트리트에서는 '주식투자자들은 하늘을 보고, 채권투자자들은 천장을 본다.' 라고 우스갯소리를 하면서 주식과 채권투자의 근본적인 차이를 표현한다. 괜찮은 주식을 골라 매입한 투자자는 기업의 일부를 소유한 셈이다. 물론 기업이 망하면 주식은 휴지조각이 되지만, 기업이 성장하면 투자자의 주식도 그만큼 성장한다. 신생 기업의 주식을 싼 값에 샀는데, 그 기업이 마이크로소프트만큼 성장한 덕에 백만장자가 되었다는 이야기도 새빨간 거짓말은 아니다. 하지만 채권투자자의 거래는 이보다 훨씬 단순하다. 기업에 돈을 빌려주고 이자를 받으면서, 채무자가 빚을 갚기를 기다리는 것이다. 만약 신생 기업의 5년 만기 채권을 이자율 9%에 사들였다면, 5년 후 원금과 9% 이자를 받을 뿐이다.

채권투자자가 되려면 일단 지나친 낙관주의부터 버려야 한다. 핌코 파트너인 맥컬리는 "채권투자자에게는 채무자가 파산하지 않는 것만큼 좋은 일은 없죠!"라고 말한다. 맥컬리는 앞에서도 설명했지만 핌코에서 연방준비위원회가 발표하는 암시, 몸짓, 고의적인 얼버무림 등까지도 정확하게 분석해 매월 '페드 와치 Fed Watch'라는 칼럼을 쓴다. 「인스티튜셔널 인베스터 Institutional Investor」 잡지가 뽑은 올스타 채권 애널리스트에 여섯 번이나 뽑혔고, 핌코에서는 서열 10위권 내이며 그로스와 함께 투자회의 탁자에 앉을 뿐만 아니라 그로스 옆 사무실을 쓴다. 그는 민주당원인데, 핌코의 공동창업자인 포드리츠도 그랬듯이 핌코에 민주당 성향의 직원이 전혀 없지는 않다. 하지만 이들은 세금을 방탄트럭에 실어서 낼 정도로 부자인데다가, 그로스가 그렇듯이 캘리포니아에는 전통적으로 공화당 사람들이 많고 오렌지카운티도 마찬가지여서, 핌코에 민주당원은 드문 편이다.

흔히들 민주당 성향의 사람들은 인생의 우울한 면을 보고, 공화당은 밝은 면을 본다고 한다. 그 말이 맞는다면, 채권시장은 민주당원으로 가득하게 되지 않을까 싶다. 채권 애널리스트들이야말로 불안함, 걱정, 비관적인 생각으로 가득한 직업이니 말이다.

맥컬리는 "채권은 110%를 돌려주지는 않죠. 빌려준 돈을 받는 게 채권투자의 목적입니다. 하지만 주식투자는 경제와 대칭적입니다. 주식투자를 하면 잠재적인 성공에 중점을 두거든요. 돈을 크게 벌 수 있다는 생각이 사람들의 동물적인 감각에 불을 지피는 셈이죠!"라고 뻣뻣한 눈썹을 동그랗게 만들고, 콧수염에 가려 겨우 보이는 입으로 미소 지으면서 말한다. 그는 약간 남부 억양이 섞인 말투로 마치 침례교 선교사가 원죄의식에 대해 설교하듯이 말했다. 사실 그의 아버지는 침례교 선교사다.

주식시장은 호레이쇼 앨저^{Horatio Alger}(미국 아동 문학가로 대부분 가난한 소년의 성공담을 그린 이야기), 채권시장은 윌리엄 블레이크^{William Blake}(영국의 시인)의 글을 읽는다. 채권은 경제와 역대칭을 이룬다. 즉 다른 사람들이 울 때 채권은 상승하고, 다른 사람들이 웃을 때 채권은 하락한다. 덕분에 채권투자를 할 때 낙척적인 생각을 아예 없애버리는 것도 나쁘지 않다. 다만 투자를 할 때 반드시 리스크를 없애야 하며 상황이 좋지 않을 때는 괜찮은 보호막도 구해야 한다. 이는 모두 금리 때문이다. 채권이라는 지렛대의 한 쪽 끝에는 채권금리가 있고, 다른 쪽 끝에는 채권가격이 있다. 이 둘은 평형을 이루다가 한쪽이 내려가면 반대편은 그만큼 올라간다. 금리가 상승하면 과거에 발행된 채권가격이 하락한다. 신규 발행된 채권보다 낮은 이자를 제공하므로 그만큼 메리트가 없기 때문이다. 경제가 좋을 때에는 금리가 상승한다. 따라서 채권은 하락한다. 채권은 금리가 하락하고 시장이 베어마켓으로 접어들어 주식가격이 떨어질 때, 오히려 상승한다. 월스트리트에서 모든 사람들이 낙담할 때, 채권투자자들은 미소 짓는다.

2000년부터 2002년까지 3년간 주식시장이 내려앉은 반면 채권시장은 영광스러운 시간을 보냈다. 2003년 주식시장이 랠리를 시작하자 채권은 하락하기 시작했다. 한편 그 전 20년간은 두 시장이 이처럼 정반대로 움직이지 않았고, 이례적으로 주식과 채권시장 모두 불마켓이었다. 채권시장은 1981년부터, 주식시장은 1982년부터 지속적으로 상승했다. 이런 우연은 앞으로 1세기 동안에는 다시 발생하지 않을 것이다. 인플레이션이 최고 수준에서 최저 수준으로 하락하고, 큰 사건이 발생하지 않은 덕분에 채권과 주식시장은 모두 큰 수혜를 입었고, 채권이 상승하면 주식은 보합세를 유지하거나 혹은 채권이 보합세를 유지하면 주식이 상승했다. 투자 전문가들은 포트폴리오를 주식과 채권에 적당히 분배해 다변화하도록 권유했다. 채권에만 투자하라고 권유하는 사람은 없었지만, 나이가 많아 고정적인 수입이 필요하고 리스크를 줄이려면 채권 중심의 포트폴리오를 유지하는 게 좋다고들 했다.

하지만 채권투자의 장점은 단순히 투자를 다변화하고, 정기적인 수입을 제공하는 데 국한되지 않는다. 그로스의 총수익 접근 방법을 활용하면 채권투자로 자산을 보호할 뿐 아니라 불릴 수도 있다. 초보 채권투자자들이 헷갈려하는 것 중 하나가 바로 이것이다. 채권투자는 채권을 매입하고, 만기까지 보유하면서, 이자를 받는 것이라고 알려져 있기 때문이다. 하지만 사실은 그렇지 않다. 이 방법은 리스크를 크게 줄일 수 있지만, 수익의 기회는 놓치게 한다. 가장 현명하고 성공적인 채권투자방법은 채권을 지속적으로 매입, 매도해서 작은 수익이지만 계속 벌어들여 결과적으로 꽤 많은 총수익을 올리는 것이다.

채권은 갈리아Gaul인들처럼 세 개의 종류로 나뉜다. 첫째는 재무부채권, 모기지, 회사채 등 과세 대상인 국내 채권들이다. 두 번째는 6장에서 따로 설명하겠지만 감세혜택을 받는 국내 채권들이다. 여기에는 각 주와 지방에서 발행하는 채권이 포함된다. 첫 번째와 두 번째 종류가 전체 채권시장의 14조 달러 가치를 차지한다. 마지막으로 7장에서 따로 설명할 해외 채권들이다. 채권 투자자들, 그 중에서도 특히 그로스의 방식을 선호하는 투자자들은 세 가지 채권에 모두 투자한다. 거의 모든 투자자들이 적어도 세 가지 중 하나에는 투자하고 있는데, 개인 투자자들이 가장 일반적으로 투자하는 채권은 첫 번째 종류로, 재무부채권을 포함해 과세 대상의 국내 채권이다. 가장 사람들에게 잘 알려져 있고, 그 수가 가장 많기 때문이다. 심지어 아이들 대상의 대학학자금 펀드의 포트폴리오에도 이들 채권이 포함되어 있는데, 입학 시기가 가까워지면 더욱 그렇다.

채권투자자들에게 최우선과제는 자산보호다. 따라서 자산의 가치를 떨어뜨릴 수 있는 요소는 반드시 고려되어야 한다. 기본적으로 채권투자가 매력적인 이유는 주식투자보다 리스크가 훨씬 적기 때문이다. 채권투자자들은 애플Apple, 아마존Amazon, 인텔 Intel 같은 기업이 막 만들어졌을 때 우연히 투자했다가 대박을 치는 것 같은 행운은 바라지 않는다. 다만 주식에 투자했다가 악재가 겹쳐 자신이 소유한 주식의 시장 가치가 상당 부분 날아가 버리는 위험을 피할 뿐이다. 그로스 이전, 전통적인 투자이론들은 주식에는 돈을 조금 넣어 대박을 노리고, 채권에는 절대 잃어서는 안 되는 돈을 비축해놓고 고정적인 수익을 얻으라고 주장했다. 이 책의 3부에서는 전통적인 투자이론을 반박하고, 적당한 리스크를 감수하면서 수익을 노리는 그로스의 투자방법을 설명하게 될 것이다. 하지만 기본적으로 채권투자의 기본은 리스크에 덜 노출되는 것이다. 자산보호가 목적이다 보니 채권투자자들은 채권 매입에 따른 모든 리스크에 민감할 수밖에 없다. 채권투자에서 가장 큰 리스크는 인플레이션이고, 그 다음은 신용, 마지막은 유동성이다.*

인플레이션 리스크

채권투자자들은 당연히 리스크에 집착한다. 채권투자의 목표
는 이자를 받고, 원금을 상환받는 것이기 때문이다. 그러다 보니
원금이나 이자를 못 받게 되지 않을까 하는 우려가 팽배하곤 한
다. 베어마켓이 한창일 때, 투자라고는 IRA 혹은 401(k)(두 가지 모
두 은퇴연금)밖에 모르는 일반인들은 채권이나 주식가격이 떨어지
지 않을까 하는 공포심 때문에 투자금을 회수해 단기금융시장
money market이나 양도성예금증서certificate of deposit를 매입하곤 한
다. 하지만 단기금융시장에 투자해도 줄일 수 없는 리스크가 있
다. 바로 구매력이 줄어드는 것이다. 머니마켓펀드Money Market
Fund로 1%의 투자수익을 올린다고 해도 인플레이션이 2%라면 결
국에는 돈을 잃은 것이다. 세금을 고려하면 더 많은 돈을 잃은 셈
이다. 하지만 채권의 경우에는, 단기 채권까지도 인플레이션과
세금을 제한 후에도 플러스 수익을 기록하곤 한다. 2003년 7월
31일까지 10년간 맥컬리가 운용하는 핌코 단기채권펀드Short-Term
Bond Fund는 연평균 수익이 5.56%나 되었다. 같은 기간 동안 물가
지수 CPI 대비 25% 상승했고, 복리로 치면 2.24% 정도였다.

• 그 외에도 조기상환 리스크와 주식 리스크가 있는데, 이들은 모기지채권과 회사채
의 경우에만 존재하는 리스크다. 여기에 대해서는 다시 설명하도록 하겠다.

사실 채권은 인플레이션 리스크를 이자로 상쇄하도록 만들어졌다. 하지만 그것도 처음뿐이다. 자동차를 예로 들어 생각해보면 쉽게 이해할 수 있다. 새 차를 구입했는데 제조상의 결함이 발견되었다면 제조업체가 알아서 고쳐주지만, 시간이 지나면서 자동차가 낡고 마모된다고 새 차로 바꾸어주지는 않는다. 채권도 일단 투자자의 손으로 넘어간 순간부터 금리변동의 영향을 받는다. 금리는 인플레이션과 인플레이션에 대한 기대를 반영하므로, 결국 채권에 있어서 가장 큰 위험은 인플레이션이다. 그래서 주식투자들은 경제성장에 관한 소식이 전해지면 기뻐하지만, 채권투자자들은 인플레이션이 하락하거나 심지어 경제가 위축되는 상황을 선호한다.*

　이 책이 집필되는 지금 이 순간, 인플레이션은 여전히 낮지만 인플레이션 위험은 상당히 높다. 1981년부터 2003년 중반까지 연방준비위원회는 한마음 한뜻으로 인플레이션 상승을 막아왔다. 그들의 노력이 성공하기는 했지만 어쩌면 너무 성공했는지도 모를 일이다. 현재 근원 인플레이션core inflation은 거의 제로에 가깝다. 2003년 봄, 연방준비위원회는 이에 대해 우려하면서, 제로 인플레이션은 디플레이션으로 가는 과도기라고 볼 수 있다고 언

---

* 그렇다고 마이너스 성장이나 경제불황을 반기는 건 아니다. 이럴 경우 채권시장도 타격을 받기 때문이다. 채권투자자들은 금리가 플러스이기는 하지만 거의 정체되어 있거나 혹은 하락하는 환경을 선호한다.

급했다. 일본의 경우 10년 이상 인플레이션에서 벗어나지 못한 덕분에 세계에서 가장 역동적이던 일본 경제가 적어도 선진국 중에서는 가장 정체된 상태다. 대공황 때에도 디플레이션 때문에 그 파괴적인 여파가 더욱 컸다. 또 1920년대 독일에서 인플레이션이 파시즘을 키웠듯이, 1930년대 미국에서는 디플레이션이 공산주의에 불을 지폈다. 맥컬리가 디플레이션을 '자본주의가 감당하지 못할 짐'이라고 표현했는데, 가격이 지속적으로 하락하면 자본주의의 각 구성요소들을 연결시키고 있던 재봉선이 터져 버린다. 하지만 경제는 컴퓨터처럼 재부팅을 할 수도 없다.

케인스 이후 경제학자들 사이에서 가장 일반적인 이론은 막대한 재정지출만이 디플레이션을 막을 수 있다는 것이었다. 대표적인 예가 루즈벨트 대통령의 뉴딜정책New Deal이다. 또 2003년 7월 연방준비위원회 산하 미국연방공개시장위원회 FOMCFederal Open Market Committee는 지금까지 인플레이션과 벌여온 전쟁에서 승리했으며, 지금부터는 디플레이션과의 전쟁이라고 선포했다. FOMC는 "가능성이 아주 적지만 반갑지 않은 가격 하락이 인플레이션보다 빠르게 발생할 가능성이 있으며, 따라서 그렇지 않아도 낮은 인플레이션이 더욱 하락할 수 있으므로, 앞으로 한동안은 이를 막는 정책을 실시하겠다."고 설명했다. 연방준비위원회는 단기 금리를 더욱 낮추었으며, 투자자들은 10년 만기 재무부채권을 다량 매도해, 해당 채권의 수익률이 단 6주 만에 40%나

상승했다.

인플레이션에 대한 기대가 실제 금리 변화보다 채권가격에 더 큰 영향을 미칠 수 있다는 사실을 반증하는 사건이었다. 이 때문에 상황은 더욱 복잡해진다. 미국 재무부채권은 만기가 1년, 5년, 10년으로 다양하다. 이들의 가격은 투자자들이 1년 후, 5년 후, 10년 후 인플레이션을 어떻게 예측하고 있는지에 따라 달라진다.

채권의 이자로 그래프를 그리면, 일반적으로 위쪽이 평평한 곡선 그래프가 그려진다. 곡선은 처음에는 경사가 가파르다가, 그 다음에는 경사가 점점 완만해지고, 마지막에서는 거의 직선이 된다. 이 곡선이 채권의 '수익률곡선'으로, 채권만기가 새로 발행된 채권의 수익률에 미치는 영향을 나타낸다. 단기 및 중기의 수익률은 큰 차이가 있지만 중기와 장기에는 그리 큰 차이가 없다. 그래서 곡선은 점차 직선이 된다. 2003년 6월 연방준비위원회 발표 후, 단기 채권은 수익률이 1%, 10년 만기 채권은 4%보다 약간 높았고, 30년 만기는 5%보다 약간 높았다. 그 이전에는 단기가 1.25%, 중기가 3.1%, 장기가 5%로 곡선이라기보다는 45도 기운 직선의 모양이었다. 그래서 그로스는 재무부채권에 거품이 끼어 있다고 판단했다. 중기, 즉 10년 만기 재무부채권의 가격이 너무 높아 채권이자가 너무 낮아졌기 때문이었다. 하지만 연방준비위원회 발표 후, 인플레이션에 대한 공포로 인해 수익률곡선은 다시 제자리를 찾았다. 수익률곡선이 직선에 가깝다면 시장이 불마켓이라는 의미다. 주식투자자들에게는 좋은 소식이고, 채권투자자들에게는 '채권을 매도하라'는 신호다.

가끔이지만 역수익률곡선inverted yield curve이 그려질 때도 있다. 장기 채권의 수익률이 단기 채권보다 낮을 때, 즉 5년 만기 혹은 1년 만기 채권이 10년 만기 채권보다 연간 수익률이 높을 때다. 채권가격이 폭락하면서 채권투자자들이 계속 채권을 매도할 때 발생하는 모순적인 상황이다. 투자자들이 지금까지는 채권이자가 하락하는 게 당연했고, 한동안 정체했다가 상승할 것이라고 믿기 때문에 일어나는 현상이다. 2001년 9.11테러 직후, 전문가들은 수익률곡선이 역전될 것으로 생각했다. 재난을 극복하기 위해 소요되는 단기 비용 때문에 경기부양 효과가 생기고, 채권수익률도 상승할 것이라고 생각했기 때문이다. 하지만 그 효과는 얼마 못 가 사라졌고, 몇 년 후 채권수익률도 하락했다. 2000년 IT붐이 한창일 때에도 역전 현상이 나타났는데, 투자자들이 상황이 나빠져서 채권수익률이 앞으로 몇 년간 크게 하락할 것으로 생각했기 때문이다. 그리고 실제 수익률은 하락했다. 1980년 레이건 대통령이 감세정책을 실시하기 전 채권가격이 폭락했는데, 그 바로 직전에도 역전현상이 나타났다.

역수익률곡선은 불경기가 예측될 때 나타난다. 일반적인 수익률곡선에서 역전현상이 타나날 때, 잠시 동안 정체구간이나 굴곡hump이 생긴다. 굴곡은 중기 채권이 단기 및 장기 채권보다 이자가 높기 때문에 나타난다. 이는 경기불황의 초기 신호로 생각되는데, 1990년 굴곡이 나타난 뒤 걸프전에 따른 경기후퇴가 시작되었을 때 생겨난 이론이다.

수익률곡선의 다양한 형태는 채권수익률과 인플레이션에 대한 기대가 긴밀히 연결되어 있다는 사실을 반증한다. 주식투자에 빠진 사람들은 주기적으로 국채의 수익률곡선을 참고해 미래의 경제변화와 이들이 시장에 미치는 영향에 대해 사람들이 어떻게 예측하고 있는지 알아낸다(그림 5.1 참조).

채권투자자들이 잠재적인 리스크를 측정하는 또 하나의 방법은 채권의 듀레이션을 계산하는 것이다. 듀레이션 계산을 통해 투자자들은 금리 리스크를 측정할 수 있는데, 금리변화에 대한

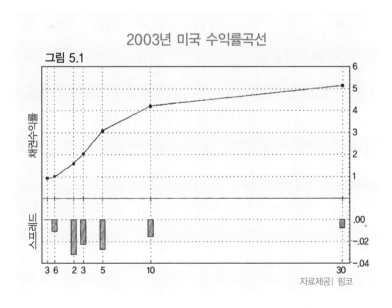

2003년 미국 수익률곡선

그림 5.1

자료제공 | 핌코

채권가격의 민감도를 알려주기 때문이다. 복잡한 계산이지만 반드시 필요한 과정이다.

듀레이션을 구하기 위해서는 채권가격의 변화를 채권이자의 변화로 나누면 된다. 이론적으로 듀레이션은 이미 회수된 자본을 고려해 채권만기를 수정한 것이며, 듀레이션 공식은 채권의 현재가치할인차금discounted present value of bond을 구하는 공식과 비슷하다.

장기 채권의 총수익 중 일부가 미리 지급되면, 즉 이자가 지급되면 채권의 듀레이션은 짧아진다. 또 이자가 일부 지급되었기 때문에 금리 변화에 따른 채권가격의 민감도도 줄어든다. 30년 만기 채권의 전체 수입 중 2/3의 가치가 초반 20년에 상환된다. 따라서 이자가 지급될수록 듀레이션은 줄어든다. 회사채는 콜옵션 때문에 모기지는 조기상환 때문에 듀레이션이 급격하게 감소된다. 여기에 예외가 있는데 바로 무이표채(또는 제로쿠폰채권zero coupon bond)이다. 만기가 될 때까지 이자를 지급하지 않는 채권을 제로쿠폰채권이라고 하는데, 월스트리트가 이자를 다른 투자자들에게 매도했기 때문이다. 만기 때까지 이자를 지급하지 않기 때문에 채권의 듀레이션과 만기는 동일하다. 30년 만기 제로쿠폰채권을 생각해보면 쉽게 이해할 수 있다. 투자자들은 30년 동안 어떤 경제적인 소득도 얻을 수 없는데, 덕분에 금리 변화에 따른 민감도가 극대화된다. 또 투자금에 대해 정해진 수익을 제공하는 탓에 금리가 변화할 때마다(금리와 제로쿠폰채권의 투자수익률은 역관계다), 제로쿠폰채권의 수익이 많게 느껴지기도 하고 적게 느껴지기도 한다. 그에 따라 매력적으로 보이기도 하고, 덜 매력적인 투자처로 생각되기도 하는 것이다. 이와는 반대로 전통적인 재무부채권은 1년에 두 번씩 이자를 지급한다. 따라서 투자자들은 계속해서 이자 수익을 얻게 된다. 물론 이 경우에도 금리의 변화에 따라 채권의 가치가 계속해서 계산되고, 이 가치는 채권가격에 반영된다. 그에 따라 채권이 매력적일 때도 있고, 그렇지 않을 때도 있다. 하지만 이들은 이자를 지속적으로 지급하기 때문에 제로쿠폰채권에 비해 리스크가 적다. 일반적인 재무부채권의 듀레이션은 만기보다 짧다. 금리 변화는 채권의 수익흐름보다는 원금에 더 큰 영향을 미친다. 즉 채권의 전체 가치 중 일부에만 영향을 미친다. 이미 이자가 지급된 후에는, 앞으로 지급될 돈이 시중 금리에 비해 매력적인지 여부만을 고려하면 된다. 그런데 듀레이션 측정이 쉽지만은 않다. 계산이 매우 복잡할 뿐만 아니라 채권의 특성을 완벽하게 파악해야 하고, 컴퓨터를 사용해야 그나마 계산이 가능하다. 다행히 요즘에는 블룸버그나 그 외 채권가격 정보지에서 듀레이션 자료를 제공하고 있다.

핌코의 토탈리턴펀드는 수익률곡선의 모양에 따라 듀레이션을 조정하는데, 여기에는 두 가지 방법이 있다. 이 두 가지 방법은 모두 3~6년 사이에서(이 기간이 리스크 대비 최고의 수익을 올릴 수 있는 듀레이션으로 간주된다) 평균적인 듀레이션을 획득하는 게 목적이다. 첫 번째 방법은 '총알' 이라는 방법인데 수익률곡선 중에서 만기가 중기일 때 가장 가치가 높은 경우에 활용된다. 두 번째는 '역기모양' 이라고 불리는 방법인데, 3년과 6년에 모두 투자해 그 평균을 노리는 방법이다. 현재 핌코의 토탈리턴펀드는 첫 번째 방법을 사용하고 있다. 이 전략을 활용하는 방법에 대해서는 마지막 장에서 더 자세하게 설명하도록 하겠다.

현재 핌코는 제로쿠폰채권에는 투자하지 않고 있다. 제로쿠폰채권은 단 두 가지 경우에만 투자가 적합하다고 생각하기 때문이다. 첫 번째, 세금을 유예할 수 있는 계좌로 투자할 때는 적합하다. 예를 들어, 2003년 7월 말, 제로쿠폰채권을 매입했다고 가정해보자. 만기는 2020년이고, 액면가는 1,000달러, 매입 가격은 431달러였다. 문제는 중간에 이자를 받지 않는데도 소득세를 내야 한다는 것이다. 따라서 채권가격이 569달러가 되어도 실제 수익은 5.0746%밖에 되지 않는다. 따라서 IRA 같은 세금이 유예되는 계좌로 투자해야 유리하다. 물론 만기 때까지 보유하기만 한다면 제로쿠폰채권은 괜찮은 상품이다. 하지만 비유동적이어서 거래가 힘들고, 금리변동에 대한 리스크가 너무 크다. 따라서 리스크를 감수할 만한 이례적인 상황이 아니라면 제로쿠폰채권에 투자하는 것은 피하는 게 좋다.

두 번째, 금리를 가지고 투자를 할 때 적합하다. 제로쿠폰채권은 장기 채권이고, 금리변동 리스크에만 노출된다. 따라서 금리 변동에 대한 민감도는 굉장하다. 2002년 금리가 하락하자, 2020년이 만기인 제로쿠폰채권의 가격은 22% 증가했고, 2030년 만기의 가격은 29% 상승했다. 물론 하락할 때에도 두 자리 대를 기록하곤 한다. 제로쿠폰채권은 채권시장에서 가장 변동성이 큰 상품이어서 자산보호의 기능은 거의 없다고 봐야 한다. 물론 금리가 앞으로 어떻게 변화할지 분석해 투자를 할 수도 있다. 하지만 그렇다고 해도 손실 가능성이 너무 크므로 아주 대담한 투자자가 아니라면 제로쿠폰채권에 투자하는 것은 포기하는 게 좋다.

신용 리스크

다음으로 중요한 리스크는 신용 리스크다. 채권의 발행자인 기업이 채무를 이행하지 못할 가능성 때문에 생기는 리스크다. 기업이 파산했을 경우 채권 소유자들은 보통주 혹은 우선주 투자자보다는 상황이 낫지만, 기업이 완전히 도산한다면 역시 투자한 돈을 잃게 된다. 기업 회사채는 발행자의 신용도에 따라 등급이 매겨진다(표 5.1 참조). 대표적인 신용평가 기관으로는 무디스인베스터스서비스Moody's Investors Service와 스탠더드 앤 푸어스Standard&Poor's Corporation가 있다. 두 기관이 사용하는 신용등급 체계는 약간 다르다. 무디스는 Aaa를 S&P는 AAA를 사용하는 식이다. 그 다음은 더블 혹은 싱글 A나 트리플 B인데, 은행이나 신탁

등급 설명

표 5.1

무디스	S&P	정의
투자등급		
Aaa	AAA	최고 신용 등급
Aa	AA	그 다음 신용등급
A	A	중상
Baa	BBB	중간
고수익 혹은 정크		
Ba	BB	투기적, 불확실 지속
B	B	지불이행 의문
Caa	CCC	좋지 않음, 디폴트 가능성 있음
Ca	CC	디폴트 다수
C	C	지불이행 가능성이 거의 없음

주| 무디스는 더욱 세부적으로 신용등급을 평가하고 있는데, 이때 알파벳 다음에 숫자를 붙인다. 예를 들어, A1, A2, A3와 같은 식인데, A1이 가장 등급이 좋고, 그 다음이 A2, A3순이다.
자료제공| 무디스, S&P

기관이 주로 이 등급을 받는다. 고수익 채권 혹은 정크본드는 B 나 C등급을 받는다. C 미만은 가치가 없는 채권으로 시장에서 퇴출당한다.

하지만 아무리 재무제표가 든든한 기업이고, 안전한 채권이라도 위기는 찾아온다. 1990년대 금융위기가 닥쳤을 때, 거의 모든 통신기업의 채권이 정크본드로 전락했는데, 여기에는 벨 연구소 Bell Laboratory의 모태이자 AT&T로부터 독립한 루슨트테크놀로지스Lucent Technologies도 포함되어 있었다(Ba/BB등급부터는 정크본드라는 이름으로 불렸으나, 1980년대 정크라는 말의 부정적인 인상 때문에 '고수익채권'이라는 이름으로 불리기 시작했다). 우량 채권이라도 신용등급이 하락하는 경우는 꽤 흔하다. 그래서 신용평가기관들은 신규 발행된 채권뿐 아니라 이미 발행된 채권에 대해서도 신용도 평가를 실시한다. 경제적인 상황에 따라 신용등급을 상향조정할 때도 있고 하향조정하기도 한다.

유동성 리스크

채권의 또 다른 리스크는 유동성 리스크다. 채권투자자가 채권을 매도하고 싶어도 할 수 없을 때 생기는 리스크다. 인지도가 없거나 일반적이지 않은 채권은 거래가 없어서 매도가 쉽지 않고, 거래 수수료도 비싸다. 하지만 거래 수수료는 채권가격에 곧잘 포함되기 때문에 엄청나게 비싼 경우가 아니면 파악하기가 어렵다. 주식도 그렇지만 유명하지 않은 채권들은 정보도 많이 공개되어 있지 않고, 연구나 모니터를 하기도 쉽지 않다. 하지만 이들의 반응속도는 느리기 때문에(효율적 시장가설 참조), 많은 전문가들이 이런 채권을 매입하고 시장의 비효율성 때문에 생기는 가격 차이를 활용하려고 한다. 이처럼 일반적이지 않은 채권은 추가적인 수익을 제공할 가능성이 있기도 하지만 비유동적이기 때문에 조심해야 한다. 그로스가 살고 있는 오렌지카운티도 1990년대 파산을 겪었는데, 유동성이 적은 채권을 너무 많이 보유했기 때문이었다. 유동성 위기로 인한 위험을 가장 여실히 보여주는 사건은 롱텀 캐피털 매니지먼트Long-Term Capital Management(또는 LTCM)의 파산이다. 이는 헤지펀드였는데 위험성이 너무 높았다. 노벨상 수상자인 마이런 숄즈도 LTCM의 참여자 중 한 명이었지만 파산을 막지는 못했다.

LTCM은 블랙숄즈이론Black-Scholes option theory를 기반으로 전 세계 채권시장에 투자했다. 채권시장에서 작은 가격 격차를 노려 투자하는 방식인데, 컴퓨터 분석을 통해 이 가격의 격차가 언제 사라질지에 대해 예측하고 투자를 함으로써 더욱 효과를 높였다. 숄즈는 블랙숄즈이론으로 노벨상을 수상했고, 피셔 블랙Fisher Black도 살아 있었다면 수상했을 것이다. 하지만 그는 이미 사망한 후였기 때문에, 로버트 머튼Robert Merton이 숄즈와 노벨상을 공동 수상했으며 그 역시 LTCM에 참여했다. 그는 LTCM이 모든 리스크를 제거했다고 주장했다. 설립자는 살로몬 브라더스 채권투자자로 놀라운 투자기록을 세웠지만 동시에 논란을 일으키기도 했던 존 메리웨더John Meriwether였다. 한 언론에서는 이들을 가리켜 '세기의 팀'이라고 불렀다. LTCM은 처음 설립된 해인 1994년에 20%의 수익을 올렸고, 그 다음해에는 43%, 세 번째 해에는 41% 수익을 기록했다.

하지만 유동성 리스크가 LTCM을 뒤흔들기 시작했다. 먼저 가장 기본적인 전략부터 어긋나기 시작했는데, 그 중 하나만 설명하도록 하겠다. LTCM은 29년 만기 채권을 다량으로 매입했는데, 30년 만기보다 5베이시스포인트만큼 이자를 더 지급하기 때문이었다. 두 가지는 거의 차이가 없는 채권이기 때문에 더 많은 이자를 지급한다는 건 이론적으로 맞지 않았다. 당연히 LTCM은 지금까지의 투자방식에 따라 이 작은 가격 차이를 노려 30년 만기 채권을 매도했고, 5베이시스포인트의 이자가 점차 상쇄되기를 기다렸다. 하지만 채권시장은 하락하기 시작했고, 상쇄될 줄 알았던 5베이시스포인트는 오히려 15베이시스포인트로 늘어났다. 엎친 데 덮친 격으로 1997년 아시아 경제위기가 발생했고, 1998년 러시아가 채무불이행을 선언했다. 블랙숄즈이론이 간과했던 경제적인 위기였다. LTCM이 소유한 모든 신흥시장채권의 유동성은 급락했다. 어느 누구도 신흥시장의 채권을 사려 하지 않았다. 상황이 급격하게 나빠졌다. 당시 「포브스Forbes」 잡지에 따르면 LTCM의 레버리지 비율은 240배나 되었고, 마진콜margin call, 즉 증거금을 추가로 납부하라는 요구를 충족하지 못했다고 한다. 29년 만기 채권투자로 인한 손실을 메워야 했지만, 유동성 하락으로 채권을 매도할 수 없었기 때문이었다. 1998년 결국 LTCM은 도산했고, 미국 재무부와 연방준비위원회는 36억 달러에 달하는 세금을 구조조정 자금으로 투입해야 했다.

이처럼 무모하고 위험성이 높은 헤지펀드와 달리 채권투자는 포트폴리오를 다변화해 리스크를 관리할 수 있다. 채권투자 전문가들은 다양한 이자, 신용도, 유동성의 채권에 골고루 투자해 리스크를 줄임으로써 투자 포트폴리오를 안정적으로 유지한다. 일반적으로 리스크가 높은 채권상품은 더 높은 수익을 제공해 투자자들을 유혹한다. 이자를 더 많이 주기도 하고(정크본드의 수익률은 우량 채권보다 훨씬 높다), 발행자가 직접 판매하는 경우가 아니라면 채권가격을 할인해주기도 한다. 채권수익을 올리는 방법 중 하나는 리스크가 더 큰 채권을 매입해 더 높은 캐리수익을 노리는 것이다. 따라서 채권투자자들은 다양한 채권으로 포트폴리오를 구성해야 한다. 먼저 과세 대상 채권으로는 다음과 같은 상품들이 있다.

재무부 및 연방기관채

재무부채권은 결국 미국 국채다. 완전히 믿을 수 있고 신용등급도 최상이다. 누구나 미국 재무부채권은 신용 리스크가 없다고 생각한다. 재무부채권은 세 가지로 나뉘는데, 만기가 1년 이하인 단기 채권bill, 최대 10년인 중기 채권note, 장기 채권bond이다. 미국 정부는 수십 년간 재정적자를 겪어왔고, 또 자금을 스스로 조달해야 할 의무가 있기 때문에, 지금까지 재무부채권을 상당수 발행했다. 미국의 연방기관채는 미국정부저당금고Government National Mortgage Association(GNMA, 지니메이Ginnie Mae라고도 불린다) 같은 연방기관의 부채다. 이들은 GNMA, 프레디맥에서 발행하는 MPTS와는 다르다. MPTS는 주택소유자들의 대출금을 모아 발행한 채권인 데 반해, 이들은 국가기관이 직접 발행한 채권이기 때문이다.

하지만 핌코에서 국채투자를 담당하고 있는 제임스 켈러James Keller는 재무부채권에 대한 우려가 커지고 있다고 말했다. 그는 "강력한 정책기관인 연방준비위원회의 이번 발표는 재무부채권을 노린 거나 마찬가지입니다. 재무부채권이 워낙 인플레이션에 취약하기 때문입니다."라고 설명했다. 유동성이 크고, 디폴트 위험이 거의 없는 미국의 재무부채권에 있어서 가장 큰 리스크는 금리변동이다.

재무부채권이 금리 리스크에만 노출되다 보니, 듀레이션만을 기준으로 관리되곤 한다. 즉 채권 수익률곡선에서 가장 적합한 만기지점을 찾는 것이다. 2003년 여름, 켈러는 "핌코는 수익률곡선의 중간, 즉 만기가 중기일 때가 가장 좋다고 생각합니다. 중기채권이 수익률이나 자본소득 면에서 모두 만기가 장기일 때보다 나을 것으로 예측하고 있습니다. 지금 같은 시기에는 각 듀레이션 당 캐리수익을 고려하곤 하는데, 결국 장기 재무부채권은 피하라는 뜻이죠."라고 말했다. 앞에서 이야기했던 '역기모양'이 아니라 '총알' 모양의 만기조정방법이 더 적합한 상황이다.

핌코의 토탈리턴펀드와 여타 다른 기관투자계좌도 비슷하게 운용될 것이다. 켈러가 담당하는 미국 장기국채PIMCO Long-Terms U.S. Government Fund는 그 성격상 반드시 장기 채권에 집중해야 하는 펀드로 듀레이션이 10.5년이다. 채권을 사서 묻어두는 보수적인 투자자들에게는 매력적인 펀드다. 해당 펀드의 10년 수익을 연평균으로 나타내면 8.24%로 그로스의 7.49%보다도 높다. 하지만 지금까지는 금리가 하락했기 때문에 당연히 장기 투자가 유리했던 시기였다. 앞으로 10년간은 금리가 상승할 것으로 예측되고, 장기 채권은 타격을 받을 것으로 보인다.

물가연동국채 Inflation-Linked Treasuries

1997년, 미국 재무부가 인플레이션 가중채권, 즉 TIPS를 도입하자 투자자들은 환호했다. TIPS는 투자에 대한 수익뿐 아니라 소비자가격지수 상승을 기반으로 추가이자를 지급하기 때문이다. TIPS의 만기는 1년에서 30년까지 다양하고, 만기에 따라 이자도 1.0%~2.8%까지 다양하다. 물론 만기가 길수록 이자가 높다. TIPS는 사실 미국이 만든 상품은 아니다. 미국에 앞서 캐나다, 영국, 이스라엘, 뉴질랜드, 터키에서 먼저 도입했다.

핌코에서 리얼리턴펀드 Real Return Fund를 운용하며, TIPS에 대해서도 전문가인 존 브라이언오프슨은 "물가연동국채는 실질가치채권이라고도 불리는데, 후자가 좀 더 사실적인 이름이죠. TIPS가 5~30년간 투자자의 구매력을 보호해줄 뿐 아니라 구매력을 크게 증가시켜주니까요."라고 설명한다.

그로스 또한 TIPS가 투자 전문가나 개인 투자자 모두에게 뛰어난 기회를 제공한다고 생각한다. TIPS는 장점이 많은 반면 희소하기도 하다. 시장에서 유통되는 재무부채권 중 겨우 5%를 차지할 뿐이다. 물론 그 수가 적다 보니 유동성 리스크가 있지만, 워낙 수익률이 좋아서 이 단점이 오히려 장점으로 활용된다. 여기에 따른 추가적인 수익률은 약 0.25% 정도다. 단 개인 투자자들에게는 제약이 있다. TIPS로 벌어들인 수익에 대해 매년 꼬박꼬박 세금을 내야 하기 때문이다. 따라서 IRA 같은 세금이 유예되는 계좌로 투자하지 않는 개인 투자자들에게는 불리하다. TIPS의 수익 지금은 연기되는데 여기에 대한 세금은 매년 내야 하므로 개인 투자자들이 과세대상 계좌로 TIPS에 투자하는 건 비싸기도 하고 불행하기도 하다.* 하지만 이 문제를 해결할 방법이 있는데 5장에서 자세하게 설명하도록 하겠다.

MPTS

미국 정부는 모기지 금리를 낮추어 주택담보시장에 유동성을 제공하기 위해 MPTS를 만들었는데, 결과는 대성공이었다. 현재 모기지채권은 전체 미국 채권시장에서 가장 큰 몫을 차지하고 있

---

* TIPS는 일반적인 재무부채권처럼 주기적으로 이자를 지급한다. 하지만 물가상승률에 대한 추가적인 수익은 만기에 지급한다. 하지만 당국은 해당 연도의 수익으로 포함시키기 때문에 투자자는 세금을 내야 한다. 만약 TIPS가 3% 채권수익률에다가 CPI의 상승분을 지급한다면, 투자자는 매년 4~5%의 소득세를 내야 한다는 뜻이다. 인플레이션이 상승하면 세금도 더 많이 내야 한다. 그래서 투자자들은 TIPS를 세금이 유예되는 계좌로만 투자하곤 한다.

으며 가치는 8조 달러 이상이다. 최근에는 모기지시장이 상당히 발달해서 모기지업체에서 모기지를 내어줄 때나 차환할 때, 이 어마어마하게 큰 모기지의 집합 속에서 조정이 이루어지고, 원래 모기지업체가 가지고 있는 전체 틀에는 거의 변화가 없을 정도다. 각 모기지채권은 이 어마어마하게 큰 모기지의 집합의 일부에 불과하기 때문에 이들이 각각 내어놓는 지불금이 전체 모기지 지불금에서 차지하는 비중은 크지 않다. 또 모기지업체들에게 모기지이자보다는 모기지를 내어주면서 받는 수수료가 더 큰 돈벌이가 된다.

모기지채권에는 특별한 점이 있다. 회사채의 콜옵션과 비슷한데, 조기상환이 가능하다는 것이다. 수세대 전, 사람들이 이사를 꺼려하고, 저축과 대출이 모두 모기지에 묶여 있던 시절에는 모기지를 조기상환하려면 비싼 수수료를 물어야 했다. 하지만 이제는 그렇지 않다. 모기지 차환은 2001년 불황 이후로 중요한 재테크 수단이 되었다. 핌코에서 GNMA와 토탈리턴 모기지펀드를 운영하는 스콧 사이먼은 최근의 호황기에 모기지를 여섯 번이나 차환하면서 모기지이자를 상당히 낮출 수 있었다(굼뜬 필자는 겨우 한 번 차환을 했을 뿐이다).

따라서 모기지채권의 듀레이션은 항상 변한다. 물론 모기지의 경우에도 거래와 기록을 목적으로 듀레이션을 계산하기는 하는데, 일반적으로 차환되는 비율을 근거로 계산된다. 문제는 듀레이선 변화가 채권투자자들이 원하지 않는 방식으로 진행된다는 점이다. 모기지이자가 하락하면 차환은 증가하고, 그 이전에 발행된 이자가 비싼 모기지는 퇴출된다. 모기지투자자들은 전보다 이자수익이 줄어들게 되므로 선호하지 않지만 그들의 의지와 상관없이 모기지는 상환된다. 반대로 이자가 상승하면 차환이 줄고, 대출자들은 이자가 싼 과거의 모기지를 유지하려 한다. 이래 저래 모기지채권투자자들은 더 적은 수익을 얻게 된다. 2003년을 예로 들어보자. 리먼 브라더스 채권지수Lehman Aggregate Bond Index가 조사한 결과에 따르면 단 6주 만에, 모기지 듀레이션이 3년으로 치솟았는데, 이는 모기지이자가 1포인트 상승했기 때문이었다. 하지만 이런 리스크 때문에 모기지는 재무부채권에 비해 최고 2%나 높은 캐리수익을 제공한다. 이 때문에 핌코는 장기적으로 모기지투자를 선호하고 있다.

지금까지 설명한 채권상품은 국가에서 발행하는 채권이기 때문에 주식위험equity risk으로부터 분리되어 있다. 하지만 지금부터 설명할 채권들은 다양한 주식위험에 노출되어 있다.

우량 회사채

기업이 필요한 자금을 조달하는 가장 기본적인 방법 중 하나가 회사채 발행이다. GM도 회사채를 발행하고, 그 금융 자회사인 GMAC나 다른 「포춘」 500대 기업도 마찬가지다.

소위 블루칩 기업의 회사채는 트리플 A등급을 받는다. 신용평가기관들이 기업이 원금이나 이자를 상환하는 데 전혀 무리가 없다고 판단한 경우다. 하지만 기업의 신용등급이 하락하면 기업이 발행한 회사채의 신용등급도 하락한다. 그러면 투자자들은 해당 기업의 채권이 정크본드로 떨어지기 전에 매도에 나선다. 신용의 질은 AAA, AA, A, BBB, 이렇게 네 가지로 나타낸다. 투자적격등급 중 가장 낮은 것은 트리플 B다. 정크본드로 분류되기 바로 직전 등급으로, 당연히 투자적격등급 중에서는 가장 높은 이자를 지급한다. 앞에서 언급했듯이, 그로스의 토탈리턴펀드 포트폴리오는 77%가 트리플 A등급이거나, 정부의 지급보증을 받은 채권으로, 10%는 트리플 B로 구성되어 있다.

채권의 등급이 높을수록, 신용 리스크는 적다. 이런 기업의 채권은 주식가격 변화에 크게 영향을 받지 않는다. 하지만 신용등급이 낮은 기업의 채권은 주식가격의 변화에도 민감하다. 따라서 투자적격신용등급 중 주식변화에 가장 민감한 등급은 트리플 B다. 주가가 하락하면 투자자들이 디폴트를 우려해 채권을 대량 매도하는 사태가 발생할 수도 있기 때문이다. 2003년 여름 초반, 투자등급회사 스페셜리스트인 마크 키셀은 "지금은 트리플 B회사채 투자의 적기입니다."라고 논평했다. 경제가 회복세에 접어들었고, 기업의 채무 상환 능력은 강화되고 있지만, 아직 채권 이자는 현실을 반영하지 못해 상대적으로 높기 때문이다. 반면 우량 회사채는 수익률이 상대적으로 낮기 때문에 메리트가 별로 없다. "연방준비위원회가 부양정책을 실시하고 있는 상황이므로 투자자들은 리스크를 감수해야 합니다."라고 키셀은 조언했다.

일반적으로 회사채는 캐리수익이 높다. 그로스는 회사채 캐리수익이 리스크를 고려했을 때 합리적인 수준보다도 더 높다고 생각하기 때문에, 가장 선호하는 상품 중 하나로 꼽고 있다. 트리플 A채권은 만기가 동일한 재무부채권보다 0.5% 높고, 트리플 B와의 스프레드는 1.0%다.

전환사채

전환사채는 주식도 되고 채권도 된다. 기업의 자본 구조에서 전환사채는 주식보다 상위를 차지하기 때문에 더 안전하다. 하지만 덕분에 전환주식convertible stock보다는 수익률이 낮다. 에드 소프의 조언에 따라 그로스는 전환사채시장에 뛰어들었다. 전환사채는 분석이 어렵기 때문에 해박한 투자자들에게는 유리한 상품이다.

전통적인 전환사채는 주식으로의 전환이 가능하다는 점을 빼면 모든 면에서 채권과 동일하다. 6개월에 한 번씩 약정된 이자를 지급하고, 유통시장secondary market에서 시장의 채권수익률을 고려해 거래할 수 있다. 이때, 시장에서 채권금리가 하락하고 있다면 액면가par보다 더 높게 매도하고, 채권금리가 상승하고 있다면 그 반대다. 전환사채도 만기가 다양한데, 핌코의 전환사채 펀드의 평균 듀레이션은 2년이다.

전환은 옵션이다. 정해진 비율에 따라 채권을 해당 기업의 주식으로 전환할 수 있는데, 그 자체만으로도 경제적인 가치가 있다. 당연히 전환사채는 같은 조건의 회사채보다 수익률이 낮다. 대부분의 경우 채권이 발행되고 몇 년이 지나서 주식가격이 크게 상승하면 전환옵션을 행사한다. 예를 들어, 현재 전환사채 가격이 50달러인데, 6년 후 보통주 2.5주로 전환할 수 있는 조건이라고 가정해보자. 현재 주식가격은 11달러다. 채권자는 주식 한 주의 가격이 20달러 이상이어야 옵션을 행사하려 들 것이다. 만약 투자자가 해당 기업의 주식이 6년간 두 배 이상 상승할 가능성이 있다고 판단된다면 전환사채를 매입한다. 게다가 6년의 시간 동안 채권이자수익도 얻을 수 있다.

신용등급이 좋은 기업들도 전환사채를 발행하지만, 현재의 재무제표보다 미래에 훨씬 더 나은 실적을 기록할 자신이 있는 기업들이 주로 전환사채를 발행한다. 이들의 신용등급은 약간 낮은 편이고(이 때문에 핌코 전환사채펀드는 싱글 A등급 상당수와 더블 A~트리플 B 채권 77%로 구성되어 있다), 이자지급 비용을 줄이기 위해 전환사채를 발행한다.

전환사채를 고려하고 있다면 결국 주식에 관심이 있다는 뜻이다. 그로스는 지금의 주가가 너무 높다고 생각하기 때문에 주식은 전혀 매입하지 않고 있다. 단 한 주도 없다고 한다. 따라서 핌코의 토탈리턴펀드는 현재 전환사채에 대해서는 회의적이다.

투자부적격회사채

앞에서 핌코의 옵션가격 분석가인 디알리나스가 그로스에게 마이클 밀켄이 홍보하던 정크본드를 매입하지 말라고 충고한 에피소드에 대해 언급했었다. 투자부적격회사채는 정크본드라는 별명이 대변하듯이 무시당하거나 혹은 회의적인 시선을 받곤 한다. 정크본드 발행자들은 이미 금융상황이 좋지 않아 채권 만기 때까지 이자를 감당할 수 없을지도 모른다고 신용평가기관이 판단한 기업들이다. 이들은 상품 실패나 시설 낙후 등의 이유로 심각한 경영난을 겪고 있는 경우가 많다. 투자등급은 4등급으로 나뉘지만 투자부적격회사채는 5등급으로 나뉘는데(BB, B, CCC, CC, C), 싱글 B부터는 원금상환은커녕 이자지급도 의심스러운 경우고, C등급은 모두 디폴트 가능성이 농후한 채권들이다.

리스크가 크다 보니 수익률도 높다. 그래서 업계에서는 이들을 조심스럽게 '고수익채권'이라고 부른다(정크라는 이름은 그리 전문적이지 않다). 핌코는 2003년 7월 31일 기준으로 자사의 고수익채권펀드의 12개월 수익률이 7.94%라고 증권거래소에 신고했다.

핌코는 정크본드에 대해 양면적인 입장을 취하고 있다. 정크는 채권 중에서 주식의 성격이 제일 강하다. 주가가 상승하는 조건에서는 정크본드를 발행하기도 쉽고, 이자와 원금을 상환하기도 쉽다. 2003년 7월 31일까지 지난 12개월 동안 핌코의 고수익펀드는 24.61%의 총수익을 기록했는데, 그것은 주식시장이 랠리를 거듭한 것과 같은 이유 때문이다. 즉 경제가 눈에 띄게 성장하고, 그 속도도 빨라졌기 때문이었다. 게다가 "인플레이션이 발생하면 고소득채권의 실적도 좋아집니다."라고 핌코 고수익펀드 매니저이자 파트너로, 그로스의 투자위원회 일원이기도 한 레이몬드 케네디Raymond Kennedy는 설명한다. 인플레이션은 정크본드 발행기업의 현금흐름을 개선시켜 부채가 줄어드는 효과를 낸다고 한다.

그로스는 정크본드의 수익률이 10%에서 8%로 하락했고, 정크본드의 채권가격도 영향을 받고 있다고 평가했다. 케네디 또한 지금의 경제 사이클에서 고수익채권은 최고조에 달한 듯 보인다고 분석했다. 그로스가 운용하는 핌코 토탈리턴펀드 포트폴리오는 상대가치relative value에 민감한데, 최근의 정크본드는 상대가치가 부족하다고 판단하고 거의 포트폴리오에서 제외시킨 상태다.

채권투자 포트폴리오를 구축하는 방법

채권투자 포트폴리오를 구축하면서 고려할 점은 아주 많다. 먼저 그리 큰돈을 투자할 생각도 없고, 그로스처럼 투자를 할 생각도 없다면 균형이 잘 잡힌 펀드에 가입하는 게 가장 쉬운 방법이다. 일반적으로 균형이 잘 잡힌 펀드는 자산의 60%는 주식, 40%는 채권과 현금으로 구성한다. 하지만 그로스는 현재 주식시장에 대해 회의적인 시각을 가지고 있어서, 주식에는 전혀 투자하지 않고 있으며, 따라서 현재는 일반적으로 말하는 균형 잡힌 펀드에 대해서도 유보적인 입장이다. 그로스가 운영하는 핌코 스톡플러스펀드PIMCO StockPlus Fund는 주식시장과의 연동성을 유지하기 위해서 다양한 옵션을 포함하는 한편, 공격적인 채권투자로 총수익을 증가시키고 있다. 지금은 그렇지 않지만 로버트 아놋이 운영하는 핌코 올에셋펀드는 핌코의 스톡플러스펀드를 포함하기도 한다. 현재 그로스가 주식시장에 노출된 건 이게 전부다.

개인 투자자도 직접 채권을 매입할 수 있다. TIPS를 포함해 재무부채권은 수수료만 내면 정부로부터 직접 매입이 가능하다. 하지만 이들은 전자채권이어서 매매가 불가능하기 때문에 일반적으로 투자자들은 투신사 혹은 펀드매니저를 통해서 채권을 거래하는 게 좋다. 그런데 중개업체라고 다 똑같은 건 아니다. 업체 특히 펀드매니저와 거래를 할 때에는 그들이 적절한 리서치를 통해 경제적인 결정을 내리는지에 관해 분석하고 계좌를 개설하도록 한다. 주식거래와 달리, 채권거래 수수료는 채권가격에 포함되어 있어서 얼마쯤인지 가늠하기 어렵다. 거래 수수료가 싼 업체를 찾으려면(일부 업체는 채권판매에도 유명하다), 염두에 둔 채권상품의 가격을 이곳저곳 알아보고 결정하도록 한다.

투자금이 별로 크지 않다면, 채권 포트폴리오를 다변화하고 개별적인 채권에 직접 투자하는 방법은 별로 추천하고 싶지 않다. 채권 하나 혹은 두 개 종목을 매입 또는 매도하면서 수수료를 4%까지도 내야 할 때가 있기 때문이다. 그로스는 투자금이 50만 달러 이상일 경우에만 다변화와 규모의 경제를 추구하라고 조언한다. 게다가 개별적인 채권종목을 분석하는 건 주식을 분석하는 것보다 훨씬 어렸다. 종류가 너무나 다양한 데다가, 주식처럼 자유롭게 금융 자료가 배포되지도 않기 때문이다. 물론 베어마켓에서는 주식보다 채권이 낫다. 하지만 여전히 금융권은 주식을 선호하기 때문에 채권종목을 분석하는 데에는 비용도 많이 든다.

이런 어려움으로 인해 채권투자자 중 상당수는 전문가의 손을 빌린다. 일부 투자회사에서는 이들을 위해 대신 투자 포트폴리오를 관리해준다면서 최소 10만 달러 이상의 계좌를 만들라고 요구하기도 한다. 이들은 일반 채권펀드보다 수수료를 적게 받는다거나, 투자자들의 입맛에 맞는 포트폴리오를 구축해주는 것 치고는 적게 받는다는 인상을 풍긴다. 다시 한 번 말하지만 채권 수수료는 어느 정도인지 가늠하기가 쉽지 않다. 따라서 연간 운영 수수료가 얼마이고, 거래 수수료는 얼마인지 만족할 만큼 투명하게 명시한 투자운용사를 이용하도록 한다.

일반적인 채권펀드는 뮤추얼펀드와 폐쇄형펀드로 나뉜다. 뮤추얼펀드는 개방형펀드로 투자자가 마음대로 자산을 넣거나 투자금을 회수할 수 있는 펀드다. 핌코 토탈리턴펀드도 그 중 하나다. 이 펀드의 장점은 전문가의 손을 빌리면서도(게다가 적극적인 펀드 운용이 가능하면서도) 포트폴리오를 다변화할 수 있고, 간편하면서도 알기 쉽다. 모닝스타나 리퍼Lipper 같은 평가 회사들이 지속적으로 자료를 제공하는 데다가, 신문, 잡지, 인터넷, 도서관 등 어디에서나 쉽게 데이터를 찾아볼 수 있기 때문이다.

폐쇄형펀드는 뮤추얼펀드와 전혀 다르다(가끔 '폐쇄형 뮤추얼펀드'라고 부르기도 하는 데 잘못된 표현이다). 전체 자산이 이미 정해져 있기 때문에 주식처럼 펀드를 사고팔며, 대부분 뉴욕 증권거래소에 등록되어 있다. 펀드의 가격은 시장에서 결정되는데, 자산, 프리미엄, 할인 등이 밀접하게 연관되어 결정된다. 그로스 또한 폐쇄형펀드에 투자하고 있는데, 1달러당 95센트 정도에 사들여, 상황이 좋아지면 1달러당 100센트 이상에 매도한다.

폐쇄형펀드는 레버리지를 하곤 한다. 우선주를 기관에게 발행해 올린 수익으로 다시 채권을 매입하는 방법이다. 이를 통해 수익률을 더 높일 수 있다. 레버리지는 포트폴리오에 도움이 되기도 하지만 그 반대의 경우도 있다. 채권가격이 하락할 경우, 그 여파는 더욱 커진다.

지방채 채권펀드를 제외하면(지방채 채권펀드에 대해서는 다음 장에서 설명하도록 한다) 핌코는 다섯 개의 폐쇄형펀드를 운용하고 있다. 여기에는 정크본드, 우량 회사채, 모기지, 해외 국채가 포함된다.

지금부터 핌코에서 운용하고 있는 폐쇄형펀드를 소개하도록 하겠다. ETFConnect.com을 비롯해 여타 기관에서 제공된 다양한 자료를 참고했으며, 여기에는 2003년 7월 31일 기준으로 발표된 자산, 가격, 프리미엄과 할인율, 주식가격에 대한 수익률, 연평균 총수익, 과거의 프리미엄과 할인율, 최근 자산가치, 신용등급, 듀레이션, 최근 배당 지급일 등이 포함된다.

핌코 커머셜모기지신탁 PIMCO Commercial Mortgage Trust(PCM)

빌 파워스 Bill Powers가 운용하는 펀드로 현재 자산은 1억 4,210만 달러이고, 레버리지는 없다. 보유채권의 평균 신용등급은 싱글 A로 듀레이션은 4.41년이다. 1주당 순자산가치 Net Asset Value(또는 NAV)는 12.23달러이고, 시장가격은 13.95달러로, NAV의 프리미엄은 14.06%다. 주식가격에 대한 수익률은 8.07%다. 매월 지급하는 배당금은 9.38센트다. 주식가격에 대한 연평균 수익은 3.73%인데, 지난 3년간은 15.54%를 기록했으며, 5년간은 10.54%를 기록했다. 1993년 처음 만들어진 이후 계속 프리미엄을 받고 거래되었다.

핌코 기업수익펀드 IMCO Corporate Income Fund(PCN)

데이비드 힌맨 David Hinman이 관리하는 펀드로 레버리지되어 있다. 자산은 8억 2,370만 달러로 그 중 3억 달러가 우선주다. 듀레이션은 4.33년이다. 1주당 순자산가치는 14.57달러며, 주식가격은 14.36달러다. 할인율은 1.44%다. 주식가격에 대한 현재 수익률은 8.88%다. 매월 지급하는 배당금은 10.63센트며, 주식가격에 대한 연평균 수익은 16.67%다. 2001년 처음 만들어졌을 때부터 2003년 여름까지는 NAV에 대해 프리미엄을 받고 거래되었다.

핌코 고수입펀드PIMCO High Income Fund(PHK)

펀드매니저는 찰스 와이먼Charles Wyman이다. 2003년 4월에 처음 만들어져서 아직 많은 정보가 공개되지 않았다. 매월 지급하는 배당금은 12.19센트다. 1주당 순자산가치는 13.88달러이고 시장가격은 13.83달러로 0.36% 할인율을 기록하고 있다. 주식가격에 대한 현재 수익률은 10.58%다.

핌코 기업오퍼튜니티펀드PIMCO Corporate Opportunity Fund(PTY)

데이비드 힌맨이 관리하는 또 다른 펀드다. 레버리지되어 있으며 자산은 16억 2,000만 달러다. 이 중 5억 6,500만 달러가 우선주다. 평균 신용등급은 트리플 B이고, 평균 듀레이션은 5.16년이다. 1주당 순자산가치는 15.92달러이고, 주식가격은 15.31달러로 약 3.83%의 할인율을 기록하고 있다. 주식가격에 대한 수익률은 2003년 8월 19일 기준으로 6.42%였다. 매월 13.75센트의 배당금을 지급하며 2002년 12월 처음 만들어졌을 때는 NAV 대비 프리미엄을 받았지만 이제는 그 반대다.

핌코 해외국채투자전략펀드PIMCO Strategic Global Government Fund(RCS)

파시 하마라이넨Pasi Hamalainen이 운영하는 펀드로 레버리지는 없으며 자산은 3억 9,530만 달러다. 평균 신용등급은 트리플 A이고 1주당 순자산가치는 10.95달러다. 주식가격은 12.18달러로 프리미엄은 11.23%다. 2003년 8월 14일 기준 주식가격에 대한 수익률은 7.53%이고 매월 7.4센트의 배당금을 지급한다. 주식가격에 대한 연평균 수익은 10.91%이고, 지난 3년간은 20.87%, 5년간은 13.91%를 기록했다. 1994년 처음 만들어진 이후로 NAV 대비 프리미엄을 받고 거래되었다.

이 책이 출판될 즈음이면 바클레이스 글로벌 인베스터스 Barclays Global Investors 사의 아이셰어즈 리먼 종합채권펀드iShares Lehman Aggregate Bond Fund가 AGG라는 약어로 시장에 이미 소개되었을 것이다. 이 펀드는 연간 0.2% 혹은 20베이시스포인트의 비용으로 제공되는 인덱스펀드다. 인덱스펀드로 가장 유명한 투신사는 뱅가드 그룹이지만 바클레이스는 규모면에서 더 크다. 새로 소개될 AGG 펀드가 시장에 제대로 연동되기만 한다면 이 또한 그로스의 총수익접근방법에 충실한 펀드다.

미국 내 우량 채권시장은 앞으로 불확실한 미래를 맞게 될 것이다. 연방준비위원회의 정책 덕분에 앞으로 경미한 수준의 인플레이션이 예측되기 때문이다. 덕분에 20년간 이어져왔던 채권시장의 랠리는 이제 끝날 것으로 생각된다. 지금부터는 베어마켓이다. 곧 수익률곡선은 상승하거나 정체할 것이다. 채권투자로 두 자리대 수익을 올리던 시기는 지났다. 불마켓에서는 어떤 종목을 고르든 성공한다. 「월스트리트 저널」을 테이블 위에 올려놓고 무작위로 다트를 던져서 종목을 골라도 상관없다. 「월스트리트 저널」도 불마켓 동안에는 투자 실적을 나타내는 칼럼을 정기적으로 싣곤 하지만, 주식시장이 베어마켓이 되면 슬그머니 기사를 빼곤 한다. 반대로 베어마켓에서는 아무렇게나 투자했다가는 큰 손해를 본다. 앞으로는 투자종목을 잘 선택해야 한다. 이럴 때면 그로스는 다른 종목보다 실적이 좋을 것으로 예측되는 종목을 고른다. 이 책의 8장에는 그로스가 추천하는 종목이 소개되어 있지만, 지금까지 충실하게 책을 읽어온 독자라면 굳이 8장을 읽어보지 않아도 어느 정도 짐작할 수 있을 것이다. 다음 6장에서는 세금을 줄이는 방법과 해외 채권에 대해 알아보겠다. 이 방법으로 투자자들은 수익률을 한층 높일 수 있을 것이다.

chapter 6

누구에게나 필요한
세금 줄이기

세금을 줄이는 투자와 헤지펀드처럼 세금을 회피하는 투자는 다르다(일례로 LTCM이 붕괴된 후, 탈세를 한 게 아니냐는 논란이 불거져 소송이 걸리기도 했다). 또 경제잡지 뒷면 광고로 곧잘 실리는, 카이만제도Cayman Island 같은 불법 조세피난지와도 다르다. 연금처럼 세금을 유예하는 것도 아니다. 세금을 줄이는 방법은 지방채처럼 세금혜택을 주는 상품에 투자하는 것이다.

돈을 많이 벌어 과세소득계급이 높은 투자자라면 과세대상 포트폴리오와 세금이 유예되는 포트폴리오를 모두 가지고 있는 게 좋다. 후자는 재무부채권 등의 수익 중심 채권들이 좋고, 전자는 지방채가 좋다. 종자돈을 보호하려면 두 가지 계좌를 다양하게 보유해 비용을 아끼는 게 좋다.

지방채채권의 장점

1776년 독립전쟁 후에도 미국은 이름뿐인 국가였다. 각 주, 도시, 농장의 대표들이 대륙회의Continental Congress에서 토론을 통해 다양한 결정을 내렸다. 남북전쟁은 주정부보다 연방정부가 더 큰 권력을 얻게 된 계기였다. 전쟁 중, 각주와 지방은 전쟁비용, 모든 재정지출, 도로와 고속도로, 운하의 건설 및 유지비용, 위생, 물 관리시설, 그 외 근대사회 유지에 필요한 모든 비용을 부담했다. 20세기까지 자본조달에 있어서 주식의 역할은 상대적으로 적었다. 1926년만 해도 새로 발행되는 증권의 75%는 채권이었다.* 미국의 투자자들은 매우 보수적이었다. 앤드류 카네기마저도 거의 모든 투자를 채권에 집중할 정도였다. 당시 주식이 통제 불능이기 때문이기도 했지만, 채권시장에는 그로스가 이른바 '자경단원'이라고 부르는 강력한 세력이 이미 자리를 잡아 채무를 이행하지 않는 채무자들에게 벌을 주기 시작했기 때문이기도 했다. 19세기에도 미국의 주와 도시들은 해외시장을 활용해 금융적인 의무를 이행했다. 예를 들어, 펜실베이니아 주정부는 남북전쟁이 발생했을 때 300만 달러에 달하는 증권을 발행했다.

• 『*Wall Street: A History*』 찰스 R. 가이스트(Charles R. Geisst) p. 157 참조.

1863년 게티즈버그Gettysburg와 같은 전투가 발생할 가능성 때문이었다. 또 모건 제국도 초기에 주와 지방이 발행한 채권을 영국에 매도했다. 역사 속에서, 해외 투자자들이 미국의 지방채에 많은 돈을 투자했던 사례는 몇 번이나 있었다.

20세기, 연방정부는 소득세를 도입했다. 하지만 지방채투자로 인한 소득은 과세하지 않기로 결정했는데, 덕분에 지방정부들은 재무부채권보다 저렴한 이자를 제공하면서도 투자자들을 끌어모을 수 있게 되었다. 지방정부가 더 저렴한 비용으로 채권을 발행할 수 있도록 돕기 위한 보조적인 정책이었다. 하지만 그 덕분에 지방채시장은 완전히 변해버렸다. 감세혜택 여부와 상관이 없는 해외 투자자들과 연금 등의 기관 투자자들은 지방채시장에 흥미를 잃어버렸다. 개인 투자자, 뮤추얼펀드, 은행신탁기관들만이 지방채시장에 관심을 갖게 되었는데, 2002년 연방준비위원회 조사에 따르면 이들이 전체 1조 7,650억 달러에 달하는 지방채시장 중 77.5%를 차지하고 있다고 한다. 나머지는 상업은행이나 손해보험사가 차지하고 있다. 지방채시장에서만큼은 개인 투자자가 그로스보다 유리하다. 그로스는 기관 투자자인만큼 지방채시장은 특별한 이변이 없는 한 그에게 별 매력이 없기 때문이다. 총수익투자를 지향하는 똑똑한 개인 투자자라면 한번쯤 고려해볼 만한 시장이다.

요즘 지방채시장에는 전처럼 수로나 고속도로 건설 관련 채권보다는 일반보증채general obligation bond나 교육, 의료시설, 오염물질 통제, 공공위생, 수도시설 등의 채권이 다수를 차지하고 있다. 1986년 전에는 산업개발에 관련된 채권도 증가했다. 그런데 상업적인 건설을 목적으로 지방채를 발행하는 등 무분별한 남용이 밝혀지면서, 연방정부는 상업적인 목적으로 발행한 채권의 경우에는 세금감면 혜택을 주지 않게 되었다. 때문에 요즘 시장에서 산업적인 용도로 발행되는 지방채는 매우 적다. 지방채도 우량채권이지만 그렇다고 리스크가 전혀 없는 건 아니다. 1975년에는 뉴욕 시가, 1994년에는 캘리포니아 오렌지카운티가 파산했다. 또 2003년에도 지방채시장을 들썩인 사건이 있었다. 일리노이 메디슨카운티Madison County 지방판사가 필립 모리스Philip Morris Companies 담배회사와 변호사들 간 법정소송에서 내린 판결 때문이었다. 이 재판에는 수십억 달러가 걸려 있었고, 판결 내용은 46개 주정부와 4개 담배회사들이 맺은 담배기본정산협약Master Settlement Agreement(또는 MSA)을 무효화시킬 수 있었다. MSA란 담배회사가 46개 주 정부에 담배로 인한 사회적인 비용을 지불하기로 한 협약이었다. 캘리포니아와 뉴저지를 비롯해 여러 주에서 담배지방채를 발행했고, 이 돈은 MSA로 벌어들인 3,685억 달러로 상환될 예정이었는데, 재판 결과가 발표되자 상황이 급박해졌다. 캘리포니아는 예산을 감당하기 위해 발행하기로 했던 23억 달러의 채권발행을 보류했고, 버지니아에서도 이미 가격이 정해질 정도로 투자자들의 관심도가 컸던 7억 6,700만 달러 상당의 채권발행을 취소했다.

2003년 지방채시장은 그 외에도 악재가 많았다. 경제위기(신용위기와 비슷했다) 탓에 각 주정부는 채권에 대한 이자를 지불하는 것도 힘겨워했다. 일반보증채는 반드시 이자를 지불하도록 규정하고 있었기 때문에 주정부는 세금이라도 올려 메워야 했지만, 당시 사회적인 분위기 때문에 세금인상은 불가능했다. 상대적으로 자유롭다고 알려진 오리건 주에서도 세금인상은 불가능했고, 그와 비슷한 시애틀, 워싱턴 주 시민들도 트리플라테 커피에 과세하기로 한 '자바세Java Tax'를 거부했다. 그렇다고 주정부들이 파산하거나 아예 디폴트를 선언할 정도는 아니었다. 하지만 일부 불안정한 신흥시장들처럼 채권이자를 지불하지 못할 수도 있는 분위기였다.

모닝스타에 따르면 덕분에 그해 8월까지 지방채펀드 평균 수익은 0.48%까지 하락했다. 1년 전 수익은 8%였다. 1994년과 1999년에도 지방채시장이 호된 시련을 겪었다. 당시 한 자리대 중반 정도의 손실을 기록했고, 단기 채권금리가 상승했다. 하지만 2003년은 앞서 겪은 두 번의 위기와 달랐다. MSA와 각 주의 예산 적자가 문제시되면서 지방채시장은 포화상태가 되었기 때문이었다. 메디케이드Medicaid 같은 비용은 크게 증가하고 실업률이 상승하면서 각 주정부는 채권을 기록적인 수치로 발행하기 시작했다. 2001년에는 2,900억 달러어치의 채권이 발행되었고, 2002년에는 3,500억 달러였다. 그 전 10년간 발행된 채권의 가치는 연평균 2,250억 달러였다.

지방채시장이 제한적인 이유는 해외 투자자가 투자하지 않기 때문만이 아니라 지역적인 특성이 강하기 때문이다. 소득세를 많이 부과하는 주의 경우에는, 지방채에 투자하는 지역 주민들에게 연방세금뿐 아니라 지역세금을 감면해주면 이자를 더욱 낮출 수 있는 여력이 생긴다. 뉴저지의 경우 소득세는 6.37%고, 캘리포니아는 9.3%나 된다. 캘리포니아와 뉴저지 주민들은 해당 지역의 지방채에 투자하면 꽤 큰 혜택을 받게 된다. 돈으로 따져보자. 세금을 가장 많이 내는 사람들의 경우, 일반 회사채에 투자하면 이자를 1달러씩 받을 때마다 고작 61.4센트를 버는 셈이다. 나머지는 세금으로 내야 하기 때문이다. 캘리포니아는 세금을 많이 부과하므로 고작 52.1센트를 벌어들인다. 또 소득세가 가장 높은 버몬트 지역도 비슷하다. 따라서 이 지역에서 발행하는 지방채들은 재무부채권에 비해 61.4%의 이자만 제공하면 되고, 캘리포니아에서는 52.1%만 제공하면 된다(수치적으로 계산하면 지방채이자에 대한 감세효과는 연방세+지방세다. 하지만 연방정부에 신고한 소득에 따라 달라지므로, 실제적인 감세효과는 그보다는 적다. 결국 감세혜택을 받는 소득의 양에 따라 감세효과는 달라진다). 하지만 지방채는 감세효과보다 더 높은 이자를 지급한다. 먼저 재무부채권의 이자에 대한 세금은 주정부에 대한 소득신고를 기준으로 정해진다. 또 지방채는 재무부채권보다 리스크가 크다. 게다가 모든 사람들이 최고 과세등급은 아니다. 이런저런 이유로 우량 지방채의 이자는 장기 재무부채권 이자에 비해 85% 정도 수준을 기록하고 있다. 보다시피 지방채는 상당한 캐리수익을 제공한다.

지방채투자를 통해 받는 과세혜택은 간단하게 계산할 수 있다. 먼저 1에서 자신이 내야 하는 세금 비율수치를 뺀다. 즉 자신이 과세소득계급에서 35%를 세금으로 내야 하는 등급이라면 1-0.35가 된다. 이로써 0.65라는 값을 구할 수 있다. 지방채수익률을 0.65로 나눈다. 이렇게 구해지는 4%라는 수치가 바로 세금을 고려한 지방채수익률이다.

2001년과 2002년에는 지방채 발행이 크게 늘었는데, 금리가 지속적으로 하락했기 때문이었다. 일반적인 상황이라면 이럴 때는 지방정부들도 일종의 콜옵션을 이행한다. 이자가 하락하므로 채권을 조기상환하는데, 이때 지방정부는 상환기금조성pre-refunding(또는 advanced refunding)을 한다. 이미 발행한 채권의 비싼 이자를 지불하기 위해 일종의 에스크로계정escrow account을 만들고, 새로운 채권을 발행해 이미 발행한 채권을 메울 만큼 충분한 돈을 재무부채권에 투자하는 방식이다. 과거의 비싼 이자로 발행된 채권을 싼 이자로 바꾸어 지방정부의 부담을 줄이는 게 목적이다. 하지만 재무부채권과 지방채채권의 수익률이 동일할 때에는 제대로 실행되지 않는다. 지방채 조기상환은 상황이 좋지 않으면 제대로 활용할 수가 없다. 원래 목적은 지방정부의 부담을 덜어주면서도 동시에 채권자들이 조기상환의 리스크에서 벗어나도록 하는 것이지만, 여전이 주정부가 이자를 지급하도록 강요하기 때문에 신용문제가 더욱 악화되는 결과를 낳기도 한다.

현재 미국의 헌법은 지방정부가 적자를 운영을 하지 못하도록 금하고 있다. 하지만 연방정부의 재정적자는 허용하고 있다. 미국의 재정적자는 국민들이 저축하는 돈보다 기업들이 더 많은 돈을 투자하고 있다는 뜻이다. 또 해외 자본이 미국으로 쏟아지고 있다는 뜻이기도 하다. 19세기 유럽인들이 미국의 철도건설에 필요한 자본을 제공했듯이, 이제는 세계 시민들이 미국의 최첨단기술과 BT기술개발 등에 필요한 자본을 제공하고, 미국의 재정적자를 떠받치고 있는 것이다. 현재 미국 재무부채권 중 1/3은 외국정부와 그 국민들이 소유하고 있는 실정이다. 하지만 지방채 시장에 투자하는 해외 투자자는 없다. 세금혜택을 받을 수 없으니, 적은 이자를 받을 까닭이 없기 때문이다.

그런데 미국 국민 중 상당수가 같은 이유로 지방채투자를 꺼린다. 미국인들이 가장 많이 소유하고 있는 투자계좌는 퇴직금계좌다. 그런데 이들 퇴직금계좌는 세금을 유예해주기 때문에 지방채의 감세혜택이 효과가 없다. 지방채에 투자하면 모든 수익에 대해 세금을 내야 하는데 퇴직금계좌로 지방채에 투자하는 바보짓은 아무도 하지 않을 것이다. 물론 예외도 있겠지만 일반적인 퇴직금 신탁관리자라면 투자자에게 지방채를 매입하지 말라고 충고할 것이다. 아마 직접 투자가 아니라 지방채 뮤추얼펀드에 투자한다고 해도 말릴 것이다. 지방채는 전통적이면서 과세대상인 투자를 할 때 고려할 종목이다.

지방채 공급은 폭발적으로 증가하고 있는데 수요는 한정되어 있기 때문에, '보이지 않는 손'의 작용으로 가격은 하락하고 수익률은 상승하는 중이다. 이 때문에 그로스는 개인적으로 지방채에 투자하고 있다. 그는 폐쇄형 지방채펀드를 추천한다. 레버리지를 활용해 수익률을 더욱 높일 수 있기 때문이다.

세금을 줄이는 채권 상품들

앞 장에서도 설명한 폐쇄형펀드는 주식처럼 매도와 매입을 할 수 있고, 대부분 뉴욕 증권거래소에서 거래되며, 시장이 원하는 가격을 지불하면 된다. 폐쇄형펀드는 이미 고정된 포트폴리오이기 때문에 개방형 뮤추얼펀드보다 관리가 쉽고, 돈을 자유롭게 입출금할 수가 없다. 또 뮤추얼펀드와 달리 자산을 빌려 수익을 올리는 레버리지를 활용한다. 주정부 내 회계담당자들이 쓰는 방법과 비슷한데, 펀드에서 우선주를 발행해 기관 투자자들에게 매도하고, 그렇게 얻은 돈을 우선주에 대한 이자보다 더 많은 이자를 지급하는 종목에 투자하는 방법이다. 하지만 폐쇄형펀드가 모두 레버리지를 하는 건 아닌데, 수익률이 높은 투자를 한다는 게 쉽지만은 않기 때문이다. 작은 수익일지라도 놓치지 않는 게 핌코의 투자철학이지만, 까다로운 입맛을 지닌 그로스의 기준에 맞추다 보니 핌코에서 운용하고 있는 폐쇄형펀드는 고작 몇 개밖에 되지 않는다.

주식에서 부동산까지 폐쇄형펀드는 그 종류가 수백 가지나 된다. 채권펀드 중에서는 폐쇄형펀드가 레버리지를 활용해 뮤추얼펀드보다 더 나은 수익을 올리기 때문에 좋고, 지금 시장에서는 특히 폐쇄형 지방채펀드가 가장 좋다는 게 그로스의 의견이다. 앞에서도 폐쇄형펀드에 대해 설명하기는 했지만, 지방채투자의 맥락에서 살펴보면 더 좋다.

핌코는 아홉 개의 지방채펀드를 관리하고 있다. 총 세 그룹으로, 하나마다 각 세 개의 펀드가 속해 있다. 세 그룹 중 하나는 전국적인 펀드고, 나머지 두 개는 캘리포니아와 뉴욕 주에만 투자하는 펀드다(표 6.1 참조). 아홉 개 펀드는 모두 한 팀에서 관리하고 있으며, 팀장은 마크 맥크레이Mark McCray다. 그는 핌코의 지방채 담당자다. 각 그룹마다, 처음 펀드를 먼저 판매 개시한 후, 다음 두 개를 만들었다. 예를 들어, 2001년 6월 핌코 지방채수익펀드 PIMCO Municipal Income Fund를 먼저 도입한 후, 그 다음해 여름 핌코 지방채수익펀드II를, 그리고 몇 달 후 III을 차례로 판매 개시했다. 폐쇄형펀드는 기존 투자자들에게만 공모를 하고, 새로운 매

표 6.1

핌코가 제공하는 폐쇄형 지방채펀드

펀드명	프리미엄/할인률	수익률%-1	세금을 고려한 지방채 수익률%-2
핌코 캘리포니아 지방채수익펀드	3.29	3.29	3.29
핌코 캘리포니아 지방채수익펀드II	1.82	1.82	1.82
핌코 캘리포니아 지방채수익펀드III	2.96	2.96	2.96
핌코 지방채수익펀드	4.63	4.63	4.63
핌코 지방채수익펀드II	2.34	2.34	2.34
핌코 지방채수익펀드III	1.37	1.37	1.37
핌코 뉴욕 지방채수익펀드	5.61	5.61	5.61
핌코 뉴욕 지방채수익펀드II	3.70	3.70	3.70
핌코 뉴욕 지방채수익펀드III	0.34	0.34	0.34

주| 프리미엄/할인률과 수익률 통계는 2003년 6월 30일 기준, 1-수익률은 시장가격 대비 비율, 2-세금을 고려한 지방채수익률은 연방세 35% 대비 및 캘리포니아 9.3% 대비, 뉴욕 6.85% 대비 비율이며 2003년 자료, 전체 감세 혜택은 투자자가 감세 혜택을 받는 소득을 많이 올리면 줄어든다. 따라서 수익률도 감소한다.
자료제공| ETFConnect.com, 미국 연방세금관리소(Federation of Tax Administration)

입기회는 제공하지 않기 때문에 그리 이례적인 일은 아니다. 하지만 각 그룹에 속해 있는 세 가지 상품은 각각 듀레이션이 다르다. 2003년 3월 31일 기준으로 핌코 지방채수익펀드의 듀레이션은 9.6년이고, 핌코 지방채수익펀드II는 11.1년, III은 6.8년이었다. 모두 중기라기보다는 장기 펀드에 가깝다.

2003년 2분기 말 기준으로 아홉 개 펀드 모두 NAV 대비 프리미엄을 받고 거래되고 있다. 프리미엄과 할인은 폐쇄형펀드에 골칫거리일 수도 있고 혜택일 수도 있다. 뮤추얼펀드는 펀드의 주식을 더 발행할 수도 있고, 이미 있던 주식을 상환하기도 하기 때문에 늘 NAV에 거래된다. 반면 폐쇄형펀드는 그렇지 않기 때문에 수요가 가격에 빠르게 반영된다. 핌코의 펀드들은 지금까지 꽤 괜찮은 수익을 올려왔다. 6월 30일 기준으로 세금을 고려했을 때 전국 지방채에 투자하는 펀드의 수익률은 10%대였고, 캘리포니아와 뉴욕 주 지방채에만 투자하는 펀드는 11%대였다. 하지만 최근 시장이 변덕스러워, 그 다음 한 달간 펀드의 프리미엄이 크게 떨어졌다. 7월 25일 기준으로 핌코 캘리포니아 지방채수익펀드의 프리미엄은 오히려 3.15의 할인율을 기록할 정도로 하락해서 수익률이 7.02%까지, 그리고 세금을 고려했을 때 수익률은 12.60%까지 상승했다. 여타 투자신탁에서 판매하는 폐쇄형펀드들도 상황은 마찬가지다. 핌코는 수십 년간 기관 투자자 고객들을 상대해왔고, 펀드를 출시한 건 상대적으로 최근이며, 핌코 외에도 존 누빈John Nuveen, 블랙록BlackRock 같은 투신사들도 폐쇄형 지방채펀드를 판매하고 있다.

이들의 수익률은 정크본드만큼이나 높지만, 신용등급을 보면 전혀 그렇지 않다. 예를 들어, 2003년 3월 31일 기준으로 핌코의 캘리포니아 지방채수익펀드는 48%가 트리플 A등급이다. 담당자인 맥크레이는 지방채펀드를 운영하면서 우량 채권과 일반보증채에 집중하고 있다고 설명한다. 심지어 그는 담배채권도 여타 투신사에 비해 보수적으로 운영 중이어서 채권수명을 30년 혹은

40년이 아닌 10~12년으로 줄여 리스크를 크게 줄이고 있다.

하지만 기본적으로 폐쇄형펀드는 레버리지를 활용하기 때문에 그리 리스크가 적다고 볼 수 없다. 펀드수익률이 상승할 때에는 레버리지의 덕을 보지만, 하락할 때에는 큰 손해를 본다. 2002년 9월 9일부터 2003년 6월 30일까지 지방채시장이 하락하면서 핌코의 캘리포니아 지방채수익펀드는 주당 가격이 15.35달러에서 14.55달러로 80센트 하락했다. 5.2%나 되는 어마어마한 하락으로, 같은 기간 동안 펀드가 벌어들인 배당금 중 77센트가 사라진 것과 같은 효과다. 10개월간 해당 펀드가 벌어들인 돈이 거의 없는 거나 마찬가지인 셈이다. 따라서 레버리지가 있는 폐쇄형펀드에 투자할 때는 무엇보다 타이밍을 잡는 것도 중요하다.

핌코 지방채펀드의 장점 중 하나는 다른 경쟁사에 비해 매우 낮은 수수료를 받는다는 것이다. 수수료는 투자총수익을 한 푼 두 푼 갉아먹는다. 핌코의 지방채펀드는 전체 자산 중 0.45%를 수수료로 받는다. 수수료를 많이 받는 투신사들은 결국 투자자에게 적은 수익을 돌려주거나 아니면 위험한 종목에 투자하곤 한다. 그로스는 업계에서 낮은 수수료를 받기로 유명하다. 어떤 투자나 수수료를 줄여야 하지만, 한 자리대 수익이 일반적인 채권투자의 경우 더욱 그렇다. 지방채투자는 더군다나 수익률이 낮기 때문에 고정적으로 비싼 비용을 지불한다면 그 여파는 꽤 크다.

하지만 폐쇄형펀드는 지방채투자자들이 받는 옵션을 제공하지 않는다. 그래서 거의 모든 투신사들이 지방채펀드뿐 아니라 지방채도 판매하고 있으며, 상당수의 투자자들이 지방채에 직접 투자하고 있다. 직접 투자에서 채권금리 변동에 따른 악영향을 줄일 수 있는 방법은 만기사다리전략ladder of bond를 활용하는 것이다. 보유하고 있는 채권의 만기를 다양하게 배치하는 방법이다. 예를 들어, 향후 10년간에 걸쳐 매년마다 특정양의 채권이 만기되도록 포트폴리오를 구성한다. 펀드에 가입하지 않는다면, 10년 후 또 다른 사다리를 만들면 된다. 하지만 사다리전략을 활용하려면, 개별적인 채권의 리스크를 고려해야 하므로 지속적인 노력이 필요된다. 지방채는 대부분 보험사에 가입되어 있어서 리스크가 적지만, 원금만 보호될 뿐 이자는 보호되지 않는다. 게다가 보험사가 파산할 수도 있다. 그래도 보험에 들어 있는 지방채를 구입하는 게 리스크를 줄이는 방법이다.

만기사다리전략은 우아하면서도 간단한 방법이기 때문에 그로스도 이 방법을 통해 1970년대 초반부터 수익을 올려왔다. 하지만 완벽한 방법은 아니다. 적극적으로 채권 포트폴리오를 관리하려면 지방채시장 내 여러 부분에 대해 전략적인 결정을 내려야 할 때가 있고, 그때마다 현재 혹은 계획하고 있는 포트폴리오에 영향이 미치게 된다. 또 채권을 개별적으로 구매하는 비용은 꽤 비싸다. 수수료는 투자자들의 눈에 잘 띄지 않더라도 어디에나 숨어 있을 수 있다. 그렇지 않으면 투신사들이 어디에서 수익을 올릴 수 있겠는가? 일부 증권사는 각 투자자의 입맛에 맞는 투자 포트폴리오를 구축해주는 대가로 10~25만 달러 정도의 별도 계좌를 개설하라고 요구하고 별도의 수수료를 받기도 한다. 펀드와 마찬가지로 직접 지방채에 투자할 때도 수수료는 줄어야 한다. 투자자가 얻는 총수익을 갉아먹기 때문이다.

직접 투자의 또 다른 단점은 수익을 관리하기가 어렵다는 것이다(펀드도 이런 문제점이 있지만 그 정도가 약하다). 예를 들어, 한 개인 투자자가 매년 채권투자로 10만 달러의 수익을 올린다고 가정해보자. 꽤 짭짤한 수익이다. 하지만 또 다른 채권에 투자하기에는 턱없이 부족한 돈이다. 수십억 달러를 운용하는 그로스에 비해 일반 투자자들이 불리한 이유 중 하나다. 때문에 일반 투자자들은 조금이라도 수익을 더 올리려 복잡한 계산을 하기도 하고, 별도의 계정을 만들어 채권투자 포트폴리오를 따로 관리하거나, 돈을 찾기도 한다. 덕분에 투자자의 자산배분은 왜곡된다.

폐쇄형펀드는 이점에서 다르다. 채권은 6개월에 한 번씩 이자를 지급하지만, 핌코 펀드는 매월 수익을 지급한다. 또 폐쇄형펀드의 지분은 채권보다 저렴하기 때문에, 투자자들이 얻은 수익을 쉽게 다시 투자할 수 있다. 물론 핌코의 펀드도 수수료를 받는다. 하지만 지금처럼 채권수익률이 저렴한 시기에, 추가적인 투자를 통해 얻을 수 있는 작은 수익을 놓쳐버리는 건 '기회비용opportunity cost'을 버리는 셈이다. 뮤추얼펀드에 투자해도 이런 기회비용을 아낄 수 있다. 뮤추얼펀드는 자동으로 채권으로 얻은 수익을 재투자하기 때문이다. 일반적인 뮤추얼펀드라면 중간중간에 얻는 수익에 대해서도 과세가 적용이 되지만, 지방채는 그 자체가 감면 혜택을 받기 때문에 세금을 내지 않는다.

뮤추얼펀드의 경우에는 많은 옵션을 제공한다. 그리고 이들 옵션은 대개가 투자자들에게 도움이 된다. 옵션 중 하나는 투자자가 원하는 때에 펀드를 구매하고 환매할 수 있다는 것이다. 물론 수수료는 내야 한다. 펀드 매입과 환매는 NAV 기준으로 이루어진다. 또 뮤추얼펀드의 포트폴리오는 전문적으로 관리되며 다변화된다. 레버리지가 없기 때문에 시장이 하락해도 부담이 없다. 폐쇄형펀드나 직접 투자에 비해서 정보도 많다. 리스크가 적기 때문에 대부분의 지방채투자자들은 뮤추얼펀드를 선호한다(마지막 장에서 설명).

핌코의 지방채 뮤추얼펀드 상품은 폐쇄형펀드 상품과 유사하다. 핌코 캘리포니아 중기지방채펀드PIMCO California Intermediate Municipal Bond Fund는 2003년 3월 31일 듀레이션이 4.8년이었다. 비슷하지만 듀레이션이 긴 핌코 캘리포니아 지방채펀드PIMCO California Municipal Bond Fund는 듀레이션이 8년이다. 비슷한 펀드 상품으로는 핌코 지방채펀드PIMCO Municipal Fund, 핌코 단기듀레이션 지방채수익펀드PIMCO Short-Duration Municipal Income와 핌코 뉴욕 지방채펀드PIMCO New York Municipal Bond가 있다. 핌코는 폐쇄형 지방채펀드시장도 그렇지만 지방채 뮤추얼펀드시장에 뛰어든 것도 불과 얼마 전이다. 하지만 이미 수백 종류나 되는 상품을 출시해서 그 중에는 플로리다, 뉴저지, 펜실베이니아, 노스캐롤라이나 등 특정 지방에 집중하는 상품도 있다. 이 모든 상품들이 모닝스타와 리퍼의 평가를 받고 있으며, 상당수는 업계 최고를 기록하고 있다. 온라인 평가 서비스 중 로이 웨이츠Roy Weitz가 운영하는 펀드알람FundAlarm.com은 추천 펀드종목이 아니라 반드시 팔아버려야 할 펀드상품을 '경고 3장 펀드3-Alarm Fund'로 소개해 논란을 불러일으키곤 하는데, 여기에서 핌코의 펀드가 지목된 적은 단한 번도 없다.

핌코는 지방채투자에 있어서도 향후 3~5년에 걸친 세속적인 시각을 고수한다. 하지만 핌코 지방채 전문가 맥크레이는 "그렇다고 매일 일어나는 사건에 대해 반응하지 않는 건 아닙니다."라고 설명한다. 핌코의 투자철학이 투자자들에게 50~100베이시스포인트라도 더 수익을 올려주는 것이기 때문이다. 핌코는 세속적인 관점에서 지방채시장의 전망이 밝다고 생각한다. 맥크레이는 현재 지방채시장의 수익률이 좋지 않고 자산이 저평가되어 있지만, 앞으로는 그 원인들이 시장에서 호재로 작용할 것이라고 예측한다. 지방채시장이 저평가된 가장 큰 원인은 각 주정부의 예산적자다. 각 주정부의 금융상황이 나빠지자, 핌코는 지방채펀드 포트폴리오를 그 중에서 가장 우량 지방채로 채우느라 여념이 없었다. 덕분에 2003년 초에는 담배채권에 대한 노출이 줄어들었다. 하지만 2001년 시작된 실업률 상승이 이제 회복기미를 보이고 있기 때문에, 맥크레이는 지방채의 신용등급이 향후 몇 년 안에 크게 높아질 것으로 기대하고 있다. 채권시장의 기본이 되는 재무부채권의 이자가 과거 상당히 높았던 이유는, 미국 정부가 흑자재정을 운영했고, 재무부채권은 희소했기 때문이었다. 하지만 이제 미국 정부는 적자를 기록하고 있고, 즉 곧 채권을 더 발행할 것이고, 시장의 공급은 늘어날 것이다. 연방정부는 현재 경제 약세를 이겨내기 위해 고군분투하고 있고, 또한 단기 금리를 낮추려 노력 중이다. 상황이 이렇게 되면 지방채수익률이 떨어질 수밖에 없고, 반대로 지방채의 가격은 상승할 것이다. 현재 핌코는 우량 지방채에 집중하면서, 전체 포트폴리오의 채권 듀레이션을 줄이고 있는데, 상황이 개선되면 듀레이션을 늘리는 한편 신용등급이 좀 더 낮은 채권에도 투자할 만반의 준비를 갖추고 있다.

지방채 뮤추얼펀드를 선택할 때 고려할 점은 단 두 가지다. 첫째는 운용실적이고, 둘째는 수수료다. 전자는 높을수록 좋고, 후자는 낮을수록 좋다. 다행히 세상에는 수많은 펀드가 있다. 핌코뿐 아니라 수많은 기업에서 펀드서비스를 제공한다. 게다가 이들은 분석하는 방법도 다양하다. 필자가 칼럼니스트로 있는 CNBC의 MSN 머니만 해도 「배런스」나 「포브스」로부터 호의적인 평가를 받는 리서치툴을 자랑한다.

올 여름 초, 연방준비위원회 앨런 그린스펀 의장이 앞으로 인플레이션을 용인하겠다고 발표했다. 이는 장기적으로 금리가 높아질 것이라는 의미고, 그에 대한 반응으로 당시 채권시장은 요동쳤다. 하지만 핌코는 연방준비위원회의 경기 팽창정책이 다만 디플레이션을 막겠다는 의지가 큰 것으로 해석하고 있다. 즉 대출비용이 증가해 경제에 숨통을 죄어 회복을 막아버리는 일이 없도록 하겠다는 뜻으로 보인다. 맥클레이 또한 "확실히 금리가 높으면 경기회복은 뿌리째 뽑혀버립니다."라고 설명한다. 채권 발행이 증가하고, 금리를 느슨하게 통제하면, 변동성이 큰 지방채시장은 오히려 보호받게 될 것으로 보인다.

하지만 지방채에 투자할 때 어느 정도의 조심성이 요구된다는 사실을 명심하라. 또 자신의 투자목적에 따라 직접 투자, 펀드, 폐쇄형펀드 중 고심해서 선택하라.

전망 좋은 투자시장을
계속 주시하라

미국은 GDP규모가 10조 달러에 달하며 세계에서 가장 큰 경제대국이다. 미국 경제는 다른 어떤 선진국보다 활발하다. 1990년대 미국의 GDP는 연평균 3.1%의 성장률을 기록했다. 그에 비해 영국은 2.1%, 독일과 프랑스, 일본은 1.8%였다.

하지만 다른 선진국들의 경제를 합쳐놓으면, 미국보다 훨씬 더 큰 시장이 된다. 일본의 GDP는 약 4조 9,000억 달러이고, 독일은 1조 9,000억, 영국은 1조 4,000억, 프랑스는 1조 3,000억 달러다. 대강 짐작해도 여기 어디쯤 투자기회가 있을 것만 같다. 그것은 사실이다. 채권투자는 특히 그렇다. 요즘 경제가 비실비실하다 보니, 금리인상보다는 금리인하 압력이 더 크다. 금리가 하락하면 채권가격은 상승한다. 2003년 2분기, 프랑스의 GDP는 0.3% 하락했다. 1993년 이후 최악의 분기별 하락세다. 독일은 동독 흡수의 충격에서 아직 완전히 벗어나지 못한 관계로 '유럽의 환자'로 불리고 있고, GDP에는 별 변화가 없다. 하지만 채권투자자들에게 이 '유럽경화증Eurosclerosis'은 오히려 새로운 기회다.

일본만이 예외다. 일본의 익일물대출이자율overnight borrowing rate은 0.06%, 즉 거의 제로다. 1990년대 일본은 인플레이션이 거의 발생하지 않았고, 2001년 소비자물가는 0.7% 하락했다. 일본은 금리가 너무 낮아 투자기회가 없다고 해도 과언이 아니다. 한편 미국은 성장률이 2.4%인데, 역사적인 통계치를 기준으로 별로 신통치 않은 실적이다. 2001년 가을 공식적으로 경기불황이 종료된 후 7분기 동안, 미국 GDP의 평균 성장률은 2.6%였다. 모건스탠리 자료에 따르면, 역사적으로 경기불황 종료 후 미국 GDP는 같은 기간 동안 5.4%의 성장률을 기록했었다.

구조적인 장애물 앞에 선 선진국들

그로스는 '젖은 장작'들이 미국 경제를 살려보려는 연방준비위원회의 발목을 잡고, 여타 선진국 경제에도 부담이 되어 세계무역의 불꽃이 되살아나기는커녕 탁탁 소리를 내며 꺼져가지 않을까 우려한다. 현재 연방준비위원회는 팽창정책을 사용하는 유일한 중앙은행이다. 일본 정부는 디플레이션 때문에 골머리를 앓고 있지만, 실제적인 노력을 기울이기 시작한 건 최근이다. 유럽 중앙은행은 지난 6월 금리인하를 발표했지만 2.0%로 소폭 낮추었을 뿐이다. 영국은 단기 금리가 3.5%다. 이들 국가는 여전히 인플레이션이 더 걱정이다. 미국 연방준비위원회만 인플레이션은 끝났다고 생각할 뿐이다. 게다가 이들은 연방준비위원회의 입장과는 다르다. 꽤 오랫동안 미국의 인플레이션은 유럽보다 0.5~0.75% 높았다. 하지만 미국에서 최악의 인플레이션이 발생한 시기는 1960년대와 1970년대였는데, 독일에서 1920년대 인플레이션이 유발되었을 때를 비교하면 세발의 피였다. 당시 독일은 인플레이션이 엄청나 돈을 지갑이 아니라 바구니에 담아서 가지고 다녔을 정도다.

그로스는 중앙유럽과 일본 경제가 몇 가지 구조적인 장애물에 봉착해 있다고 지목한다. 이들의 경제가 정체된 이유는 인구고령화 때문이다. 이들 국가들은 제2차 세계대전에서 패한 탓에 베이비붐이 없었다. 그 결과 미국 같은 갑작스러운 경제 붐도 없었다. 고령화되고 있는 세대는 돈을 쓰지 않고 저축한다. 그렇다고 저축률을 높이는 효과를 내는 것도 아니다. 이들은 연금을 수령하기 때문이다. 연금으로 인한 위기는 미국보다 다른 국가에서 더욱 심각하다. 게다가 미국 이외의 선진국들은 이민자들에 대해 덜 관용적이다. 일본은 외국인을 혐오한다. 제조업 일자리가 한국에서 중국으로 이전하고 있는 지금도 유럽은 미국보다 제조업

의존도가 더 크다. 유럽 국가들은 미국 스타일의 규제완화를 꺼린다. 노동시장은 경직되어 있다. 독일에서는 신규직원을 채용하려면 평생직장을 보장해줘야 하고, 어마어마한 퇴직금도 내주어야 한다. 덕분에 일자리는 중국 상하이와 미국 노스캐롤라이나로 이전된다. 유럽은 실업수당을 몇 년이나 지급할 정도로 사회보장제도가 잘되어 있다 보니 세금도 어마어마하다. 경제적 이동성economic mobility이라고는 찾아볼 수도 없다. 예를 들어, 미국에서는 일자리를 구하러 앨라배마Alabama에서 세인트루이스St Louis로 이주하는 것이 이상한 일은 아니지만, 유럽에서는 일자리를 구하러 이탈리아 사르데냐 섬에서 프랑스 파리로 간다는 건 상상할 수도 없는 일이다. 또 보호무역주의가 팽배하고 있다. 세계무역기구World Trade Organization(또는 WTO)와 유럽연합European Community(또는 EC)이 있지만, 유럽 내 산업들은 죠셉 슘페터Joseph Schumpeter가 설명한 '창조적 파괴Creative Destruction'로부터 철저히 보호받는다. 일전에 세계 최대의 크루즈선을 건설 중이던 프랑스 최대의 조선업체 알스톰 SAAlstom SA가 파산위기에 직면한 적이 있다. 프랑스 정부는 32억 달러의 공적자금을 들여 알스톰 SA를 살렸고, 프랑스 법이 허용하는 정부 최대 지분율인 31.5%를 매입해 국유화했다. 일본도 계속해서 은행들을 국유화하고 있는데, 그것은 납세자들이 낸 세금으로 민간자본이 만들어내지 못하는 기적을 만들어보겠다는 '유사 사회주의적'인 희망이다. 당연히 경쟁력이 떨어진다. 특히 유럽 국가들은 비용절감, 재무제표개선의 측면에서 미국보다 몇 년이나 뒤쳐져 있다. 게다가 유럽 정부나 EU의 정책은 별로 도움이 되지 않는다. 사실 EU의 안정협정Stability Pact은 인플레이션을 통제하겠다는 미명 하에, 재정적자를 기록하고 있는 국가들의 경제를 옥죄고 있다. 더욱이 미국만큼은 아니지만 유럽 국가들이 지속적으로 재정적자를 기록하면서 안정협정은 지켜지지 않고 있다. 영국의 경우에는 금리가 너무 높다. 핌코의 수디 마리아파Sudi Mariappa는 영국 중앙은행이 공식적인 인플레이션 목표를 준수하기 때문이라고 설명한다. 미국 연방준비위원회는 인플레이션에 대해 늘 경계하고 있지만 공식적인 인플레이션 목표치를 발표하지는 않는다. 마리아파는 유럽이 인플레이션 예상치를 미국보다 높게 잡고 있다는 게 기본적인 차이점이라고 설명한다.

설상가상으로 현재 미국의 달러화는 주요 무역국가들의 화폐 가치 대비 15%나 하락했다. 덕분에 이들의 국가 경쟁력은 더욱 약화되고 있다. 경제학자들은 지난 몇 년간 달러약세를 점쳐왔다. 미국의 경상수지적자는 이미 GDP 대비 5%를 넘어서서 6%대로 진입하고 있다. 해외 투자자들이 미국 국채를 상환하지 않는 유일한 이유는 달러가 세계의 준비통화reserve currency이기 때문이다. 해외 투자자들의 신뢰도가 하락하면서 달러화의 가치는 계속 하락했다. 아마 세계 여러 국가에서 달러 대비 자국 통화의 가치가 너무 상승할까 우려해 달러를 매입하지 않았다면, 달러의 가치는 더욱 하락했을 것이다. 일례로 일본 중앙은행은 2003년 상반기 500억 달러에 달하는 달러를 매입해 엔화 대비 달러화의 가치하락을 막았다. 핌코에서 해외 포트폴리오 전략을 담당하는 리 토마스 3세는 "매일 미국으로 10~20억 달러의 외국 자본이 유입되어 달러화 가치하락을 막고 있습니다."라고 설명한다. 하지만 언제까지 지금 상황이 계속될 수는 없다고 덧붙였다. 특히 미국의 채권을 비롯해 다양한 증권의 가격이 하락해, 그 투자가치를 잃어버리면 더더욱 그렇다. 지난 6월과 7월, 10년 만기 재무부채권의 가격은 10%나 하락했다. 무엇보다 외국인 투자자들이 미국의 채권시장을 빠져나갔기 때문이었다. 미국으로 유입되는 해외 자본은 대부분 해외 은행에서 나온 것이었다. 이들은 경기가 좋지 않아 자국에서 괜찮은 채무자를 찾기 힘들어지자, 미국 시장을 겨냥했던 자본들이다. 핌코는 6월과 7월 재무부채권의 가격이 급락한 이유가 이들 해외 자본이 빠져나갔기 때문이라고 보고 있다. 이들이 대부분 재무부국채와 그 외 국가기관채권에 집중되어 있으며, 이러한 시장의 1/3을 차지하고 있기 때문이다.

그런데 이 모든 악재들은 채권투자자의 동물적인 감각을 자극한다. 악재는 채권시장에 있어서는 구름에 가려져 있는 순금덩어리와 같다. 그로스는 향후 몇 년간, 유럽 채권과 일부 일본 채권들이 미국 채권보다 더 나은 투자실적을 기록할 것으로 예측한

다. 그는 이들이 투자종목 자체로서도 매력적이지만, 달러화의
가치 하락 덕분에 더욱 메리트가 있다고 설명한다. 8장에서도 설
명하겠지만 그로스는 외국통화로 해외시장을 노려보는 게 좋다
고 생각한다. 다만 핌코의 토탈리턴펀드는 정책적으로 통화 리스
크를 헤지하도록 되어 있어서 달러화 약세를 활용할 수는 없다.

핌코는 기본적으로 유럽에서 금리가 지속적으로 하락할 것으
로 예측하고 있다. 하지만 미국에서는 더 이상 금리가 하락하지
않을 것으로 보인다. 금리가 낮으면 채권가격은 상승한다. 그 중
만기가 짧은 채권이 제일 전망이 좋다. 일례로, 8월 중순 2년 만
기 호주 재무부채권의 수익률은 같은 만기의 미국 재무부채권과
의 스프레드가 292베이시스포인트였다. 5년 만기는 172, 10년 만

미국의 경상수지(1960~2003년)

그림 7.1

자료제공 | 핌코

기는 102베이시스포인트를 기록했다.

유럽 주요 국가들은 채권수익률이 상대적으로 높은 상황이다. 2년 만기의 경우, 독일의 채권은 스프레드가 77베이시스포인트다. 이탈리아는 83, 캐나다는 119, 영국은 226베이시스포인트를 기록하고 있다. 만기가 긴 채권일수록 스프레드는 줄어든다. 5년 만기는, 독일이 8베이시스포인트, 이탈리아는 9베이시스포인트를 기록했다. 10년 만기의 경우에는 캐나다, 호주, 영국 채권은 미국보다 수익률이 높았지만, 독일은 29베이시스포인트, 이탈리아는 14베이시스포인트 낮았다.

핌코는 기관 투자자이기 때문에 개인 투자자보다 유리한 점이 있다. 그 중 하나는 일종의 선물 계약인 금리스왑 interest-rate swap 을 할 수 있다는 것이다. 금리스왑에는 수익률 프리미엄이 반영된다. 예를 들어, 호주와 2년 만기 채권을 330포인트 프리미엄에 금리스왑거래를 한다면 38베이시스포인트 혹은 3/8% 이득을 얻을 수 있다. 스왑은 거대한 시장이다. 미국에서도 채권보다 더 큰 시장을 형성하고 있고, 유럽에서는 스왑시장이 채권시장보다 열 배나 크다. 거래가 500만 달러부터 시작하기 때문에 돈이 엄청나게 많은 투자자들과 기관 투자자만 참여할 수 있다. 스왑거래는 핌코가 투자자들을 위해 수익률을 좀 더 짜내는 방법 중 하나다.

스왑시장은 금리를 조절하는 역할을 한다. 따라서 각 국가의 금리를 쉽게 비교할 수 있어야 하는데, 이를 위해 런던 은행 간에

통용되는 리보금리London Interbank Offered Rate(또는 LIBOR)가 활용된다. 현재 리보금리는 미국보다 약간 높은 정도다. 6개월 금리가 1.19%, 1년은 1.40%, 10년은 4.95%다. 스왑계약은 금리가 변하는 시장에서 고정금리채권을 만들어낸다. 채권과 결합해서 활용하면 금리로 인한 리스크를 없앨 수 있다. 예를 들어, 현재 10년 스왑 수익률은 4.95%다. 10년 만기 재무부채권 수익률은 4.50%다. 투자자는 채권을 매입하고 스왑을 매도한다. 그 후 6개월간을 살펴보자. 투자자는 스왑 매입자에게 연 금리 4.95%로 6개월마다 이자를 지급해야 한다. 하지만 투자자는 5.69%만큼을 벌어들인다. 채권이자 4.5%와 리보금리 1.19% 덕분이다. 투자자는 금리 리스크를 감수한 대가로 프리미엄 수익을 올린다. 한편 스왑구매자는 리보금리가 10%가 되든 제로가 되든 4.95%의 수익률을 받는다. 스왑거래의 수익률은 같은 기간 동안 채권수익률보다 높을 수도 있고, 낮을 수도 있다. 스왑 매도자와 매입자는 지속적으로 금리를 예측하고, 그에 따라 거래한다. 예측이 잘못되면 수익을 내지 못할 수도 있기 때문이다.

핌코는 현재 금리를 감안하면 미국의 개인 투자자들이 환율 리스크쯤은 감수해야 한다고 주장한다. 다른 국가들의 금리는 하락할 것이고, 덕분에 투자자들은 자본소득을 얻을 수 있기 때문이다. 게다가 달러는 다른 통화에 비해 그 가치가 하락할 가능성이 크다. 따라서 지금으로서는 환헤지를 하지 않는 해외 채권에 투자하는 것이 최상이다. 내재적으로 환혜지를 하지 않은 해외 채권거래라고 하더라도, 미래 시장의 상황은 실제적인 환혜지 효과를 만들어낸다. 예를 들어, 영국 채권 1,000파운드를 매입한다고 가정해보자. 현재 환율이 1파운드당 1.61달러이므로 실제 투자액은 1,610달러가 된다. 투자 후 2년 만에 5%의 수익을 올려 1,050파운드가 되었는데, 달러화의 가치가 5% 하락했다고 생각해보자. 이때 환율은 1파운드에 1.69달러가 된다. 환율을 감안하면 전체 투자금은 1,774달러 50센트로 불어난다. 164달러 50센트를 벌었고, 4.98%의 수익을 올린 셈이다. 게다가 채권의 이자(4.10%)도 받았고, 여기에 환율을 적용하면 투자자의 총수익은 9%가 넘는다. 여기에 신용 리스크는 없다. 환율 리스크와 금리 하락에 따른 리스크가 있지만, 향후 2년간 영국 금리와 미국 달러화의 가치가 떨어질 것이라는 확신만 있으면 감당할 수 있는 리스크들이다. 영국 금리와 달러화 가치에 대한 예측 중 하나가 잘못되더라도 손해는 보지 않을 것이다. 두 가지 예측이 모두 틀릴 때에만 문제가 발생한다. 하지만 아무리 봐도 확률은 투자자 편이다(그림 7.2 참조).

그로스는 심지어 사면초가인 일본 경제에서도 투자기회를 찾고 있다. 이례적으로 일본에서는 민간 분야를 주목한다. 지난 7월, 일본의 4대 은행인 미쯔비시 동경 UFJ은행은 미국에서 후순위채권subordinated debt을 발행했다. 일본 은행은 정실자본주의가

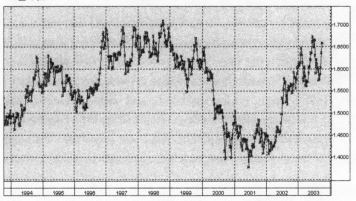

파운드화 대비 달러화 가치(1994~2003년)

그림 7.2

자료제공| 핌코

만들어낸 최악의 희생양이다. 1980년대, 이들은 부문별하게 팽창하는 일본 경제를 떠받쳤다. 당시 일본은 대적할 국가가 없는 듯이 보였고, 각국의 소유물을 사들였다. 엔화는 마치 모노폴리 보드게임에서 쓰이는 게임머니 같았다. 미국인들도 기억하듯이, 미국 동부 해안의 록펠러센터와 서부 해안의 페블비치골프장을 어마어마한 값에 사들였다가 후에 반값에 되판 일도 있었다. 하지만 일본의 국내 경제는 엉망이었다. 1980년대 헛웃음이 날 만큼 과도한 부동산담보대출은 사실 미국의 기준에서 보면 디폴트 상태나 다름없었지만, 여전히 회계장부에 남아 있었다. 때문에 금융시스템은 공동화되어가고 있었고, 그 규모는 상상을 초월할 정도였다. 일본의 오만함이 최고조일 때, 일본 전체 부동산의 가치는 그 크기가 일본보다 25배나 큰 미국의 국토 전체의 가치보다 높았다. 미국도 부동산 거품이 꺼졌을 때가 있었다. 1980년대 말, 당시 1,320억 달러의 세금이 투입되었고 몇 년이 지나 거품의 여파가 사라졌다. 일본은 미국보다 전체 납세자 숫자가 훨씬 적고, 부동산 거품은 훨씬 컸다. UFJ은행의 경쟁사들은 대부분 국유화되었고, 그 채권에 투자했던 투자자들은 공적자금으로 원금을 상환받았다.

이런 사정에도 불구하고, 아니 이런 사정 때문에 UFJ은행은 그로스의 눈길을 끌었다. 일본은 은행이 망하도록 내버려두지 않는다. 국유화를 통해서라도 살려내려 하기 때문에 후순위채권이라도 신용 리스크는 없었다. 또한 채권의 수익률은 재무부채권에 비해 280베이시스포인트나 높았다. 그로스의 투자위원회는 핌코의 일본 전략가인 토모야 마사나오Tomoya Masanao를 불러서 UFJ은행의 신용도를 평가했다. 문제점은 찾을 수 없었다. 한 달 전, 레조나은행Resona Bank의 자본이 재구성되었을 때, 후순위채권투자자들은 모두 돈을 상환받았고, 다른 두 개 은행의 경우도 마찬가지였다.

핌코는 UFJ은행의 후순위채권을 사들이기 시작했다. 한 달도 채 지나지 않아, 다른 투자자들도 같은 결론을 내린 탓에 채권 스프레드 250에 거래되기까지 했다. 하지만 그로스는 여기에 투자를 집중하지 않았다. 핌코 토탈리턴펀드 전체에서 UFJ은행 후순위채권이 차지하는 비중은 0.5%도 채 안 되었다. 그로스는 좀 더 폭넓은 관점에서 투자를 결정한다. 대표적인 예가 금리에 대한 기대다. 또 개별적인 투자종목은 다변화해 불가피하게 발생하는 실수 때문에 손실을 보지 않도록 했다. 하지만 예외도 있다. 그로스의 총수익투자 접근방법을 활용하면서도 베팅을 크게 할 때가 있다. 그로스의 투자철학 중 하나는 기회가 왔을 때 대담하게 행동하라는 것이다. 이렇게 투자가 집중되는 종목은 매도가 힘들어서는 안 된다. 즉 유동성이 좋아야 한다. 리먼 브라더스의 미국 채권인덱스에 포함되어 있는 종목은 모두 유동성이 좋다.

흥미를 끄는 도약 가능성의 시장

선진국들의 경제성장 속도는 느려지고 있지만, 신흥시장들은 다르다. 1990년대 중국의 연 평균 실질 GDP성장률은 9.8%였다. 싱가포르는 7.8%, 말레이시아는 7.2%, 한국은 6.4%, 칠레는 6.3%, 인도는 5.5%, 태국은 5.0%, 홍콩은 4.3%, 멕시코는 3.6%를 기록했다. 2002년 러시아의 GDP는 6.9% 성장했다. 2002년 헝가리, 폴란드, 체코슬로바키아, 멕시코, 브라질은 영국보다 더 높은 경제성장률을 기록했다. 게다가 개도국의 인구는 선진국의 인구보다 젊고, 빠르게 증가하고 있다. 세속적인 관점에서 보았을 때, 이들 경제는 앞으로 더욱 풍요로워질 것이다. UN에 따르면 유럽의 인구는 2030년까지 5% 감소할 것이고, 독일, 러시아, 영국, 호주 인구 중 20%는 65세 이상의 고령인구로 구성될 것이다. 일본과 이탈리아는 고령인구가 약 30%를 육박할 전망이다. 하지만 개도국에서는 인구가 빠르게 증가하고 있기 때문에 근로자와 소비자가 늘고 있다. 앞으로 아시아와 라틴 아메리카에서는 고용이 크게 늘 전망이다. 게다가 이들 국가의 국민들은 저축률도 높다. 중국의 저축률은 GDP 대비 43%이고, 홍콩, 인도, 인도네시아, 한국, 말레이시아도 그에 비해 과히 낮지 않은 수준이다. 미국의 현재 저축률은 GDP 대비 16%에 불과하다.

개도국들은 높은 저축률을 자랑하면서도 선진국 자본에 대한 의존도가 높다. 이 모든 상황을 종합해보았을 때, 선진국에 대한 투자보다 개도국에 대한 투자에서 더 많은 수익을 기대할 수 있다. 실제로도 그렇다. 2003년 8월 21일까지 12개월간, 신흥시장의 채권가치는 미국 달러화 기준으로 30.09% 상승했다.

리먼 브라더스의 통계에 따르면 개도국 채권의 총 가치는 2,500억 달러라고 한다. 평균 만기는 11년이지만 듀레이션은 6년이 조금 안 된다. 이들의 수익률은 8.2%로 미국 내 고수익채권의 수익률과 비슷하며, 미국 재무부채권과의 스프레드는 425베이시스포인트나 된다. 물론 각 국가마다 차이점은 있다. 현재 경제가 엉망인 아르헨티나 채권은 스프레드가 1,466포인트로, 거래가 거의 이루어지지 않고 있다. 브라질은 2002년 10월 스프레드가 2,000포인트나 됐지만, 최근 당선된 좌파성향 대통령이 생각만큼 극단적이지 않은 정책을 펴면서 640포인트까지 하락한 상황이다. 멕시코의 스프레드는 225포인트로 미국 내 우량 회사채보다 훨씬 높다. 러시아의 경우는 스프레드가 260포인트다. 태국은 스프레드가 고작 180포인트이고, 유럽의 개도국들은 320포인트선을 유지하고 있다. 하지만 개도국과 미국 재무부채권 간의 스프레드는 점차 감소하고 있어서, 이들 국가의 경제상황이 나날이 개선되고 있다는 사실을 반증한다. 핌코에서 신흥시장 채권을 담당하고 있는 모하메드 엘 에리언은 이들의 평균 신용등급이 더블 B 정도이며, 전체에서 40%가 투자적격등급이라고 설명한다. 이 40%에 포함되는 국가들은 멕시코, 폴란드, 한국, 말레이시아, 칠레, 남아프리카 등이다.

개도국 채권의 상당수는 주로 이들 정부가 발행한 국채를 뜻하며, 해외시장에서 달러화, 유로화, 엔화로 거래할 수 있다. 이 중 회사채는 전체의 10%를 차지할 뿐이다. 민간 기업들은 재정적인 취약성 때문에 채권보다는 주식을 매도하고 있다.

개도국 채권시장은 '브래디채권Brady bond' 이후로 크게 발전했다. 브래디채권은 1994년 멕시코의 경제위기 때 처음 발행되었다. 당시 미국 재무부장관이던 니콜라스 브래디Nicholas Brady의 이름에서 착안해 브래디채권이라고 불리는데, 개도국에서 발행한 채권 중 미국 정부가 가치의 1/3을 지급하기로 보증한 채권을 지칭한다. 처음 브래디채권은 큰 논란을 불러일으켰지만, 결국 크게 성공했다. 미국 정부는 엄격한 회계 기준과 개혁을 조건으로 지급보증을 해주었고, 개도국들이 철저하게 약속을 지킨 덕분이었다. 곧 라틴 아메리카의 다른 국가들도 미국과 브래디채권 계약을 맺었다. 역사적으로 신용위기를 겪었던 개발도상국들이 해외자본시장에 접근할 수 있는 방법이 바로 브래디채권이었다. 이제 브래디채권은 더 이상 발행되지 않고 있으며, 리먼 브라더스 신흥시장채권인덱스Lehman Brothers Emerging Markets Bond Index 중 11.16%를 차지할 뿐이다. 브래디채권이 남긴 가장 큰 유산은 회계와 금융정보의 투명성을 제고한 것이다. 1997년 아시아 외환위기 이후에는 더욱 그랬다. 외환위기는 투명성 결여 때문에 유발되었는데, 이 때문에 기관 투자자들은 한동안 아예 신흥시장에서 발길을 끊기도 했다. 하지만 결국 이들이 되돌아와서 신흥시장에 자본금 유입이 가속화되었다.

하지만 신흥국가들이 해외자본을 유치하는 데 방해가 되는 구조적인 문제점들은 여전히 남아 있다. 이들 국가의 정치조직, 사법제도, 금융권에 대한 통제력, 대중들의 경제의식 등 기본적인 제도가 아직 취약하기 때문이다. 엘 에리언은 "신흥시장에서 매일 어떤 일이 일어나는지 꼼꼼하게 모니터해야 합니다."라고 조언한다. 그래서 엘 에리언의 부서는 매일 아침 핌코의 투자매니저들과 파트너들에게 리포트를 배포한다. 1997년보다는 그 정도가 덜하지만, 선진국의 자본들은 여전히 작은 위험의 기운이라도 감지되면 신흥시장에서 재빨리 빠져나갈 준비가 되어 있다. 그로스는 채권투자자를 '시장의 자경단'이라고 표현하는데, 국가나 기업의 운영이 마음에 들지 않으면 우르르 채권을 매도해버리기 때문이다. 미국에서 일어난 사건 소식이 영국까지 전해지는데 몇 달이 걸리던 19세기와 달리, 세계 신흥시장에서 일어나는 일이 핌코 사무실에 앉아 있는 엘 에리언의 책상으로 전해지는데까지는 불과 몇 초밖에 걸리지 않는다. 기관 투자자들은 일반적으로 포트폴리오의 일부를 신흥시장에 할애하고 있다. 때에 따라 각 투자종목에 할당하는 비율이 달라질 뿐, 투자 포트폴리오 전체에서 신흥시장이 차지하는 비율은 달라지지 않는다. 하지만 이들 중 상당수는 기회주의적인 자본들이다. 엘 에리언은 이렇게 설명한다. "원래는 포드 자동차에 투자하려 했는데, 멕시코가 포드보다 수익률이 좋으니까 멕시코에 투자하는 거죠. 그래서 신흥시장에는 상대적으로 적은 자본금을 투자하는 데다가, 또 다른 경쟁적인 투자 상품의 상황에 영향을 받습니다."

신흥시장이 가지고 있는 또 하나의 문제점은 여타 선진국의 영향에 취약하다는 점이다. 독일의 경제상황이 좋지 않다면, 폴란드 국채 또한 매력이 없다. 독일 경제에 폴란드가 의존하기 때문이다. "핌코는 신흥시장 투자와 관련해 결정을 내릴 때 두 가지를 고려합니다. 첫째는 해당 시장 자체의 펀더멘털이고, 또 하나는 주변국들의 상황입니다."라고 엘 에리언은 말한다.

그는 신흥시장의 채권을 크게 세 부류로 나눈다. 첫 번째는 멕시코와 남아프리카공화국 같은 투자적격 국채들이다. 이들 국가는 제도적으로나 정치적으로 안정되어 있다. 두 번째는 브라질처럼 '경제엔진이 회복 중인' 국가들이다. 약간의 리스크가 있는 만큼 스프레드도 크다. 세 번째는 '중환자실에 입원 중인 채권'들이다. 아르헨티나 같은 국가들이 여기에 속한다. 핌코는 세 번째로 분류한 시장이 즉각적으로 회복될 기미가 없다면 아예 투자를 포기한다. 회복되고 있다는 신호가 포착되고 나서야 포지셔닝을 시작하고, 신뢰도가 높아짐에 따라 조금씩 투자를 늘린다. 2002년 브라질이 경제위기를 겪을 때에도 핌코는 같은 방법으로 접근했었다. 새롭게 당선된 브라질 대통령이 해외 투자를 유치하고, 재산권을 보호하기 위한 정책을 발표, 실시하기 전까지, 핌코는 브라질에서 적극적인 투자를 보류했었다.

이런 맥락에서, 리 토마스는 최근 글로벌마켓워치Global Markets Watch를 통해 『어드벤처 캐피털리스트Adventure Capitalist: The Ultimate Road Trip by Jim Rogers』라는 책을 추천했다. 짐 로저스Jim Rogers라는 전 헤지펀드매니저가 노란색 벤츠를 타고 116개국을 여행하면서 각 나라에 대해 설명한 책이다. 토마스는 "숙련된 투자 전문가가 실제 시간을 내어 각 국가의 경제를 바닥부터 훑은 건 흔치 않은 일이죠. 게다가 이렇게 위트가 넘치고, 명확하며, 경제적으로도 이론적인 책은 정말 찾기 쉽지 않습니다."라고 말한다.

총수익투자를 지향하는 투자자들에게 선진국이든 신흥시장이든 해외시장은 새로운 기회다. 이 책의 3부에서는 그로스의 투자방식을 활용해 포트폴리오에서 반드시 지켜야 할 '핵심 포트폴리오core portfolio'와 '유동적 포트폴리오flexible portfolio' 운용에 대해 알아보도록 하겠다. 해외 투자는 리스크와 수익을 모두 배가시킨다. 그래서 해외 투자에서 성공하려면 잘 알아야 한다. 그로스처럼 세속적인 조언자들로 '자신만의 투자팀'을 꾸리고, 그리스에서 크로아티아까지 다양한 국가를 계속 주시하라. 그러면 그로스처럼 투자하고, 그로스처럼 성공할 것이다.

Part3

채권왕,
빌 그로스가
전하는 투자조언

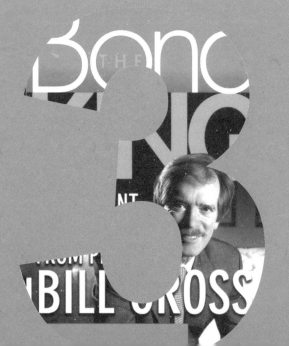

INVESTMENT
SECRETS
FROM
PIMCO's
BILL
GROSS

그로스는 현미경 같은 트레이더의 감각과 조지 소로스, 워렌 버핏, JP 모건의 배짱을 겸비했다. 그는 시장의 트렌드를 파악하고, 이들이 채권가격 리스크에 미치는 영향을 예측하는 데 신비한 능력(100% 완벽하지는 않지만)이 있다. 그는 바루크처럼 감정을 배제하고 장기적인 관점에서 경제를 파악한다. 불황과 거품이 가득한 시장에서도 마찬가지다. 하지만 이 또한 그로스만의 능력은 아니다. 뛰어난 펀드매니저들은 다들 비슷한 능력을 가지고 있다. 그로스가 이들과 차별화된 점은 이런 세부적인 본능을 넓은 시각에 접목시킨다는 것이다. 또 그는 안정되고 기대할 만한 수익을 노린다. 따라서 때때로 수익이 너무 적은 것처럼 느껴지기도 하지만, 지속적으로 수익을 올리기 때문에 결과적으로는 부를 창출해내는 공장과 같다. 그로스를 따르고 숭배하는 개인 투자자들은 이 점을 배워야 한다.

빌 그로스처럼 생각하는 법

라스베이거스 도박판에서든 최첨단 펀드투자의 세계에서든 리스크를 알고, 파악하고, 활용하는 그로스의 능력은 빛을 발한다. 앞에서 설명했듯이 그는 경제를 사이클적인 트렌드와 세속적인 트렌드로 구분한다. 그리고 이 둘 사이의 상관관계와 이들이 채권시장의 변수에 미치는 영향을 연구한다. 채권시장에 영향을 미치는 변수들은 결국 채권가격에 영향을 미치는 금리 리스크, 신용 리스크, 유동성 리스크, 통화 리스크, 조기상환 리스크, 그 외 모든 리스크를 말한다. 경제사이클의 트렌드는 거의 예측 불가능하기 때문에, 그로스는 세속적인 트렌드가 각종 리스크를 감소시키는지 또는 증가시키는지 분석하는 데 모든 노력을 쏟곤 한다.

다음 장에서는 그로스처럼 생각하는 방법을 소개하도록 하겠다. 그로스처럼 세속적인 트렌드를 미리 예측하고, 이를 활용해 자신의 투자 포트폴리오를 구성하여 운용하는 방법을 설명하게 될 것이다. 하지만 그 전에 먼저 그로스의 세속적인 견해를 소개하도록 하겠다. 이 책의 독자들은 지금부터 아주 중요한 정보를 얻는 특권을 누리게 될 것이다. 2003년 가을, 그로스는 앞으로의 채권시장을 어떻게 점치고 있을까? 향후 5년간 어떤 세속적인 요소가 채권시장을 압도할 것으로 예측하고 있을까?

물론 지금부터 소개하는 그로스의 예측이 절대적인 건 아니다. 필자가 그로스와 인터뷰를 갖은 후부터 이 책이 출판되기까지 새로운 사건이 전개될 수도 있다. 그로스 또한 그 가능성을 부정하지 않는다. 그래서 뛰어난 채권투자 전문가들은 늘 경계를 늦추지 않고 세상을 주시한다. 그로스의 '총수익투자'는 향후 5년간을 위한 계획을 세우고 지키면 무조건 돈을 많이 벌게 된다는 게 아니다. 총수익투자는 그로스의 날카로운 시각을 뜻한다. 마치 뛰어난 패션디자이너가 뉴욕 거리를 돌아다니는 사람들의 패션스타일을 보고 앞으로의 유행을 집어내듯이, 그로스는 앞으로의 세계 경제가 어떻게 될지, 그리고 어떤 변화를 겪을지 판단해낸다. 그로스 같은 투자자가 되려면, 그로스 같은 시각을 지녀야 한다. 또 변화하는 상황에 맞게 자신의 시각을 수정할 줄도 알아야 한다. 필요하다면 하루아침에 지금까지의 생각을 수정하는 용기도 필요하다. 수많은 정보에 집중하고, 주기적으로 자신의 의견을 수정하고, 경제를 움직이는 세속적인 트렌드를 예측하자.

채권왕의 예측

최근 그로스가 다양한 정보를 바탕으로 예측한 세속적인 경제 트렌드는 다음과 같다. 2003년 여름, 미국 재무부채권의 거품이 꺼진 것을 시작으로 지난 20년간 지속되었던 채권시장의 랠리는 이제 끝났다는 것이다. 투자자들이 당연하게 생각해오던 불마켓이 이제는 역사 속의 이야기라는 뜻이다. 20년 전, 처음 불마켓이 시작되었을 때 재무부채권의 수익률은 15.5%였고, 주택모기지 비용은 17%였다. 현재 재무부채권의 수익률은 5%이하까지 하락했고, 모기지 비용은 6%다. 이같은 기적은 적어도 몇 십 년간은 다시 일어나지 않을 것 같다.

미국 연방준비위원회뿐만 아니라 유럽 중앙은행을 위시한 모든 중앙은행은 인플레이션 상승을 막기 위한 정책적 무기를 개발해왔다. 최근 연방준비위원회는 인플레이션을 높이겠다고 나섰지만 그 정책적인 목표는 물가를 약간 높이는 수준이다. 그로스는 미국의 인플레이션을 향후 5년간 3% 정도로 예상하고 있다. 지난 5년간은 2%에 약간 못 미치는 수준이었다. 그로스는 "채권시장에 아마겟돈이라도 찾아왔다거나 하는 건 아닙니다. 채권을 '압수된 증권'이라고 부르던 1970년대가 재현되는 것도 아닙니다. 다만 채권시장에서는 인플레이션 수치 자체보다는 어느 방향으로 움직이는지가 더 중요한데, 1980년대와 1990년대에는 하락세였고, 지금은 상승세인거죠."라고 귀띔한다.

금리는 상승할 것으로 예측되는데, 이는 일본의 실패를 염두에 둔 미국 연방준비위원회가 정책방향을 크게 선회했기 때문이다. 그로스는 "지금까지 연방준비위원회는 인플레이션을 숙적으로 여겨왔습니다. 중앙은행이 통화팽창reflation을 목표로 삼는 경우는 드물죠. 그래서 저는 채권시장의 불마켓은 이제 끝난 게 아닌가 하고 생각하고 있습니다."라고 설명한다. 그래서 그는 10년만기 재무부채권의 수익률이 지난 6월 3.11%에서 7월 4.41%로 급격하게 상승했지만, 2004년에는 5% 이상까지 오를 수도 있다고 짐작한다. 하지만 그 이상은 무리라고 예측하고 있는데, 확실히 통화가 팽창될지 단정할 수 없기 때문이라고 한다.

그로스는 통화팽창정책이 이른바 경제의 '젖은 장작' 때문에 방해를 받을 것으로 보고 있다. 이 젖은 장작이 전반적인 가격상승을 막고 있기 때문이다. 무엇보다 중국과 인도의 부상으로 대변되는 글로벌 경쟁이 디플레이션을 유발시킨다. 미국에서는 공공뿐만 아니라 민간 부채 수준이 어마어마해(최근 회계연도에 미국 정부의 적자는 4,000억 달러를 넘어섰고, 앞으로도 적자는 불가피할 듯 보인다), 소비가 살아나지는 못할 것이다. 그로스는 "테네시 어니 포드 Tennessee Ernie Ford의 노래처럼 16톤의 무게가 소비를 짓누를 것입니다."라고 표현했다. 게다가 인구변화도 경제의 발목을 잡을 것이다. 먼저 베이비부머 세대가 나이가 들면서 전처럼 멋진 자동차를 구매하는 경우는 줄어들고, 대신 퇴직금을 불리려 노력 중이다. 덕분에 소비가 줄어들고 있다. 또 선진국의 인구가 고령화되면서 연금제도에 제동이 걸리고 있다. 유럽이 특히 문제인데, 일례로 이탈리아에서는 50세에 은퇴를 하고, 월급의 90%를 연금으로 받는다. 정계에서는 유권자들이 두려워 연금에 관한 이야기는 꺼내지도 못하고 있다. 독일의 경우, 미성년자에게도 선거권을 주고 부모들이 대신 표를 행사하도록 선거제도를 수정해 젊은 근로자들의 의견을 적극적으로 반영하자는 주장이 나올 정도다. 현재 은퇴자들이 연금제도가 조금이라도 수정되는 것을 반대하고 있기 때문이다. 실제 유럽에서는 연금문제로 정치지도자가 사퇴하는 일도 있었다. 미국도 마찬가지다. 의회와 부시 대통령은 은퇴자들에게 조제약을 무료로 제공하는 문제를 두고 엎치락뒤치락 하고 있다. 그로스는 "그린스펀 위원장이 이끄는 연방준비위원회와 연방정부가 예산적자에도 불구하고 미국 경제를 다시 성공적으로 팽창시킬 수 있을지는 불확실합니다. 게다가 경제가 다시 살아나고, 기업이윤이 늘며, 실업률이 낮아져 선거에서 이긴다고 하더라도, 그것이 슬램덩크는 아닙니다. 경제팽창정책은 활활 타오르기보다는 기껏해야 작은 불꽃을 일으키는 데 그칠 테니까요."라고 경고한다.

그는 또한 달러 가치의 하락이 또 다른 리스크라고 믿고 있다. 오랫동안 미국 달러화는 영국의 파운드, 유로, 일본의 엔화 대비 높은 가치를 유지해왔다. 해외 투자자들은 미국 채권을 대량으로 매입해 미국 달러화의 막강함을 투자에 활용해왔다. 현재 미국 재무부채권의 35%, 회사채의 23%를 해외 투자자들이 소유하고 있을 정도다. 달러화가 비싸기 때문만은 아니었다. 먼저 미국 재무부가 망할 리는 없었다. 또 금리도 미국의 역사적인 기준보다는 낮지만 여타 선진국, 그 중에서도 특히 일본보다 높았기 때문이기도 했다. 미국 기업들은 최근 언론의 뭇매를 맞고 있지만, 여전히 경영과 기업이윤 측면에서 세계 최강이다. 하지만 최근 달러화가 유로화 및 엔화 대비 두 자리대의 하락을 기록하면서, 통화 리스크가 불거지고 있다. 해외 투자자들의 리스크도 잇따라 증가하는 중이다. 만약 이들이 미국 채권을 매도하기 시작한다면 시장에 미치는 영향은 엄청날 것이다. 더욱이 미국 기업에 계속 투자하면서도 미국 채권시장을 버리는 방법도 있다. GM 같은 기업들이 유럽시장에서 채권의 원금과 이자를 유로화로 지급하고 있기 때문에 가능한 일이다.

실제 핌코의 투자위원회도 최근 GM의 해외채권에 대해 연구한 뒤 미국 내 GM채권을 매도하고, 유럽 내 GM채권을 매입했다. 핌코에서 해외 채권시장을 담당하고 있는 마리아파는 유럽 내 GM채권이 미국보다 유동성이 적기 때문에, 35~50베이시스포인트의 스프레드가 발생하기 때문이라고 설명했다. 유럽과 일본의 투자자도 곧 핌코와 같은 결론을 내릴지 모를 일이다. 또 유럽의 경제회복 속도가 미국보다 느리기 때문에 유럽에서는 미국보다 금리가 낮게 유지될 것이라고 생각하거나, 혹은 달러화 가치의 하락이 우려되어 미국 시장을 빠져나갈지도(완전히는 아니고 어느 정도라도) 모를 일이다. 그렇게 되면 무엇보다 미국 재무부채권에 대한 수요가 즉각 감소할 것이고, 당연히 채권가격도 하락할 것이다.

이 모든 상황들은 투자자들에게 방어적인 포트폴리오를 구축하라고 신호를 보내고 있다. 하지만 그렇다고 '노아의 방주'라도 만들어 숨어 있을 필요까지는 없다. 베어마켓에서는 투자자들이 전처럼 쉽게 수익을 올릴 수는 없지만, 무조건 투자에 실패하는 것도 아니다. 80년 전, 주식시장을 주름잡던 제시 리버모어는 "주식시장에 불마켓의 조건이 형성되어 있다면 설사 세계대전이 발발한다고 해도 불마켓을 막을 수 없다. 반대로 베어마켓의 조건이라면 베어마켓을 막을 수 없다. 돈을 벌려면 시장조건이 어떤지 알아야 한다."고 말했는데, 지금의 채권시장에 딱 들어맞는 말이다. 무엇보다 이런 위기에서 그로스의 진가는 여지없이 발휘되곤 한다. 그는 "채권투자자들이 투자금을 모두 현금화하거나 투자종목을 모두 수비수로 배치해야 할 만큼 인플레이션이 상승하지는 않을 것입니다. 공격적인 리시버나 쿼터백을 좀 섞어놓음으로써 터치다운을 노려볼 만하죠. 일종의 균형이 필요한 시기입니다."라고 조언한다.

그로스는 베어마켓을 이기기 위한 여섯 가지 접근방법을 제안한다. 그의 목적은 투자자들이 우량 채권에 무조건 돈을 묻어두기보다는, 상대적으로 적은 리스크를 감수하면서 높은 수익을 올리도록 돕는 것이다. 예를 들어, 지난해 고수익 회사채의 수익률이 크게 감소했으니 사야 한다는 식의 조언은 하지 않는다. 정크본드의 수익률이 감소한 이유는 그 위험성이 줄었기 때문이다(한창 경기불황 중, 두 자리 대를 기록하던 디폴트 비율은 6% 이하로 떨어졌고, 재무제표에 나타나는 기업의 재무 건전성은 점차 강화되고 있기 때문이다). 대신 그로스는 수익과 비교해 리스크를 가늠한다. 정크본드의 수익률이 10.5%라면 너무 높다고 생각하고 정크본드를 매입한다. 8%면 너무 낮다고 판단해 매도한다. 그로스는 슈퍼마켓에서 장을 보는 똑똑한 소비자처럼 세일품목을 사들인다.

채권의 만기를 단축하라

채권금리가 하락할 때 만기가 긴 채권의 리스크는 줄어든다. 그 반대의 경우도 마찬가지다. 그로스는 자신의 투자 포트폴리오 만기를 6년에서 4~5년으로 단축하고 있다(원래부터 그로스는 포트폴리오의 듀레이션을 중기로 유지해왔다). 금리가 상승하면, 듀레이션이 긴 채권은 그 반대의 경우보다 가격이 떨어질 가능성이 더 크기 때문이다.

물론 만기를 단축시키면, 채권수익률이 하락한다. 채권투자로 벌어들이는 이자로 생활하는 사람들에게는 쉽지 않은 일이다. 하지만 현실은 현실이다. 금리가 상승하면, 30년 만기 채권보다는 20년 만기 채권의 가격이 덜 하락한다. 20년 만기 채권보다는 10년 만기 채권의 가격이 그래도 덜 하락한다. 일반 투자자들이 채권펀드매니저처럼 매일매일 자신의 투자수익률을 기록할 의무는 없다. 그렇다고 돈을 잃고 있는데도, 마치 '문서상의 손실'인 것처럼 방치해서는 안 된다는 게 그로스의 충고다. IT버블을 예로 들어보자. 1999년에 매입한 IT주식을 2000년 주가하락에도 불구하고 매도하지 않은 투자자들은 단지 '문서상의 손실'을 받아들이려 하지 않은 것뿐이었다. 하지만 2001년 손실은 더 커졌고, 2002년 손실은 더욱 불어났다. '문서상의 손실'을 인정하지 않으려 하다가 엄청난 손해를 입었다. 물론 채권이 당시 IT주식처럼 폭락하지는 않는다. 다만 장기 채권보다 단기 채권이 손실 가능성이 적다는 것이다. 장기 채권에 투자해 이자수익을 높이더라도, 채권가격이 많이 하락해 자본손실이 발생한다면 헛일이다.

현재 10년 만기 재무부채권의 수익률은 4.5%다. 그로스는 앞으로도 수익률이 5%를 크게 넘지는 않을 것으로 예측하고 있는

데, 그렇다면 중기 재무부채권의 리스크는 장기 채권에 비해 훨씬 낮다는 뜻이다. 또 지금의 인플레이션을 감안했을 때, 5%대 수익률을 올린다면 자본을 지키는 데서 끝난 게 아니라 오히려 자본을 불린 것이니 성공적인 투자라고 할 수 있다. 인플레이션이 지금처럼 낮을 때, 투자 포트폴리오의 기준을 5%대로 잡는다면 별로 나쁘지 않다(1997년 『빌 그로스 투자법』을 출판할 당시 그로스는 채권수익률이 6%를 기록할 것으로 예측했는데, 지금은 그보다 더 낮은 5%를 예상하고 있다). 오히려 지난 20년에 걸친 불마켓 동안의 채권수익률보다 훨씬 정상적이다.

하지만 그로스도 채권 만기를 크게 단축하지는 않고 중기 수준으로 유지하고 있다. 즉 무조건 단기 채권으로 바꾸고 있지는 않다. 왜일까? 인플레이션이 크게 상승하지는 않을 것으로 믿고 있기 때문이다. 그는 인플레이션이 높아지기는 하겠지만, 그 정도가 아주 크지는 않을 것으로 보고 여전히 중기 채권을 선호하고 있다(그림 8.1 참조).

TIPS를 주목하라

존 브라이언오프슨은 핌코에서 리얼리턴펀드를 관리하고 있으면서 TIPS에도 전문가다. 그에 따르면, 6년 전 TIPS가 처음 소개되었을 때만 해도 인플레이션 수치가 너무 낮아서 별로 주목을 받지 못했다고 한다. 그래서 당시 TIPS는 유통시장에서 액면가

미국 재무부채권 수익률(1994~2003년)

그림 8.1

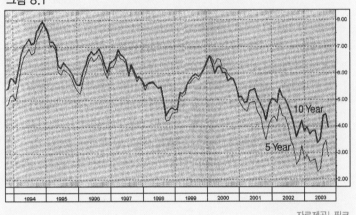

자료제공| 핌코

이하로 거래되었다. 10년 만기 TIPS는 현재 인플레이션보다 2.25% 높은 수익을 보장한다. 따라서 실질적인 수익률은 4%다. 2000년부터 주식시장이 하락세로 접어들면서 투자자들은 TIPS에 모여들기 시작했고, 그 후 TIPS의 인기는 점점 더 높아지고 있다. 무엇보다 실질적인 수익을 보장하기 때문이다. 브라이언오프슨은 "인플레이션이 하락하고, 주가와 채권수익률도 하락하다 보니 베이비부머들은 은퇴할 때까지 실질적인 수익을 얻어 재산을 불리는 게 목표입니다."라고 설명한다.

그로스는 TIPS를 향후 5년간 가장 전망이 좋은 종목으로 손꼽는다. TIPS는 수익률을 얻기 위한 채권이라기보다는 총수익이 중심인 채권이다. 그래서 캐나다에서는 TIPS를 실질수익채권이라고 부른다. TIPS채권의 이자는 지속적으로 지급되지만 인플레이션 상승분은 원금의 가치에 반영된다. TIPS의 원금을 조정하는 데 사용되는 물가지표는 노동통계국이 매달 발표하는 도시거주자 소비자물가지수U.S. City Average All Items Consumer Price Index for All Urban Consumers(또는 CPI-U)다. 이 자료는 계절적인 요소가 고려되지 않으며, 도시와 농촌을 모두 포함하는 일반적인 소비자물가지수 통계자료의 세부자료로 미 노동부 산하 노동통계청Labor Department's Bureau of Labor Statistics에서 매달 발표한다. 인플레이션이 6개월에 한 번씩 조정되기 때문에 채권의 원금은 그 가치가 상승한다. 처음 발행된 TIPS는 만기가 2007년으로, 투자원금은 1,000달러당 160달러가 상승했다. 가능성은 거의 없지만 만약 인플레이션이 제로이거나 디플레이션이 유발되면 TIPS는 만기 시 액면가로 상환된다. 따라서 TIPS의 투자자들은 인플레이션보다 높은 총수익을 올릴 것이 거의 확실하다. 즉 이들은 자신들의 구매력을 보호하는 데서 그치지 않고 오히려 늘리게 될 것이다.

하지만 TIPS에도 단점이 있다. TIPS의 원금은 인플레이션에 따라 그 가치가 상승하는데, 이 상승분이 해당연도에 과세대상 소득이라는 것이다. 물론 투자자는 채권이 상환될 때까지 이 상승분을 받지 못한다. 펀드배당금을 재투자하는 뮤추얼펀드투자자들도 비슷한 불이익을 받는다. 이들 펀드는 수익을 펀드투자자들에게 배분하는데, 그렇지 않으면 자신들이 세금을 내야 하기 때문이다. 대부분 수익 배분은 12월에 한다(주식펀드는 손실이 발생하면 이월결손금tax-loss carryforwards를 받기 때문에 이런 문제가 없다. 시장에 먹구름이 낄 때 그나마 좋은 점이다). 하지만 받은 수익을 재투자하는 경우에도 세금은 내야 한다.

쉽게 문제를 해결하는 방법은 IRA나 401(k)처럼 세금이 유예되는 퇴직금계좌로 TIPS를 매입하는 것이다. 사실 퇴직금계좌는 모든 채권 상품 투자에 적당하다. 유일한 예외는 지방채뿐이다. 하지만 일부에서는 TIPS가 세금면에서 별로 불리한 점이 없다고 주장하기도 한다. 텍사스공과대학교의 금융과 교수 스콧 헤인Scott Hein과 제프리 머서Jeffrey Mercer는 2003년에 발표한 논문에서 TIPS의 단점은 "일반적인 재무부채권과 크게 차이가 나지 않으며, TIPS의 세후 수익은 오히려 전통적인 채권보다 많거나 비슷한 수준이다."라고 평가했다.

게다가 TIPS의 원금상승분에 대해 매년 세금을 내기 때문에, 막상 상환을 했을 때에는 과세가 되지 않는다는 장점도 있다. 또한 TIPS투자자들은 자본소득뿐 아니라 매년 지급되는 이자도 받는다는 점을 명심해야 한다.

한편 브라이언오프슨이 운영하는 핌코 리얼리턴펀드는 뮤추얼펀드이므로 만기가 없다. 따라서 매일 시장에 고시되는 가격이 실제 투자자들이 벌어들인 수익이다.

미래의 모기지

MPTS는 금리에 취약하다. 하지만 그로스와 핌코는 여전히 MPTS에 투자를 집중하고 있다. 그로스는 6년 전 자신의 책 『빌 그로스 투자법』에서도 MPTS를 추천했고, 최근 필자에게도 추천했다.

5장에서도 설명했듯이, 모기지의 만기는 항상 변한다. 채권금리가 하락하면 주택 소유자들은 모기지를 조기상환하기 때문에 모기지의 만기는 줄어든다. 반대로 금리가 상승하면, 이들은 이자가 저렴한 모기지를 계속 유지하려 한다. 두 경우 모두 채권자들에게는 달갑지 않다. 금리가 하락할 때에는, 그 이전에 발행된 금리가 비싼 모기지를 보유하는 게 좋고, 금리가 상승할 때에는 그 반대이기 때문이다. 따라서 베어마켓에서는 듀레이션을 단축해 방어적인 태도를 취하라는 전략에 위배된다.

하지만 앞으로 금리가 완만한 상승세를 보일 것으로 예측되는 현재의 상황에서, 모기지의 구조적인 특징으로 그 단점을 보완할 수 있다. "모기지는 만기가 동일한 재무부채권에 비해 2%에 가까운 이자를 더 지급합니다. 2% 정도면 모기지의 조기상환 리스크를 상쇄하기 충분하죠."라는 게 그로스의 설명이다. 지난 30년간(최초의 모기지는 1973년에 발행되었다), 모기지는 재무부채권과 여타 정부기관의 채권수익을 크게 상회했다(그림 8.2 참조).

모기지는 미국에서 가장 크고 유동적인 채권시장이다. 덕분에

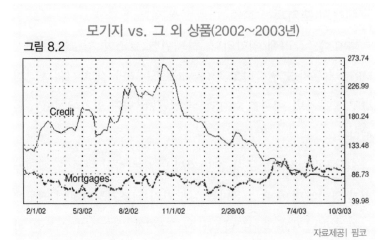

그림 8.2

모기지 vs. 그 외 상품(2002~2003년)

Credit

Mortgages

2/1/02   5/3/02   8/2/02   11/1/02   2/28/03   7/4/03   10/3/03

자료제공ㅣ핌코

모기지 매입은 매우 쉽다. 하지만 조기상환과 그 외 다양한 옵션 때문에 리스크 구조가 복잡한 시장이기도 하다. 핌코는 개인 투자자들은 활용하기 어려운 파생상품 전략을 써서 모기지투자의 수익성을 더욱 높이고 있다. 따라서 일반 투자자들은 뮤추얼펀드에 가입해 모기지시장에 참여하는 게 효율적이다.

지방채에 투자하라

6장에서도 언급했지만, 현재의 시장 조건에서 지방채는 매우 매력적인 투자처다. 또 그로스의 세속적인 기준에서도 그렇다. 그로스는 "베어마켓에서 지방채는 늘 방어적으로 움직입니다. 그래서 지방채가격은 재무부채권이나 회사채보다 완만하게 하락하죠." 라고 조언한다.

경기불황 중에는 주정부나 지방정부도 경제적으로 어려움을 겪을 수 있다. 가장 대표적인 예가 캘리포니아다. 캘리포니아의 신용은 거의 정크본드 수준까지 하락했었다. 하지만 이런 최악의 경우는 매우 드물다. 대부분의 지방채는 지역의 인프라와 직접적으로 관련되어 있다. 고속도로, 다리, 산업단지, 하수구처리시설 등을 건설하기 위해 채권을 발행하기 때문이다. 이런 인프라는 경기불황이라고 사라지지 않는다. 또 일반 보증채의 경우에는, 채권발행자가 채권의 이자를 갚기 위해서 필요한 조치는 모두 취하겠다는 약속이 포함되어 있다. 여기에는 세금인상도 포함된다. 이 때문에 캘리포니아를 제외한 모든 지방채의 신용은 굉장히 좋다고 그로스는 설명한다.

총수익을 보고 투자하는 투자자들에게는 지방채펀드 중에서도 폐쇄형펀드가 좋다. 그로스 또한 대부분 폐쇄형펀드의 형태로 지방채를 보유하고 있다. 6장에서도 설명했지만, 폐쇄형펀드는 레버리지가 되어 있다. 그런데 채권을 레버리지하면 만기가 길어지는 효과가 있다는 사실을 기억해야 한다. 다시 말해 펀드가 긴 만기의 채권을 사들이는 것이 아니라, 레버리지 자체가 포트폴리오상의 금리 리스크를 높이는 효과가 있다는 것이다.

핌코의 폐쇄형 지방채펀드는 투자자들이 2달러를 투자할 때마다 약 1달러씩 자본을 빌려온다. 예를 들어, 핌코 지방채수익펀드는 투자자의 자산이 3억 3,707만 달러이고, 빌려온 자산은 2

억 달러다. 펀드의 총자산 중 레버리지는 37%를 차지하고 있다. 레버리지를 하는 목적은 총수익을 높이기 위해서다. 핌코는 빌려온 자산에 대해 현재의 CP이자율, 즉 약 1%의 이자를 지급한다. 빌린 돈으로는 재무부채권의 수익률 수준인 4.5~5%의 이자를 지급하는 채권을 매입한다(6장에서도 설명했지만 원래 지방채의 수익률은 재무부채권의 수익률보다 약 15%이상 저렴한데, 현재는 거의 같은 수준이다). 레버리지로 매입한 채권의 이자 덕분에, 현재 핌코 지방채수익펀드의 수익률은 7%가 넘는다. 하지만 레버리지 때문에 포트폴리오의 만기가 늘어난다. 핌코 지방채수익펀드의 만기는 현재 9.67년이다.

폐쇄형펀드는 자산가치가 아니라 시장가격을 기준으로 거래된다. 현재 핌코의 폐쇄형 지방채펀드들은 모두 프리미엄을 받으며 거래되고 있지만 투자자들이 위기를 느껴 펀드를 매도한다면 할인해서 거래해야 한다. 따라서 폐쇄형 지방채펀드에 투자할 때에는, 채권에 직접 투자할 때처럼 지속적인 관리가 요구된다. 이들은 채권이지만, 실제적으로는 주식처럼 거래되기 때문이다(그림 8.3 참조).

해외시장을 주목하라─선진국 편

연방준비위원회가 미국 경제를 팽창시키기겠다고 나섰지만, 달러화는 지속적으로 유로화 및 엔화 대비 하락세를 유지할 것이

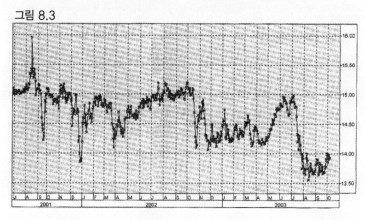

핌코 지방채수익펀드의 가격변화(발행시기부터)

그림 8.3

자료제공 | 핌코

다. 그로스는 "투자자들에게는 달러화의 가치가 높은 게 좋을 수도 있습니다. 결국 인플레이션이 상승한다는 건 달러화의 가치가 상승하는 것이니까요."라고 지적한다. 상황이 이러하니, 다른 선진국에 눈을 돌려보는 것도 좋은 생각이다. 특히 독일 국채가 매력적이다. 독일의 국채시장은 크고 유동적이다. 세계에서 가장 역동적인 선물시장은 프랑크푸르트 독일 국채시장이다.

금리가 거의 제로인 일본을 제외하고, 해외 국채는 재무부채권을 비롯한 미국 내 채권들보다 상대적으로 매력적인 수익률을 제공한다. 독일 국채의 경우에는 현재 미국 재무부채권에 비해 25베이시스포인트 수익률이 낮은데, 얼마 전 유럽 중앙은행이 금리인하를 단행했기 때문이다. 2003년 초만 해도, 독일 국채의 수익률은 미국 재무부채권보다 50베이시스포인트 높았다. 유럽이 현재 금리하락 압력을 받고 있는 이유는 유럽 경제가 생각만큼 내구성이 강하지 못하고, 2001년부터 시작된 세계 경제 불황으로부터의 회복이 더디기 때문이다. 하지만 금리가 하락하면 채권가격이 상승하게 되므로, 그로스는 향후 몇 년간 유럽 채권이 미국 재무부채권보다 자본손실의 가능성이 더 적다고 생각한다 (그림 8.4 참조).

게다가 통화가치도 한 몫을 한다. 달러화의 가치가 높으면, 해외 채권으로부터 기대할 수 있는 수익률과 자본소득은 실제보다 더 낮아진다. 하지만 달러화의 가치가 하락할 때는, 해외 채권투자를 통해 벌어들인 수익을 달러화로 환전하면 수익이 더욱 늘어난다. 달러화의 가치가 5% 하락했다고 가정하면, 유럽 채권에 투

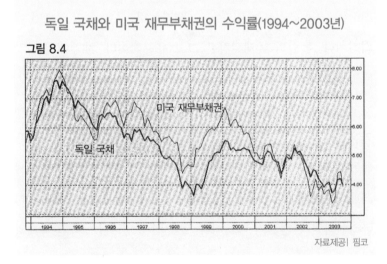

독일 국채와 미국 재무부채권의 수익률(1994~2003년)

그림 8.4

자료제공| 핌코

자해 벌어들인 돈은 5% 늘어난다. 그로스가 투자가치가 있다고 생각하는 해외 채권시장은 독일뿐만은 아니다. 영국 채권은 현재 선진국 중에서는 가장 높은 실질수익을 제공하고 있기 때문에 핌코는 계속 영국 채권을 매입해왔다.

하지만 그로스가 관리하는 핌코 토탈리턴펀드는 달러 이외의 통화로 채권에 투자해야 할 때에는 헤지를 하도록 정책적으로 정해져 있다. 따라서 그로스가 달러화 약세를 채권투자의 호재로 생각하고 있더라도, 토탈리턴펀드 운용에는 활용할 수 없다. 또 그는 일반적으로 투자에 있어서 통화의 가치를 고려하지 않는다. 하지만 세속적인 시각에서 달러 약세는 무시할 수 없을 정도라고 한다.

유로화와 달러화의 가치 비교(유로화 출범 이후부터)

그림 8.5

자료제공| 핌코

해외시장을 주목하라-신흥시장 편

그로스는 신흥시장에서는 채권의 신용등급이 좋더라도 거금을 투자하지 말라고 조언한다. 많이 투자하지 말고 투자수익률을 약간 올리는 정도에서 만족하라는 것이다. 지금의 시장 환경에서는 리스크를 감수할 여유가 없기 때문이다. 그로스는 브라일크림Brylcreem 헤어젤 CM송을 인용하면서 "약간이면 충분합니다."라고 조언한다.

하지만 아주 약간으로도 놀라운 성과를 올릴 수 있다. 엘 에리언이 운영하는 핌코 신흥시장채권펀드PIMCO Emerging Markets Bond Fund는 2003년 7월 31일까지 5년간 연평균 16.51%의 수익률을 올렸다. 2003년 1~7월까지의 수익률은 17.19%였다. 채권펀드 중 이보다 더 높은 수익을 기록한 펀드는 재무부의 제로쿠폰채권에 투자하는 아메리칸센츄리타겟만기2020펀드American Century Target Maturity 2020뿐이다. 하지만 현재의 시장 환경에서라면 제로쿠폰채권은 별로 좋은 선택이 아니다. 이유는 앞에서 설명한 대로다.

신흥국가들에게 1990년대 말은 끔찍한 시기였다. 태국에서 러시아까지 모든 신흥시장은 붕괴했다. 아직도 베네수엘라를 비롯한 일부 국가의 정치인들은 선진국의 자국 투자를 막아야 한다고 주장한다. 하지만 세계화의 열매는 달콤했다. 가장 대표적인 예는 브라질이다. 과거에는 포퓰리스트였던 브라질 대통령이 당선 후 해외자본을 끌어들이고, 재산권을 보호하는 정책을 실행했다. 덕분에 아르헨티나-베네수엘라 경제위기 때, 미국 재무부채권 수익률과의 스프레드가 1,500베이시스포인트나 되던 브라질 채권은 이제 640베이시스포인트의 스프레드에 거래되고 있다. 멕시코와 러시아 또한 외국 자본 유치에 성공하고 있다. 이처럼 선진국에서 개도국으로 자본이 유입되면서 신흥시장의 주식과 채권가격이 상승한 바탕에는 실제적인 수익에 대한 기대가 있기 때문이다.

그로스처럼 엘 에리언도 쓸데없는 '노이즈'를 구분한다. 신흥시장에서 노이즈는 불안정한 정치상황과 경제의 펀더멘털에 관한 우려다. 신흥시장의 펀더멘털은 나날이 개선되고 있다. 그리고 러시아의 예에서 보듯이, 정치적 상황과 관련된 노이즈가 민주주의의 발전 단계에서 발생하는 잡음이라면 투자자들은 걱정보다는 안심하는 게 맞다.

신흥시장의 채권은 대부분 국채지만, 투자자들은 반드시 총수익을 고려해야 한다. 자본소득이 상당하기 때문이다. 현재 신흥시장 채권의 수익률은 약 8.5%인데, 총수익의 약 반 정도를 차지하고 있을 뿐이다.

하지만 그로스는 신흥시장에 투자할 때에는 전문가적인 노력이 필요하다고 조언한다. 신흥시장에서 발생하는 사건들은 미국인들이 알기도 전에 해당 채권시장에 영향을 미치기 때문이다. 예를 들어, 러시아 국채가 5일 연속으로 매도세를 기록한 적이 있는데, 경제 펀더멘털이 문제가 아니라 기술상의 문제 때문이었다. 한편 엘 에리언은 룰라 다 실바Luiz Inacio Lula da Silva 브라질 대통령이 집권한 초기부터 브라질 채권시장에 대해 낙관적인 태도를 견지했다. 독일의 도이체벨레Ddeutsche Welle를 비롯한 서구 언론들은 그를 '좌파의 영웅'이라고 불렀고, 실제 룰라 대통령은 취임식에 피델 카스트로Fidel Castro 쿠바 대통령을 초대하기도 했다. 미국 정부는 취임식에 무역 대표 한 명을 보냈을 뿐이다. 아마 엘 에리언을 보냈으면 좋았을 걸 하는 아쉬움이 남는다.

채권꽃밭을 가꾸다

그로스는 향후 5년간 채권투자의 연평균 수익이 5% 정도일 것으로 예측하고 있다. 그는 "그 정도면 방어적인 전투에서 꽤 괜찮은 편입니다."라고 강조한다. 물론 지난 10년간 채권시장이 8%대의 수익을 올린 것을 감안하면 상당히 하락한 수치다. 하지만 지금 같은 상황에서 채권투자수익이 하락하는 건 당연하다는 게 그로스의 설명이다. 게다가 5%면 워렌 버핏 같은 주식투자자가 기대하는 수익보다 크게 낮은 수준도 아니다. 역사적으로 주식과 채권의 수익이 엄청나게 상승하는 기간이 끝나면, 평균 이하로까지 투자실적이 하락하는 기간이 시작된다. 금융 전문가들은 이 기간을 '평균으로의 회귀'라고 부른다. 일례로, 1990년대 엄청난 불마켓은 21세기 초 역사상 최악의 하락으로 이어졌다.

그로스처럼 투자하는 투자자들에게 영원불멸한 꽃밭 따위는 없다. 채권투자 포트폴리오는 끊임없이 잡초를 골라주고, 꽃을 심어주어야 하는 꽃밭과 같다. 지금이야 터키나 폴란드 국채, 싱글 B등급의 미국 제조업채권이 별 매력이 없어보일지 몰라도, 언젠가 조건이 충족되면 이들도 매력적인 투자처로 거듭날지 모른다. 다음 장에서는 매년, 혹은 매기간 얻는 수익을 심고, 물을 주고, 잡초를 골라내면서 프로들처럼 채권꽃밭을 가꾸는 방법에 대해 설명하겠다.

chapter 9

고수익을 향한
채권왕의 3단계 투자법

지금쯤이면 독자들도 그로스의 천재성에 대해 충분히 알게 되었을 것이다. 그는 복잡한 시장의 움직임을 감지해내는 데 누구보다 뛰어나다. 마치 보통사람에게는 없는 또 다른 감각을 가지고 있는 것처럼 보일 정도다.

헤지펀드나 채권펀드매니저들이 그렇듯 그로스도 채권거래 중개인이다. 다만 그는 복잡한 시장에서 조금씩 이익을 남기는 수많은 방법을 알고 있고, 실제 가치에 비해 가격이 낮은 투자처를 빠르고 정확하게 찾아내는 능력이 있다. 그로스는 마치 제시 리버모어처럼 채권가격의 트렌드를 파악해낸다. 둘 사이에 차이점이 있다면 리버모어는 티커테이프를 정확하게 읽어내는 눈이 있었고, 그로스는 블룸버그를 본다는 것뿐이다. 그로스는 또 에드 소프 같은 도박꾼이다. 실제 라스베이거스 포퀸즈Four Queens 카지노에서 카드카운팅 시스템을 적용해보기도 했고, 덕분에 어떤 순간에서나 주어진 확률을 읽어내는 능력이 있다. 하지만 지금 그로스에게 '주어진 확률'은 도박판 위에 올려진 에이스나 그림카드가 아니라 인플레이션 리스크, 듀레이션, 조기상환 리스크, 신용 리스크 등의 각종 채권시장의 변수와 이들이 채권가격에 미치는 영향이다. 월스트리트 최고의 고수들이 다들 그렇듯, 그로스도 뛰어난 '미시적 통찰력micro eye'을 가지고 있고, 덕분에 성공했다.

물론 그로스만큼 뛰어난 사람은 드물지만, 그래도 '미시적인 통찰력'을 가지고 있는 투자자들은 많다. 피터 린치처럼 뛰어난 투자자들은 가격이 잘못 책정된 수백만 개의 투자종목과 타이밍(시장의 비효율성)을 잡아내는 능력이 있다. 이들은 극소형주micro-cap stock, 해외 주식, 채권, 파생상품 같은 분야에서 비효율적인 부분을 집어내는 데 전문가다. 하지만 그로스의 능력은 여기에서 끝이 아니다. 그는 '미시적인 통찰력'뿐만 아니라 '거시적인 통찰력'을 지녔기 때문에 금리, 통화, 생필품가격, 인플레이션의 큰 흐름을 예측해낸다. 물론 핌코에서 정기적으로 개최하는 '세속적 포럼'의 도움도 크다. 하지만 포럼에 참여하는 다양한 의견을 가진 뛰어난 전문가들에게서 하나의 방향을 이끌어내는 그로스의 지도력 덕분에 핌코가 지금까지 뛰어난 실적을 기록할 수 있었다.

그로스는 현미경 같은 트레이더의 감각과 조지 소로스, 워렌 버핏, JP 모건의 배짱을 겸비했다. 그는 시장의 트렌드를 파악하고, 이들이 채권가격 리스크에 미치는 영향을 예측하는 데 신비한 능력(100% 완벽하지는 않지만)이 있다. 그는 바루크처럼 감정을 배제하고 장기적인 관점에서 경제를 파악한다. 불황과 거품이 가득한 시장에서도 마찬가지다. 하지만 이 또한 그로스만의 능력은 아니다. 뛰어난 펀드매니저들은 다들 비슷한 능력을 가지고 있다. 그로스가 이들과 차별화된 점은 이런 세부적인 본능을 넓은 시각에 접목시킨다는 것이다. 또 그는 소로스 같은 투자자와는 정보를 다르게 활용한다. 리스크는 확 줄이고, 태국 바트화나 영국 파운드 같은 통화가 급락하기를 기다리는 게 아니라, 안정되고 기대할 만한 수익을 노린다. 따라서 때때로 수익이 너무 적은 것처럼 느껴지기도 하지만, 지속적으로 수익을 올리기 때문에 결과적으로는 부를 창출해내는 공장과 같다. 그로스를 따르고 숭배하는 개인 투자자들은 이 점을 배워야 한다.

그로스의 천재성을 활용하는 가장 빠르고 쉬운 방법은 그가 운용하는 핌코 토탈리턴펀드를 매입하는 것이다. 소극적인 투자자라면 그저 펀드에 가입하고, 지금부터는 더 이상 책을 읽지 않고 덮어두어도 무방할 것이다.

반대로 용감한 투자자들이 걸어야 할 길은 쉽지 않다. 그로스는 많은 돈을 운용하는 기관 투자자인만큼 일반 투자자들은 활용할 수 없는 투자방식이 있다. 스왑 같은 복잡한 파생 상품이 그 중 하나다. 따라서 일반 투자자들은 그로스보다 리스크를 좀 더 감수해야 그로스만큼의 수익(리먼 브라더스 채권지수보다 약 50~100베이시스포인트 높은 정도다)을 올릴 수 있다.

이를 위해서는 먼저 두 가지 계획을 세워야 한다. 첫째는 목표에 대한 계획을 세워야 하고, 둘째는 목표를 달성하기 위한 방법에 대한 계획을 세워야 한다. 먼저, 목표는 간단하다. 시장보다 50~100베이시스포인트 높은 수익률을 달성하는 것이다. 하지만 두 번째, 방법에 대한 계획은 복잡하다. 이를 위해서는 먼저 투자분야, 듀레이션, 투자기회에 관한 결정을 내려야 한다. 투자분야는 세속적인 요소를 분석해서 정해야 하고, 듀레이션은 투자자가 감당할 수 있는 리스크에 따라 달라진다. 마지막 요소인 기회는 상대적인 가치에 따라 달라지며, 수익을 최적화하기 위한 중요 요소다.

첫 번째 단계: 자신만의 '세속적인 분석' 방법을 찾아라

세속적인 분석을 하기 위해서는 먼저 자신에게 필요한 정보를 파악해야 한다. 세계 경제에 대해 백과사전 같은 지식을 알고 있어야 한다거나 세계 정상들과 친분이 있어야 한다는 의미는 아니다. 핌코의 펀드매니저들처럼 '총구를 머리에 대고 있는 것 같은' 스트레스를 받으면서 세계 경제의 추이를 살피고, 경제적인 사건들이 투자시장에 어떤 영향을 미칠지 예측해야 한다는 뜻도 아니다. 매일 아침 「월스트리트 저널」을 꼼꼼하게 읽어야 한다는 것도 아니다. 다만 폭넓은 정보를 정기적으로 얻어야 한다. 또 자신에게 필요한 정보만을 습득하되 완벽하게 숙지해야 한다.

무엇보다 세계 경제의 트렌드를 알아야 한다. 그 중에서도 미국과 그 외 선진국, 신흥시장에 대한 미디어의 논평을 주목하라. 미국에서 금리는 어느 정도인지, 앞으로 금리의 향방이 어떻게 예측되고 있는지 알아야 한다. 해외 시장에 관심이 있다면 해당 국가의 금리와 정치, 해외무역 관계 등의 정보를 수집한다.

그로스는 영국 주간지인 「이코노미스트」를 선호한다. 세계적인 사건, 정치, 사회, 금융에 대해 폭넓은 시각을 제공하기 때문이다. 브라질 룰라 대통령과 프랑스 쟈크 시라크Jacques Chirac 대통령의 근황에 대한 기사가 있는가 하면, 호주의 산업생산 자료도 제공한다. 또 일본에서 가장 인기 있는 TV 프로그램과 인도에서 가장 인기 있는 연예인 등에 관한 기사도 읽을 수 있다. 미국의 사건들에 대해 유럽적인(정확하게는 영국적인) 시각을 제공하면서 또 미국 잡지들보다 미국에 대한 소식이 더 많이 담겨 있기도 하다. 예를 들어, 「배런스」 같은 잡지는 수많은 경제 기사와 시장 데이터를 제공한다. 중요한 자료들이지만 철저하게 시장에만 국한된 자료들이다. 만약 외국인이 「배런스」만 읽는다면 아놀드 슈왈츠제네거에 대해서는 잘 모를 것이고, 딕시 칙스Dixie Chicks에 대해서는 문외한일 것이다. 「뉴욕 타임즈」를 구독해서 본다고 해도 결과는 마찬가지다. 「이코노미스트」는 사회, 정치, 인구변화 등 그로스의 세속적인 의견에 영향을 미치는 폭넓은 주제에 관한 짧은 기사들과 경제적인 통계자료도 제공한다. 일례로, 해외 채권에 투자하고 있는 투자자들에게 도움이 되는 구매력평가 Purchasing Power Parity나 빅맥지수를 제공한다. 빅맥지수란 전 세계 빅맥의 가격을 비교해 달러로 환산한 통계다. 맥도날드가 어느 나라에서나 동일한 빅맥 햄버거를 판매하는 데에서 착안된 통계로 각국 통화의 상대적인 가치를 비교하는 데 유용하다.

인구변화에 대한 자료는 얻기가 쉽지 않은데, 금융 잡지나 신문에서 단편적으로 다루어지기 때문에 주의해서 보아야 한다. 또 어떤 산업이 미래 전망이 밝은지 알아두어야 한다. 이들 산업에 속한 기업의 채권에 투자하면 신용 리스크를 줄일 수 있기 때문이다. 모기지가 전체 채권시장에서 상당한 규모를 차지하므로, 미국 부동산시장에 관한 기사도 빼놓을 수 없는 중요한 자료다. 특정 기업이나 조직에 많은 돈을 투자할 계획이라면, 꼼꼼하게 조사하고 공부하라. 그로스가 GE의 문제점을 알아냈듯이, 독자들도 잘 나가는 기업의 문제점을 찾아낼지도 모른다.

열렬한 독서가인 그로스는 투자자들에게 독서를 추천한다. 근대 금융의 역사를 알면, 사람들의 행동패턴과 실제적인 사건을 구분하는 판단력이 생긴다고 믿기 때문이다. 초보자가 아닌 중급 이상의 투자자들을 위한 투자 관련 서적이 이미 시중에 많이 소개되어 있다. 아마존에서는 『월스트리트의 주식투자 바이블 *Reminiscences of a Stock Operator*』을 읽은 독자들에게 찰스 멕케이 Charles MacKay 『대중의 미망과 광기*Extraordinary Popular Delusions and the Madness of Crowds*』를 추천하는데, 튤립구근의 가격이 폭등했던 사건에서부터 최근 피라미드 사기까지 역사상 모든 금융 사기 사건을 설명한 책이다.

또 근처에 자신과 비슷한 생각을 갖고 있는 투자자들과 함께 모여 '세속적인 포럼'을 만드는 것도 좋은 방법이다. 매달 각 회원은 한 가지 주제에 대해 연구해오기로 하고, 모임에서 조사한 내용을 발표해보자. 한 가지 주제를 서로 돌아가면서 맡아보도록 한다. 예를 들어, 한 사람이 이번 달에는 부동산에 대해, 그 다음 달에는 유로 경제에 대해, 그리고 그 다음에는 미국 경제에 대해 연구하는 식이다. 각자 한 가지 주제에 대해 심도 있게 공부하게 되고, 가능한 많은 자료를 읽게 될 것이다. 다른 사람의 발표 내용을 통해서도 정보를 얻는 한편, 스스로 공부하며 지식을 쌓게 된다.

더 세부적인 정보를 원하는 투자자들을 위해 그로스는 브리지워터 어소시에이츠Bridgewater Associates와 ISI 그룹International Strategy

& Investment Group을 추천한다. 브리지워터 어소시에이츠는 420억 달러를 운용하는 투자신탁으로 다양한 리포트를 발표하는 데 그중 매일 두 번씩 발표되는 '브리지워터 데일리 옵져베이션 Bridgewater Daily Observation'이 제일 유명하다. ISI 그룹은 그로스가 매우 높이 평가하는 에드 하이먼Ed Hyman이 수석경제학자로 있는 투자자문기관이다.

핌코 또한 다양한 리포트와 소식지를 제공하는데, 그로스가 발행하는 「인베스트먼트 아웃룩」 맥컬리가 쓰는 「페드 포커스」 엘 에리언의 '이머징마켓워치Emerging Markets Watch' 리 토마스의 '글로벌마켓워치' 등이 있다. 또 핌코의 웹사이트에서는 수익률곡선입문Yield Curve Primer과 인플레이션입문Inflation Primer 같은 일반적인 자료도 배포하고 있다.

MSN 머니의 CNBC도 빼놓을 수 없다. 이 두 기업이 함께 만든 CNBC.com 웹사이트는 「배런스」나 「포브스」 같은 잡지에서 실시한 온라인 금융 사이트 조사에서 좋은 평가를 받았다. CNBC의 〈스쿼크박스Squawk Box〉라는 전문 투자 프로그램도 도움이 된다.

이처럼 투자자들이 연구 또 연구를 해야 하는 이유는 충분한 정보로 무장하기 위해서다. 이렇게 얻은 정보를 바탕으로 앞으로 3개월을 좌우할 투자결정을 내리고, 3년을 내다보는 투자시각을 만들어야 하며, 또 시간이 지남에 따라 자신의 시각을 수정해야 한다. 그로스가 예측한 대로 앞으로 금리가 상승한다면, 결국 경제는 질식하게 될 것이다. 그러면 다시 금리가 하락하고 결국 새로운 채권시장의 불마켓이 열릴 것이다. 재무부채권의 수익률 7%가 기준이다. 7%가 되면 그냥 채권을 매입할 게 아니라, 장기 채권을 매입해야 한다. 경기불황으로 다시 금리가 하락하기 전까지가 기회다. 장기 재무부채권은 투자기회이고, 정크본드의 수익률은 급등할 것이다. 덕분에 채권의 가격은 하락할 것이고, 바겐세일이 시작된다.

세상은 변한다. 현명했고, 통찰력 있는 논평으로도 유명했던 제시 리버모어는 한 시대를 풍미했지만, 그때는 미국 증권거래위원회가 생기기 전이었다. 근대적인 증권 감독체제가 만들어졌을 때쯤 리버모어의 황금기는 끝났다. 따라서 『월스트리트의 주식투자 바이블』에 나오는 "대중들은 무언가를 알고 있는 소수가 진실을 말하지 않는다는 사실을 깨달아야 한다."라는 리버모어의 말은 이제 맞지 않는다. 요즘에는 다만 진실을 밝히기가 어려울 뿐이다. 그로스가 GE의 CP를 비판했을 때, GE의 실상을 알아챈 사람은 그로스뿐이었다. 하지만 그의 말이 맞는지 밝혀내기 위해 모든 사람들이 분주하게 움직여야 했다.

두 번째 단계: 리스크를 얼마큼 감당할 수 있는지 측정하라

두 번째는 투자자가 얼마큼 리스크를 감당할 수 있는지 알아야 한다는 것이다. 이는 각자 개인이 자신의 연령과 채권투자에 의존하는 정도를 고려해 결정할 문제다. 대부분의 젊은 투자자들은 채권보다는 주식에 투자한다. 하지만 나이가 들수록, 또 투자수익이 전체 수입에서 차지하는 비중이 커질수록, 전체 포트폴리오에서 채권이 차지하는 비중이 증가한다. 대부분의 사람들은 채권을 매우 안정된 투자처라고 생각하는데, 맞는 말이다. 그러다 보니 리스크에 개의치 않는 사람이라도 채권투자에서만큼은 위험을 회피하려고 한다. 이미 기업에서 은퇴했고, 엄청난 퇴직금이 투자계좌에 들어 있는 투자자라고 가정해보자. 이 사람은 리스크를 별로 감수하고 싶어하지 않을 것이다. 리스크를 낮게 유지할지 혹은 더 줄일지에만 관심이 있을 것이다. 반대로 젊기 때문에 돈을 계좌에서 꺼내 쓰지 않아도 수입이 보장된 사람들은 평균 이상의 리스크를 감수한다. 이런 사람들은 유동적인 포트폴리오를 늘리고, 핵심 포트폴리오의 비중을 줄인다.

투자자들은 위험한 투자종목에 돈을 넣는다는 생각이 들 때만 리스크에 관심을 갖는다. 예를 들어, 극소형주에 투자한다거나 자산 구성을 급격하게 바꿀 때만 리스크를 측정하는데, 이는 잘못이다. 투자자는 전체 포트폴리오를 구축할 때부터 리스크를 고려해야 한다. 개별적인 투자에 따르는 리스크를 측정하는 게 아니라, 전체 포트폴리오의 리스크 평균을 측정해야 한다. 만약 포트폴리오 중 99%를 리스크가 적은 종목에 투자하는 투자자라면, 1%만 위험이 높은 종목에 투자해도 큰 모험을 하는 것 같은 기분을 느낄 것이다. 하지만 그렇지 않다. 평균 리스크는 여전히 매우 낮고, 따라서 감정적으로 결정해서는 안 된다. 이성적으로 '포트폴리오 중 1%를 위험성이 높은 상품에 투자하는 리스크를 감수할 만큼 높은 수익이 기대되는가?' 라고 스스로에게 자문해야 한다.

투자자가 감당할 수 있는 리스크 수준을 고려해 채권 포트폴리오를 조절하는 방법에는 두 가지가 있다. 하나는 자신의 연령과 수입에 따라 포트폴리오의 유동적인 투자 부분을 결정하는 방법이다. 기본적으로 이 비율이 투자자가 감당할 수 있는 리스크 수준이다. 리스크를 많이 감수할수록 그로스처럼 수익을 올릴 가능성이 커진다. 별로 어려운 방법도 아니다. 30대나 40대라면 전체 포트폴리오 중 70%를 핵심 포트폴리오로 정하고, 은퇴가 가까워질수록 그 비율을 높이는 것이다. 채권수익에 의존하는 은퇴자의 경우에는 90%까지 핵심 포트폴리오의 비중을 높일 수도 있다. 그러나 주의할 점이 있다. 그로스의 전략을 활용하려면, 무조건 위험한 자산에 투자하는 게 아니라 많은 정보를 연구한 결과 확신이 들 때만 많은 돈을 걸어야 한다.

두 번째는 리스크로부터 완전히 분리시켜야 할 일종의 '비상금'을 별도의 계좌로 관리하는 방법이다. 이 계좌는 '총수익투자' 방법으로 거래해서는 안 된다. 지방채와 TIPS는 보수적인 투자에 맞는 안정적인 종목이다. 하지만 TIPS는 앞에서 설명한 세금문제가 있으므로, 될 수 있으면 세금이 유예되는 계좌로 관리하고 리스크도 줄이도록 한다. 반면 지방채는 과세계급이 높은 투자자들이 과세대상 계좌로 관리하면 좋은 상품이다. 즉 투자금을 꼭 지켜야 하는 은퇴한 투자자들이라면 전체 자산의 30% 정도는 총수익투자를 활용해 수익을 높이고, 나머지는 별도의 계좌에 넣어 TIPS나 지방채 등 보수적인 종목에 투자하도록 한다. 하지만 즉각적인 기회라는 생각이 들면 이른바 '총수익투자' 계좌에서도 지방채나 TIPS에 투자할 수 있다.

채권투자에 대한 의존도가 크면서, 총수익투자 전략에 내포된 리스크가 염려되는 투자자들에게 이 방법을 추천한다. 하지만 총수익투자로 인한 리스크 또한 여타 투자에 비해서는 상당히 낮은 수준이다(제로쿠폰채권과 같은 이례적인 경우를 제외한다). 총수익투자를 하더라도 '비상금'을 잃을 염려는 없다. 투자자의 세속적인 분석에 오류가 있다면 시장보다 약간 낮은 수익률을 기록할 뿐, 돈을 잃지는 않는다. 따라서 절대, 어떤 경우에도 약간의 손실도 감수할 수 없거나, 주식투자로 벌어들인 돈으로 생활비를 충당하는 투자자들만 지방채나 TIPS에 비상금을 넣어두도록 한다. 유동적인 투자가 가능하다면 이런 종류의 보험에 들어두어야 할 이유는 없다. 여기에도 비용이 들기 때문이다. 총수익투자보다도 리스크는 낮지만 그만큼 수익도 낮은 아주 보수적인 방법이기 때문이다.

리스크를 고려하고, 전체 투자금 중 절대로 보호해야 할 비중을 정했다면 이제는 본론으로 들어가보자. 상대적인 가치와 총수익 접근전략을 활용해, 채권시장에서 이기는 방법을 알아내는 것이다.

세 번째 단계: 총수익투자 전략

총수익 접근방법은 기본적으로 시장은 역동적이고, 반드시 가격이 잘못 책정된 부분이 존재한다고 가정한다. 투자자는 언제나 자신이 소유한 투자상품보다 상대적 가치가 더 나은 상품이 있다고 믿고, 자신이 보유한 증권을 매도할 준비가 되어 있어야 한다. 이 점에서 총수익 접근방법은 마켓타이머market timer와 정반대다. 마켓타이머들은 시장에서 타이밍을 잡아야 한다고 생각한다. 시장 전체가 하락하는 시기가 있고, 그때가 오면 모든 증권을 다 팔아버리고 현금화해야 한다는 주장이다. 반대로 총수익투자는 포트폴리오를 적극적으로 운용하면 언제나 현금보다 나은 수익을 올릴 수 있다고 추정한다. 물론 시장이 아예 붕괴된 경우는 무조건 현금이 낫겠지만, 그 정도라면 증권을 사들일 게 아니라 샷건이나 생수를 사들여야 하니 예외로 한다. 어쨌든 이런 가정에 동의하지 않는 투자자들은 그로스의 투자전략을 활용해서는 안 되며, 설사 받아들인다고 해도 성공적인 결과를 도출할 수 없다.

총수익투자의 목적은 시장의 평균인 인덱스보다 높은 수익을 올리는 것이므로 인덱스 구성요소를 포트폴리오 구축의 첫 단계로 삼는다. 리먼 브라더스 종합채권지수는 미국 내 채권을 측정하는 가장 일반적인 기준으로, 약 6,000개의 채권 상품을 포함한다. 각 상품은 신용등급이 좋은 과세대상 채권시장에서 차지하는 비율에 따라 채권지수에 반영된다. 이들 중 3/4는 트리플 A등급이고, 35%는 지니메이, 프레디맥, 패니메이 등의 모기지 상품들이다. 34%는 미국 재무부채권을 비롯해 여타 기관에서 발행한 채권들이고, 기업은 27%를 차지하고 있다. 그 외 나머지 부분은 소수의 해외 국채와 기타로 이루어진다. 인덱스에 속한 채권은 만기가 약 4년 정도로 중기에 속한다. 전체 시장가치는 7조 달러 정도인데, 10년 전만 해도 그 가치가 반 정도밖에 되지 않았다.

따라서 일반 투자자들은 포트폴리오의 핵심 부분을 모기지, 재무부채권, 국채, 회사채로 구성하도록 한다. 이들이 매년 투자 총수익의 75% 이상을 차지하므로, 고심해서 선택하도록 한다. 포트폴리오의 나머지 부분은 시장평균보다 수익 가능성이 높은 상품에 투자해 보완적이고 유동적으로 포트폴리오를 구성하는 게 총수익 접근방법의 중심이다.

포트폴리오의 핵심 부분과 유동적 부분을 결정할 때, 세속적인 요소와 경제 사이클적인 요소를 모두 고려해야 한다. 포트폴리오의 핵심적인 부분은 세속적인 요소에 따라 결정되고, 유동적인 부분은 경제 사이클적인 요소에 따라 결정된다는 착각을 하지 않도록 주의한다. 세속적인 요소는 앞으로 몇 년 동안 일어날 일들이다. 경제 사이클적 요소는 그보다 짧은 기간에 발생한 일이다. 포트폴리오를 구축할 때, 핵심적인 부분이나 유동적인 부분 모두 세속적인 분석을 기반으로 결정해야 하며, 경기 사이클적인 변화에 따라 조정해야 한다. 예를 들어, 모기지채권은 포트폴리오에 반드시 포함시켜야 한다. 세속적인 관점에서 보았을 때 앞으로 투자가치가 있기 때문이다. 하지만 경제 사이클적인 변화에 따라 그 보유량을 줄이거나 늘려야 한다.

2003년 여름, 핌코는 많은 양의 모기지채권을 매도했다. 그로스에게 추천하고 싶은 종목이 있으면 말해달라고 부탁했는데, 그는 모기지채권을 언급하기 꺼려했다. 장기 모지기채권의 금리가 3% 이상에서 4.5%로 상승하면서 채권의 가격은 하락했기 때문이었다. 그로스는 "저는 모기지채권보다는 TIPS나, 지방채, 신흥시장에 더 열정적입니다."라고 말했다. 하지만 "핌코는 언제나 모기지채권에는 많은 돈을 투자하고 있다 보니 잊곤 하는데, 모기지채권도 빼놓을 수 없는 부분이기는 합니다."라고 덧붙였다. 투자로 부가가치를 올리기 위한 방법은 단순히 좋은 상품을 고르고 유동적으로 거래해 수익을 남기는 것뿐 아니라, 포트폴리오에 속해 있는 모기지채권, 재무부채권, 회사채의 비율을 조정하는 것도 포함한다. 그로스처럼 모기지채권시장이 앞으로 몇 달간은 좋지 않을 것이라는 생각이 들면 그 비율을 30%(현재 리먼 브라더스 채권지수에서 모기지에 할당한 비율이 30%라면)가 아니라 25% 혹은 20%까지 줄일 수도 있다. 그렇게 줄인다 하더라도 모기지는 여전히 투자 포트폴리오에서 핵심 부분을 차지한다. 이처럼 상황을 고려해 특정 종목의 비율을 줄일 수도 있고, 확률이 유리하다면 크게 늘릴 수도 있다.

이 방법은 대형 기업의 주식에 투자하는 펀드매니저들이 쓰는 방법이기도 하다. 펀드매니저들은 시장보다 나은 투자성과를 내놓아야 한다는 압력을 받곤 한다. 그래서 이들은 때때로 기본 인덱스를 약간 변형해 자신만의 인덱스를 만들어낸다. 예를 들어, 어떤 두 기업이 서로 긴밀하게 연결되어 있어서 두 기업의 주식을 모두 보유해서는 알파 수익*을 기대할 수 없다면, 이들 중 잠재력이 조금 더 좋은 주식만을 보유한다. 만약 통신산업이 위기라든가 특정 주식이 하락한다는 정보가 있더라도 해당 주식을 모두 매도하지는 않는다. 해당 주식을 인덱스에 비해 적게 보유할 뿐이다. 지금까지 수익률이 좋았다거나, 리스크를 좀 더 감당할 여유가 있을 때에는 인덱스를 상회하는 주식을 보유해 베팅을 한다. 주식펀드매니저들은 이런 방법으로 시장보다 높은 수익률을 기록한다.

기본 인덱스를 변형해 투자할 때는 반드시 리스크를 측정하고

• 혹은 인덱스에서 예측한 수익과 리스크 대비 수익을 비교한다.

관리하는 작업이 병행되어야 한다. 이는 투자 포트폴리오의 구성과 만기를 정확하게 측정하고 할당하면서 가능해진다. 예를 들어, 모기지채권의 이자가 상승하면 차환은 줄어든다. 원래는 몇 달 만에 차환되었을 수도 있는 모기지채권들이 몇 년 동안 차환이 되지 않기도 한다. 즉 듀레이션이 아주 짧았을 수도 있는 채권들인데, 중기 심지어 장기 채권으로 변해버리는 것이다. 따라서 리스크를 조절하는 방법은 두 가지다. 하나는 투자 포트폴리오의 구성을 변형시켜, 리스크를 약간 더 감수하고 수익률을 높이는 방법이다. 또 하나는 만기가 단기, 중기, 단기인 채권을 모두 보유하고 이를 잘게 섞어 혼합해 인덱스보다 유리하게 만기를 조정하는 방법이다.

같은 이유로 장기 재무부채권이 가장 안전한 투자종목이 아니라 오히려 위험한 때가 있다. 지금도 그런 시기다. 장기 재무부채권은 모든 채권 중에서 금리 리스크가 가장 크다. 따라서 투자 포트폴리오를 구축할 때, 장기 재무부채권은 유동적인 부분으로 분류하고, 금리가 하락하고 있는 경우가 아니면 보유하지 않도록 한다. 핵심 포트폴리오는 중기 채권으로 구성되어야 한다. 유동적인 포트폴리오에 속한 채권들에 대해서만 만기를 조정한다. 세속적인 요소를 고려한 결과 금리가 향후 3년 이상 하락할 것으로 예측된다면, 유동적인 포트폴리오에 장기 채권을 늘리도록 한다. 물론 여기에는 장기 재무부채권도 포함된다. 하지만 그로스는 현재 채권금리가 상승할 것으로 예측하고 있다. 채권금리가 상승하는 시기에 장기 재무부채권은 고려할 가치가 없다.

포트폴리오 구성은 투자자의 예산에 따라서도 달라진다. 만약 50만 달러를 투자할 여유가 있어서 수수료를 감당할 수 있고, 또 투자에도 어느 정도 자신이 있다면 직접 투자도 좋다. 하지만 항상 가장 잘 나가는 채권, 가장 유동성이 높은 채권에 투자해야 수수료가 적게 든다(수수료는 채권가격에 숨어 있는 경우가 많아 주의해서 살펴야 한다). 정크본드나 해외 채권 등에 투자하려면 뮤추얼펀드나 그로스처럼 폐쇄형펀드를 활용해보자. 하지만 투자금이 그리 많지 않다면, 펀드를 이용하는 게 좋다. 목표는 항상 최선을 방법으로 돈을 관리하는 것이다.

그로스의 접근방법에 동의하고, 또 리먼 브라더스 채권인덱스보다 약간 나은 수익률을 목표로 하는 투자자라면, 인덱스의 상당 부분을 차지하는 모기지채권, 재무부채권, 회사채에 투자하도록 한다. 가장 쉬운 방법은 투자금 중 유동적인 부분을 뱅가드 토탈채권 인덱스펀드 같은 인덱스펀드에 투자하는 것이다. 해당 펀드는 철저하게 인덱스를 따르고 있어서, 2003년 8월 31일까지 약 5년간 연평균 수익률이 실제 인덱스보다 39베이시스포인트 낮았다. 인덱스펀드가 리먼 브라더스의 채권인덱스보다 높은 수익률을 올릴 수 없는 이유는 10베이시스포인트 정도를 비용으로 지불하고 또 그 외 거래수수료도 지불해야 하기 때문이다. 투자자가 인덱스를 구성하는 채권에 직접 투자하더라도 중개수수료를 지불해야 하기 때문에 결과는 마찬가지다. 포트폴리오의 규모가 충분히 크다면 완벽하게 인덱스를 재현하고, 거래비용을 줄일 수도 있다. 그렇게만 된다면 목표수익률을 달성하는 것도 쉬워질 것이다. 하지만 이 경우, 투자자들이 채권종목을 일일이 선택해야 하는데, 이 책에서 그것까지 설명할 수는 없다. 게다가 그로스는 탑다운 접근방식을 활용하기 때문에 채권종목을 하나하나씩 집어내는 일은 하지 않는다. 게다가 리먼 브라더스 종합채권지수에는 6,000개의 종목이 포함되어 있기 때문에 여기에 모두 투자한다는 건 불가능하다. 그렇게 하려고 든다면 추가적인 비용도 늘어날 것이고, 이는 단순히 10베이시스포인트에서 그치지 않을 것이다. 그보다는 핵심 포트폴리오만큼은 인덱스의 변화를 충실하게 따라간다는 생각으로 투자하도록 하자.

그러므로 핵심 포트폴리오에서 리먼 브라더스 종합채권지수에 포함된 자잘한 종목은 배제해도 괜찮다. 앞에서도 이야기했듯이 모기지채권, 재무부채권, 회사채에 집중하자. 핵심 포트폴리오는 전체에서 75%를 차지하며, 상대적으로 변화가 적어야 한다. 물론 인덱스에 포함된 투자종목도 시간이 지나면 달라진다. 지금은 인덱스에서 상당 부분을 차지하는 MPTS도 30년 전에는 거의 존재하지 않았다. 20년 후가 되면 어떤 새로운 종목이 튀어나올지 모르는 일이다. 핵심 포트폴리오는 이런 장기적인 트렌드를 따라 보완되어야 한다. 단 세속적인 시각에서 보완하도록 한다. 1년에 한 번씩 바뀌거나 해서는 안 된다. 현재 시점에서는 다음과 같은 원칙을 기본으로 구성해보자.

- 전체 중 37%는 MPTS로 구성한다. 여기에는 패니메이와 프레디맥, 지니메이가 포함되는데, 그 구성비는 3:2:1로 한다.
- 35%는 재무부채권과 여타 정부기관에서 발행한 채권으로 구성한다. 이들의 비율은 2:1로 한다.
- 28%는 회사채로 구성한다. 그 중 3/4 이상을 트리플 A등급으로 한다. 회사채는 자동차에서 제약회사까지 다양한 산업으로 다변화시킨다.

포트폴리오의 듀레이션은 인덱스와 같이 4년으로 한다. 듀레이션을 조정할 때는 유동적인 포트폴리오에 포함된 채권의 듀레이션만 조정하도록 한다. 하지만 이 또한 인덱스 상의 변화에 영향을 받는다. 2003년 여름, 단기금리가 상승하면서 MPTS의 듀레이션은 세 배나 길어졌다. MPTS는 핵심 포트폴리오의 상당 부분을 차지하므로 당연히 포트폴리오의 듀레이션도 따라서 길어진다. 이 새로운 리스크를 줄이기 위해 유동적인 포트폴리오의 듀레이션을 크게 조정해야 한다.

유동적인 부분은 전체 포트폴리오에서 25%를 차지한다. 따라서 핵심 포트폴리오를 보완할 수 있는 채권 상품으로 구성되며, 여기에는 모기지도 포함된다. 투자자가 모기지에 상당한 돈을 투자한다는 사실에는 변함이 없지만, 개인적으로 모기지에 대한 노출이 더 커질 수도 있고, 적어질 수도 있다. 세속적인 관점에서 모기지는 꽤 전망 좋은 상품이다. 재무부채권에 비해 캐리수익을 제공하기 때문이다. 단기적인 관점에서 보자면, 채권금리가 안정적일 때 모기지에 대한 투자를 늘리도록 한다. 하지만 채권금리가 상승하고 있다면 유동적인 포트폴리오에서 모기지는 제외시킨다. 즉 듀레이션 리스크를 조정하기 위해 모기지투자를 늘리거나 줄일 수 있다. 채권금리가 하락하면 모기지투자를 늘리고, 상승하면 모기지투자를 줄인다. 투자자는 세속적인 시각을 바탕으로 유동적인 포트폴리오에서 해당 채권이 차지하는 비율을 인덱스보다 늘려야 할지 줄여야 할지를 판단하고, 결정한다.

하지만 채권투자 포트폴리오를 구축하는 일은 주식투자 포트폴리오를 구축하는 것보다 훨씬 쉽다. 주식에서라면 개별적인 주식의 리스크도 고려해야 하기 때문이다. 채권의 경우 개별적인 채권종목에 대한 우려는 하지 않아도 된다. 다만 분야별 리스크(예를 들어, 모기지채권시장 전체의 리스크, 재부무채권서장의 리스크 등)만을 분석하면 된다. 게다가 채권은 주식보다 신용 리스크가 훨씬 적기 때문에 기업이 도산을 하더라도 채권투자자들은 돈을 떼일 염려가 적다. 다만 특정 기업의 채권에 투자를 집중할 때는 개별적인 채권종목에 대해서도 분석을 해야 한다. 그로스의 경우 GE의 채권이 위험한지, 안전한지를 고려했다.

주식은 다르다. 주식투자자들은 세속적인 분석도 해야 하고(예를 들어, 경기순환업종이 내구업종보다 나을지 여부에 대한 분석), 동시에 각 주식에 대해서도 분석해야 한다. 특정 주식을 다른 주식으로 바꾸기만 해도 엄청난 투자수익을 기대할 수 있기 때문이다. 그래서 주식투자자들은 엑슨 모빌Exxon-Mobile 주식을 팔아버리고 다른 에너지 기업의 주식을 매입해야 할지 고민한다. 머크앤코Merk & Co.를 사야 할지, 파이저Pfizer에 투자해야 할지 고민한다. UPS가 나을지 페덱스FedEx가 나을지 매일 고민한다. 채권투자자들은 특정 기업이 심각한 신용위기를 겪고 있는 경우가 아니라면 이런 고민을 할 필요가 없다. 게다가 채권펀드에 투자하고 있다면 전혀 고민할 필요도 없다.

유동적인 포트폴리오에는 변동성이 큰 채권 상품이 포함된다. 우량 해외 국채, 신흥시장의 채권, 정크본드 등이 여기에 속한다. 이들에 투자하는 이유는 높은 수익률을 얻으려 하거나, 자본소득을 노리거나 혹은 두 가지 모두를 위해서다. 또 포트폴리오의 사이즈와 관계없이 투자자들이 언제나 선택할 수 있는 게 펀드다. 뮤추얼펀드건 폐쇄형펀드건 상관없다. 물론 인덱스펀드도 있다. 유동적인 포트폴리오는 장기적인 투자가 목적이 아니다. 지금의 분위기를 타는 게 목적이다. 이럴 때는 적극적인 채권투자가 인덱스보다 낮다. 적극적인 포트폴리오를 운용하는 펀드는 언제나 인덱스펀드보다 성과가 좋았다. 장기 투자가 목적이 아니기 때문에 몇 년 후 시장상황이 나빠질 것을 우려할 이유도 없다. 또 세속적인 분석에 따라, 몇 년 후에도 투자를 계속하겠다고 결정하더라도 펀드매니저까지 고수할 필요는 없다. 유동적인 포트폴리오를 펀드에 투자할 때는 신용 리스크건 통화 리스크건 걱정할 필요가 없다. 펀드매니저만 잘 고르면 된다.

유동적인 포트폴리오의 구성은 자주 변경해야 한다. 분기별로, 필요하다면 더 자주 조정하자. 금리가 변동하거나, 정치나 정책 등에 변화가 생기면 더더욱 그렇다. 그로스처럼 가끔은 크게 베팅도 해보자. 지금부터는 유동적인 포트폴리오의 일반적 모델을 소개하도록 하겠다(투자자는 자신이 처한 시장의 상황에 따라 이 모델을 변형시켜 적용해야 한다). 이들 모델들은 그로스가 총수익투자에서 가장 중요하다고 생각하는 요소인 캐리수익과 듀레이션을 고려한 결과다. 각 모델들은 각각의 환경에서 리먼 브라더스 종합채권지수보다 50~100베이시스포인트 더 높은 수익률을 올리도록 고안되었다. 각 환경에 맞도록 약간씩 수정되었기 때문이다.

하지만 모든 투자가 앞으로 소개할 몇 가지 카테고리에 꼭 들어맞는 건 아니다. 예를 들어, 현재 미국인 투자자들에게는 해외 시장의 전망이 밝다. 금리도 미국보다 높고, 미국 달러화의 가치도 하락하고 있기 때문이다. 지정학적 상황이 바뀌면, 오히려 반대가 될 수도 있다. 8장에서도 설명했지만 그로스도 현재 해외 투자의 전망이 밝다고 평가하고 있다. 하지만 일반적이지 않은 상황이기 때문에 지금부터 소개할 포트폴리오 모델에서는 이 부분이 간과되어 있다. 따라서 지금의 상황을 십분 활용하고 싶은 투자자들은 앞으로 소개할 모델에는 맞지 않더라도 약간의 도박을 해보는 것도 좋다(JP 모건이 도박이라는 소리를 들었다면 펄쩍 뛰었겠지만 그로스는 아니다). 기회를 놓치지 않는 것도 총수익투자의 기본이다. 유동적인 포트폴리오를 구축할 때에는 어느 정도의 여지를 남겨놓는 것도 좋다.

TIPS도 지금부터 소개할 카테고리에 잘 맞지 않는다. 첫째, 상대적으로 생긴 지 얼마 되지 않는 상품이며 둘째, TIPS를 활용하는 방법이 두 가지이기 때문이다. TIPS가 현재 제공하는 높은 캐리수익을 생각하면 유동적인 투자 포트폴리오에서 상당 부분을 TIPS에 할애하는 것도 나쁘지 않다. 앞에서 이미 비상금을 TIPS에 투자하라고 조언했었다. 또 수익률곡선의 변화에 대응하기 위해 TIPS에 투자할 때는 듀레이션을 다변화해서 곡선이 상승할 때 발생하는 재무부채권의 리스크를 피하도록 한다. TIPS는 '철밥통'이다. 앞으로 반드시 써야 할 돈 예를 들어, 모기지나 혹은 부채를 갚아야 할 돈을 넣어놓도록 하자. 또 리스크를 줄이고 싶은 투자자도 TIPS에 돈을 넣도록 하자. 은퇴연령이 가까워오는 투자자라면 그로스의 포트폴리오 이외에 TIPS에도 투자해 필요한 돈을 모아두는 게 좋다. 젊은 사람들은 대학 등록금이나 꼭 써야 할 돈을 TIPS에 투자하도록 하자.

그런데 TIPS에도 잠재적인 리스크가 있다. 지금도 여기에 대해서는 전문가들의 의견이 분분한데, 생긴 지 얼마 안 된 상품이라 아직 완전하게 판명되지 않았기 때문이다. 문제점은 TIPS가 만기에 지급하는 추가적인 수익을 계산할 때, 기준으로 사용하는 소비자물가지수, 즉 CPI다. CPI는 인플레이션을 과대평가하는 것으로 생각되고 있다. 현재 연방정부는 엄청난 재정적자에 허덕이고 있어서, CPI 계산방법을 수정해 공식적인 인플레이션 수치를 낮추고 싶어한다. 무엇보다 유권자에게 잘 보이고 싶기 때문이다. 하지만 그럴 경우 TIPS의 수익률도 낮아진다(또 최저임금을 낮추고 계약가격의 증가도 완화시킨다). 지금까지 CPI는 다양한 상품 가격들의 합을 기반으로 측정했는데, 약간 자의적인 방법이었다. 정부가 CPI를 계산하는 방법을 조정한다면 TIPS의 수익률은 줄어든다. 혹 정부가 좀 지나쳐서 인플레이션을 과소평가하게 된다면 TIPS는 실질적인 수익을 제공하지 못할 것이다. 이런 리스크와 비유동성 때문에 TIPS는 캐리수익을 지급한다. 하지만 아직 정부가 CPI계산법을 수정한 게 아니기 때문에, 현재 TIPS투자는 일종의 모험이다. 어떤 경제상황에서나 인플레이션이 기대수치보다 더 높을 것이라는 생각이 든다면 TIPS에 베팅을 하도록 한다. 앞에서도 설명했지만 '비상금'을 넣어두는 것도 좋다. 하지만 TIPS는 수익률곡선의 영향을 받지 않으므로 유동적인 포트폴리오의 일반 모델에는 포함되지 않는다. 또 인덱스에 포함되어 있지 않으므로 일반적인 핵심 포트폴리오 모델에도 포함되지 않는다.

투자자의 연령이나 수입원에 따라 핵심 포트폴리오와 유동적인 포트폴리오의 구성을 변경하든 TIPS에 비상금을 넣어놓든 명심할 것은 반드시 현재의 경제상황을 고려해야 한다는 점이다.

안정적인 시장의 적절한 투자처

채권은 금리의 수준보다 금리의 변화에 더 영향을 받는다. 따라서 금리가 안정되면 채권가격은 크게 변화하지 않는다. 이때, 정상적인 수익률곡선이 그려진다. 즉 채권이 만기가 될수록 곡선은 완만해진다. 이렇게 안정된 시기에는 인플레이션과 금리가 오랜 시간 거의 변동하지 않기 때문에, 장기 채권투자자들이 단기 채권투자자들보다 좀 더 많은 이자수익을 받는다(오랜 시간 채권을 보유하는 데 따르는 리스크 때문이다). 다만 역사적으로 이렇게 안정적인 시기는 별로 없었다.

정치와 경제가 안정되면, 투자자들은 약간의 분야별 듀레이션 리스크를 감수하면서 수익을 올릴 수 있다. 경제가 좋으면 회사채가 좋다. 따라서 유동적인 포트폴리오에서 회사채의 비중을 인덱스보다 높게 잡도록 한다. 신흥시장의 채권이 갖는 리스크도 적기 때문에 이들이 제공하는 캐리수익은 꽤나 매력적이다. 유동적인 포트폴리오에서 이들의 비중을 평상시보다 늘려보는 것도 좋다. 선진국, 그 중에서도 경제 규모가 큰 국가들의 비중도 늘려야 한다. 하지만 일반적으로 해외 시장보다는 미국 시장이 안정적이므로 해외 투자를 할 때에는 고심해서 결정하도록 한다.

이렇게 정상적인 수익률곡선이 나타나는 시기는 대부분 경기 성장 직전이다. 1984년 말, 레이거노믹스 덕분에 경제가 활황세로 접어들기 전, 수익률곡선은 안정적이었다. 그 후 걸프전까지 경제는 엄청난 붐을 기록했다. 이럴 때는 정크본드도 좋다. 안정적인 수익률곡선은 수익률이 높은 채권을 사라는 신호다. 적어도 몇 달간은 경제조건이 계속 좋을 것이고, 이럴 때는 리스크에 대한 걱정은 잠시 접어두어도 좋다. 청산이나 파산이 별로 발생하지 않기 때문이다.

안정적인 시기에는 핵심 포트폴리오를 유지하는 것도 좋고, 리스크가 높은 모험적인 투자를 하는 것도 좋다. 어느 정도 균형을 맞추면서, 한편으로는 고수익채권과 신흥시장에 크게 베팅을 해보자.

유동적인 포트폴리오를 다음과 같이 구성하도록 한다(그림 9.1 참조).

• 장기 재무부채권 15%

- 모기지 15%

- 장기 우량 회사채 15%

- 정크본드 15%

- 선진국의 채권 15%

- 신흥시장의 채권 15%

- TIPS 10%

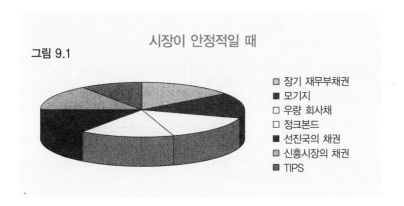

그림 9.1

시장이 안정적일 때

- ▨ 장기 재무부채권
- ■ 모기지
- □ 우량 회사채
- □ 정크본드
- ■ 선진국의 채권
- ▨ 신흥시장의 채권
- ▩ TIPS

금리가 상승할 때 취해야 할 투자전략

금리상승은 앞으로 예측되는 상황이다. 금리가 상승하면 수익률곡선의 경사는 가팔라진다. 이때, 투자자들은 상황이 나아질 것이고, 경제성장은 개선되며, 인플레이션도 상승할 것으로 추정한다. 인플레이션 리스크가 높아지므로, 일단 모기지는 매력이 떨어진다. 핵심 포트폴리오는 어쩔 수 없지만, 유동적인 부분에서는 모기지를 배제하도록 한다. 장기 재무부채권도 배제한다.

금리인상에 따른 타격이 크기 때문이다.

금리가 상승하면 기업이 부담하는 대출비용도 증가한다. 특히 정크본드 발행자들이 취약해진다. 따라서 정크본드에 투자해서 기대할 수 있는 자본소득은 줄어들고, 정크본드의 이자에 대한 리스크는 커진다. 명민한 채권투자자들은 수익률곡선의 경사가 급해질 때 고수익채권의 비중을 줄인다. 그리고 정크본드의 채권 가격이 급락하기 전에 시장을 빠져나온다.

경제가 성장세에 들어서면 금리는 상승한다. 미국과의 무역에 대한 의존도가 높은 신흥시장들에게는 좋은 소식이다. 이런 시기에 신흥시장의 채권은 가격도 상승하고, 여전히 높은 이자를 제공한다. 따라서 유동적인 포트폴리오에서 신흥시장의 비중을 유지하거나 늘리도록 한다. 불황이 시작될 기미가 느껴지면 바로 빠져나오면 된다.

현재 수익률곡선의 경사가 급해지고 있고, 투자적격 해외 채권도 전망이 좋은데 무엇보다 달러화의 가치가 하락하기 때문이다. 미국에서 금리상승이 예측되지만(이럴 경우, 일반적으로 통화의 가치도 상승하지만), 해외 투자자들은 미국의 달러화를 포기하고 있고, 덕분에 달러화의 가치는 계속 하락하는 중이다. 덕분에 해외 투자시장의 가치는 증가하고 있다. 해외 시장에 대한 투자를 고려할 때에는, 먼저 해외 통화 대비 달러화의 가치를 따져보아야 한다. 일반적인 조건에서라면 채권수익률이 가팔라지면 달러화의 가치가 상승하고, 해외 시장은 매력을 잃게 된다. 따라서 지금은 예외적인 경우지만, 일반적으로 금리가 상승하면 해외 시장은 포기하도록 한다. 이 책은 일반적인 지침을 제공하므로 일단 해외 선진국 시장은 비중을 줄이는 것으로 설명한다.

현재 수익률곡선이 상승하고는 있지만 그 상승률에 비해 아주 가파르지는 않다(인플레이션이 아주 높을 때에는 가팔라지곤 한다). 이럴 때는 중기 채권을 매입할 적기다. 일반적으로 경기가 활황일 때는 수익률곡선이 매우 빠르게 상승하고, 투자자들은 단기 채권을 선호한다(1990년대 경기활황은 여기에서 제외하는데, 주식가격이 너무 급격하게 상승해 사람들은 모노폴리 보드게임에서처럼 돈을 벌어들였지만 인플레이션은 낮았기 때문이다). 수익률곡선이 정상으로 되돌아가는 과정에서는 이들의 가격이 크게 상승하기 때문이다(그림 9.2 참조).

금리가 상승할 때, 최고의 재무부채권 상품은 TIPS다. 금리가 상승하면 인플레이션이 유발되거나 인플레이션 상승에 대한 공포가 커지는데, TIPS는 이런 리스크를 헤지하기 때문이다.

- 단기 재무부채권(1~3년) 40%
- 중기 TIPS(3~7년) 40%
- 모기지 0%
- 선진국 채권 10%
- 신흥시장의 채권 10%

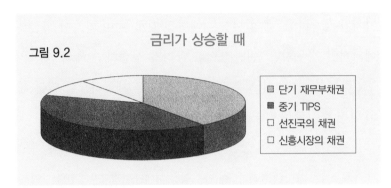

그림 9.2

금리가 상승할 때

- 단기 재무부채권
- 중기 TIPS
- 선진국의 채권
- 신흥시장의 채권

금리가 하락할 때 취해야 할 투자전략

금리하락은 채권투자자들이 가장 반기는 상황이다. 그로스가 '채권투자자들의 샐러드 데이'라고 부르는 1980년대 초반부터 2000년대 초반까지 불마켓 때도 금리가 하락했었다. 금리가 하락하면 장기 재무부채권의 듀레이션 리스크가 크게 하락하기 때문에 투자 포트폴리오에서 차지하는 비중을 늘리도록 한다. 모기지도 마찬가지다. 하지만 금리하락은 곧 경제불황을 의미하므로 신용 리스크가 증가한다. 디폴트 위험이 커지다 보니 회사채가 타격을 받고, 정크본드는 독과 같다. 안정적인 경제에서 정크본드의 디폴트 위험은 2%인데 21세기 초반에는 10%까지 상승했었다. 신흥시장도 좋지 않다. 따라서 이럴 때는 캐리수익은 포기하고 신용등급이 좋은 채권들이 제공하는 자본소득에 기대를 걸어야 한다.

금리가 크게 하락하는 시기를 예측하기는 쉽지 않다. 하지만 재무부채권 수익률곡선을 보면 힌트를 얻을 수 있다. 수익률곡선은 만기변화에 따라 투자자들이 기대가 어떻게 달라지는지를 보여준다. 즉 미래에 대한 투자자들의 공통된 예측이라고 할 수 있다. 경기불황에는 수익률곡선이 밋밋해지거나 굴곡이 나타난다. 다만 완벽한 신호는 아니다. 때로는 경기불황이 없이 수익률곡선이 제자리로 돌아가버리기도 한다.

1989년 4월을 예로 들어보자. 당시 채권 수익률곡선에 굴곡이 나타났다. 즉 중기 채권의 수익률이 가장 높았다. 이는 1990년대 초에 발생할 경기불황에 대한 정확한 예측이었다. 수익률곡선의 굴곡은 경고다. 앞으로 힘든 시간이 될 테니 고수익채권과 신흥시장은 버리고 우량 채권에 투자하라는 메시지다. 장기 우량 채권을 매입하고, 정크본드와 신흥시장의 채권을 매도하라는 뜻이다. 이렇게 만만의 준비를 한 채권투자자는 불황도 견뎌낸다. 실제로 불경기가 시작된 게 아니라 잠깐 동안의 잠음이었다고 해도 상관없다. 원래는 벌었어야 할 총수익의 상당 부분을 얻지 못하는 것뿐이다.

경제가 급격한 불경기로 접어들면 수익률곡선은 역전된다. 투자자들이 앞으로 금리가 하락할 것으로 예측하기 때문이다. 즉 장기 채권의 금리가 낮아진다는 뜻이다. 수익률곡선이 이미 역전되었다면 고수익채권과 리스크가 큰 채권을 매도하기에는 이미 늦은 시간이다. 이미 많은 투자자들이 우량 채권으로 달려가 버렸기 때문이다.

금리가 하락하는 시기에 리스크를 감수해 수익을 올리고 싶은 채권투자자들은 제로쿠폰채권에 주목하라. 장기 제로쿠폰채권은 가장 위험한 채권 상품이다. 이들은 룰렛 게임에서 베팅하는 것과 같다. 하지만 금리가 하락한다는 확신만 있다면 투자하라. 그 가치는 엄청나게 상승할 것이다. 하지만 금리가 상승하면 큰 손실을 보게 된다. 만기가 짧은 제로쿠폰채권이라면 그나마 리스크가 적어 투자자들에게 적합할지도 모르겠다. 하지만 금리가 상승한다면 그마저도 소용없다.

수익률곡선이 역전되고, 실제적인 불경기가 시작되면 유동적인 포트폴리오에 우량 채권을 포함시킨다. 세속적인 관점에서 보았을 때, 주요 해외 시장에서도 금리가 하락할 것으로 예측된다면 우량 해외 채권을 매입한다. 금리가 하락하면 달러화의 가치가 하락하므로 해외 채권을 매입할 적기다. 투자자가 낙천적이고, 버나드 바루크처럼 시장이 암울한 분위기를 무시할 자신이 있다면 장기 채권을 매입하라. 시장과 수익률곡선이 정상으로 돌아올 때, 가장 크게 상승하는 종목은 장기 재무부채권이다.

따라서 다음과 같이 구성하도록 한다(그림 9.3 참조).

- 장기 재무부채권(10년 이상) 35%
- 모기지 30%

- 장기 TIPS 20%

- 중기 회사채 10%

- 선진국의 채권 5%

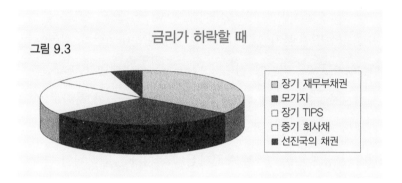

금리가 하락할 때

그림 9.3

□ 장기 재무부채권
■ 모기지
□ 장기 TIPS
□ 중기 회사채
■ 선진국의 채권

　전환사채는 일반 채권과 매우 다르기 때문에 이 모델에서 제외되었다. 전환사채의 경우, 주식의 특성을 가지고 있어서 주식시장의 변동과 가격에 민감하다. 주식가격이 엄청나게 하락해 채권자들이 신용 리스크를 걱정해야 하는 극단적인 상황을 제외하고는 대부분의 채권은 주식시장이 하락하더라도 리스크가 없다. 총수익투자자들은 주식에도 도가 트기 전까지는 전환사채를 멀리하도록 한다. 전환사채의 가치를 측정할 수 있다면, 즉 앞으로 정해진 가격에 채권을 주식으로 전환시킬 수 있는 옵션의 가격이 적절하게 측정되었는지의 여부를 판단할 능력이 있다면, 전환사채에 투자해도 좋다. 그렇지 않다면 가급적 전환사채시장을 멀리하라.

지금까지 유동적인 포트폴리오 모델을 소개했는데, 이들은 모두 세속적인 분석에 기반한 것이다. 앞에서 가정한 세 가지 경제조건 속에서, 어떤 일이 생길지 세부적인 사건까지 정확하게 예측할 수 있는 사람은 없다. 그로스의 투자방식을 지향하는 투자자들은 설명이 불가능한 이례적인 상황에도 대응할 수 있어야 한다. 예를 들어, 러시아 정부가 디폴트를 선언했던 1998년, 신흥채권시장들은 혼란에 빠졌는데, 당시 미국 금리가 하락하기 시작했던 것과는 별개의 문제였다. 다만 여기에 소개된 모델들은 각각의 경제상황 속에서 채권자산에 일어나는 일반적인 변화를 반영하고 있다. 일례로 1993년 금리가 안정되기 시작하면서부터 정크본드는 유례없는 호황을 누렸다. 하지만 2001년 경기불황 이전, 불황 중, 그리고 직후에는 엄청나게 하락했다. 정크본드의 봄날은 이제 끝났고, 수익률곡선이 빠르게 상승하고 있다. 이제는 정크본드에서 빠져나와야 할 때다.

그로스처럼 투자하는 투자자라면 영국, 독일, 그 외 큰 해외 시장의 수익률곡선과 각 국가의 정치적인 상황을 고려해 해당 국가의 국채를 매입할지 혹은 매도할지 결정해야 한다. 일반적으로 미국에서 금리가 상승하면 달러화의 가치도 덩달아 상승하고, 금리가 하락하면 달러화도 하락한다. 하지만 지난 10년간 이 원칙은 무참히 깨졌다. 너무나 다양한 정치적인 요소 때문이었다. 중국을 비롯한 아시아 국가들 다수는 자국의 통화가치를 하락시켜 수출을 늘리기 위해 통화시장에서 달러를 매입하곤 한다. 이 때문에 지난 10년간 달러화의 가치는 인공적으로 높게 유지되었다. 미국의 금리하락에도 불구하고 아시아 국가들은 달러화를 사들이고, 자국의 통화를 매도했다. 자국 통화에 대한 수요를 줄여 가치를 낮게 유지하기 위해서였다. 하지만 최근 미국이 세계 유일의 강대국의 위치를 유지할 수 있을지에 대해 의문이 생겨나고, 또 유럽의 약진 덕에 달러화의 가치는 하락하고 있다. 향후 몇 년간 시장에서(그리고 채권 수익률곡선에서) 금리가 상승할 것으로 예측되지만 달러화의 가치는 계속 하락하고 있다. 유럽의 안정협정 때문에 유럽의 주요 시장은 금리인하를 단행하지 않고 있어서, 유럽의 채권 수익률곡선은 미국보다 덜 빠르게 상승할 것 같다. 투자자들은 이 모든 요소를 고려해 결정해야 한다. 하지만 기본적인 원칙은 달러화가 하락할 때에는(일반적으로 수익률곡선이 하락할 때) 신용등급이 좋은 국채를 매입하고, 달러화가 상승할 때는(일반적으로는 금리가 상승하거나 혹은 그에 대한 기대가 있을 때) 매도하라는 것이다.

그로스의 투자방식은 합리적인 리스크를 감당하고 가끔 크게 베팅한다. 이를 위해서는 세심하게 분석하고 가능한 감정을 배제해야 한다. 〈스타워즈〉에 나오는 벌컨 족 스폭처럼 금욕적인 시각으로 미래 금리와 부동산 시장, 통화, 국제 경제를 고려해야 한다. 기회가 있다고 생각한다면 유동적인 포트폴리오의 5%까지 베팅하라. 생각대로 돈이 벌렸다면, 해당 지분을 늘려라.

폐쇄형펀드에 투자해, 레버리지를 활용하면 리스크가 늘기는 하지만 잠재적인 수익을 높일 수 있다. 투자자가 선택한 폐쇄형 펀드에 포함된 채권종목과 듀레이션은 경제와 수익률곡선에 대한 투자자의 분석이 반영되어 있기 마련이다.

듀레이션을 조정하는 기술에는 두 가지가 있는데, '총알'과 '역기모양'이다. 이 두 가지는 모두 중기 채권의 잠재적인 수익이 가장 높을 때 사용한다. 이럴 때면 수익률곡선은 안정되거나 완만하게 상승한다. 그로스는 미국 경제가 앞으로 심각한 도전과제에 직면하게 될 것이며 1990년대와 같은 성장은 한동안은 없을 것으로 예측한다. 그 결과 금리가 잠시 동안은 상승하겠지만, 향후 5년간 그렇게 많이 상승하지는 않을 것으로 보고 있다. 그렇다면 수익률곡선은 정상적이거나 약간 상승하는 정도일 것이고, 따라서 그로스는 중기 채권에 투자를 집중하고 있다.

'총알'과 '역기모양'은 모두 포트폴리오의 평균 듀레이션을 중기 채권 수준으로 유지하는 방법이다. '총알'은 만기가 중기 정도인 채권을 매입하는 것으로 수익률곡선에 굴곡이 나타날 위험이 없을 때 사용한다. '역기모양'은 같은 정도의 단기 채권과 장기 채권을 매입해 만기가 중기 정도로 조정되도록 하는 방법으로, 경기불황의 전조인 굴곡이 발견될 때 사용한다. 수익률곡선의 굴곡은 중기 채권의 금리가 가장 높고, 가격은 가장 낮을 때

형성된다. 이때는 단기 채권과 장기 채권에 투자해 포트폴리오의 만기를 중기로 조정하는 방법을 활용해야 한다. 만약 앞으로 경제가 완만하게 성장할 것이라는 그로스의 예측에 동의한다면 '총알' 조정 방식을 따라, 중기 재무부채권과 회사채를 매입하도록 한다(핵심 포트폴리오와 유동 포트폴리오 모두에 적용한다). 하지만 앞으로 불황이 닥칠 것이라고 예측하고 있는 투자자라면 '역기모양' 조정방법을 활용한다. 이들 두 가지는 추가적인 리스크를 감수하지 않으면서 인덱스보다 나은 수익을 올릴 수 있는 또 다른 방법이다. 어떤 것을 선택하든 포트폴리오의 평균 듀레이션은 동일하다.

펀드투자자들은 아주 적은 금액으로도 채권에 투자할 수 있다. 핌코는 모든 투자종목에 걸쳐 뮤추얼펀드를 운용하고 있고, 대부분의 투자종목에 대해 폐쇄형펀드를 운용하고 있다(표 9.1 참조).

핌코의 펀드로 앞에서 추천한 포트폴리오 모델들을 구축할 수도 있다. 지금부터 추천하는 펀드들은 포트폴리오의 유동적인 부분을 대상으로 한다. 오랫동안 유지해야 하는 핵심 포트폴리오는 다변화되고 일반적인 펀드로 구성하는 게 좋은데, 그로스가 관리하는 핌코의 토탈리턴펀드나 뱅가드의 인덱스펀드를 추천한다. 이 외에도 그로스는 수수료를 받지 않는 프레몬트채권펀드 Fremont Bond Fund와 하버채권펀드Harbor Bond Fund를 운용하고 있다. 이들은 핌코가 오랫동안 친분이 있었고, 지금은 고객관계로 발전된 투자회사들을 위해 만들어진 펀드다.

장기 재무부채권 미국 장기 국채, 듀레이션은 10.8년이고, 포트폴리오의 듀레이션을 연장하는 데 활용할 수 있다.

단기 듀레이션 핌코 단기펀드PIMCO Short-Term Fund의 듀레이션은 0.9년이어서 준현금자산near-cash으로 분류된다. 포트폴리오의 듀레이션을 급격하게 줄일 때 활용된다. 로우듀레이션펀드Low Duration fund는 듀레이션이 2.4년으로 준현금자산보다는 단기 채권펀드에 속한다. 포트폴리오의 듀레이션을 완만하게 줄일 때 활용한다.

모기지 폐쇄형펀드인 핌코 커머셜모기지신탁은 모기지 자체보다는 부동산 산업에 더 관련된 펀드다. 따라서 주택 건축이나 차환보다는 부동산시장의 사이클에 더 민감하다. 이런 측면에서, 일반적인 모기지펀드와는 좀 다르다고 할 수 있다. 사실 이 상품은 유동적인 포트폴리오에 딱 들어맞는 건 아니다. 하지만 폐쇄형펀드이기 때문에 뮤추얼펀드와 달리 판매와 환매수수료를 받지 않는다는 장점이 있다. 유동적인 포트폴리오는 지속적인 거래가 요구되기 때문에 폐쇄형펀드를 포함시키면 수수료를 아낄 수 있다. 만약 퇴직금계좌나 랩어카운트wrap account를 사용해 뮤추얼펀드인 핌코 GNMA나 핌코 토탈리턴 모기지채권을 저렴하게 거래할 수 있다면, 이들이 더욱 적합한 상품이다.

GNMA는 다른 모기지와 달리 미국 정부의 보증을 받는다는

표 9.1

핌코의 펀드

투자종목	펀드명 (티커테이프에 표시되는 약자)	뮤추얼펀드 M 폐쇄형펀드 C
전환사채	핌코 전환사채펀드(PFCIX)	M
회사채, 고수익	핌코 고수익펀드(PHIYX)	M
	핌코 고수입펀드(PHK)	C
	핌코 기업오퍼튜니티펀드(PTY)	C
회사채, 우량		
중기	핌코 투자적격회사채펀드(PIGIX)	M
	핌코 기업수익펀드(PCN)	C
신흥시장	핌코 신흥시장채권펀드(PEBIX)	M
변동금리	핌코 변동금리수익펀드(PFL)	C
해외 채권	핌코 해외채권펀드(PFORX)	M
일반 채권	핌코 토탈리턴 인스티튜셔널(PTTRX)	M
단기 듀레이션	핌코 단기채권펀드(PTSHX)	M
	핌코 로우듀레이션펀드(PTLDX)	M
모기지		
	핌코 GNMA펀드(PDMIX)	M
	핌코 토탈리턴 모기지채권(PTRIX)	M
	핌코 커머셜모기지신탁(PCM)	C
미국 채권		
장기	핌코 장기국채펀드(PGOVX)	M
TIPS	핌코 리얼리턴채권(PRRIX)	M
해외시장	핌코 글로벌채권펀드(PIGLX)	M
	핌코 전략적글로벌국채펀드(RCS)	C

장점이 있다. 핌코에 따르면 핌코 GNMA펀드는 자산의 80% 이상을 지니메이에 투자하고 있다. 수익률이 더 높은 패니메이와 프레디맥에 투자하는 핌코의 토탈리턴 모기지채권보다 더 보수적인 펀드다.

우량 회사채 핌코 기업수익펀드
정크본드 핌코 고수입펀드
신흥시장 핌코 신흥시장채권펀드

그런데 앞에서 소개한 포트폴리오 모델들에서 세금은 간과되어 있다. 이들 상품들은 과세소득이 중간이거나 낮고, IRA나 401(k)를 가지고 있는 투자자들의 총수익을 상승시켜줄 것이다. 하지만 소득이 높아 세금을 많이 내야 하는 투자자들은 다르다. 이들은 포트폴리오에서 우량 채권에 할애하는 부분을 지방채나 지방채채권에 집중하는 게 최고다. 지금은 이례적으로 지방채의 수익률이 재무부채권 수익률과 비슷하기 때문에, 심지어 과세소득이 낮은 투자자들에게도 지방채투자가 매력적이다. 앞으로 이런 이례적인 상황이 언제까지 지속될지는 알 수 없다. 만약 세속적인 시각에서 지방채가 이처럼 높은 캐리수익을 한동안 지급할 것으로 예측된다면(주정부가 계속해서 재정적자에 시달리고 덕분에 신용리스크도 높아진다면), 세금혜택과 상관없이 지방채에 투자해보자.

지난 몇 년간은 그로스가 그랬듯이 투자자들도 지방채에 투자해 높은 수익을 올릴 수 있을 것이다. 과세소득이 낮은 투자자라고 무조건 지방채펀드를 제외시킬 게 아니라 지속적으로 모니터하고, 이점이 있다면 매입한다. 이점이 사라졌을 때 매도해버리면 그만이다. 지방채는 또한 신용등급이 높으므로 유동적인 포트폴리오에서 우량 회사채나 모기지를 대체할 수 있다.

과세소득등급이 높은 투자자들은 좀 다르다. 유동적인 부분뿐만 아니라 핵심 포트폴리오에도 지방채를 포함시킬 수 있다. 필요하다면 핵심 포트폴리오 전체를 지방채에 투자하고, 좀 더 기회가 있다고 생각된다면 유동적인 포트폴리오에도 일부 포함시키도록 한다. 또 비상금 비축용으로 지방채에 투자하는 것도 나쁘지 않다. 다만 퇴직금계좌는 사용하지 않도록 한다. 소득이 많은 투자자들은 포트폴리오를 구축하기 전에 회계사와 상의해보도록 한다.

지금까지의 내용은 금융 저널리스트로 일하면서 얻은 지식과 경험을 바탕으로 쓴 나의 독립적인 의견으로, 핌코의 공식적인 입장이 아님을 밝힌다. 현재 핌코는 금융 컨설턴트 서비스를 제공하고 있지 않다. 핌코의 산하조직인 핌코 펀드PIMCO Funds가 중개 및 금융 컨설턴트들을 통해 서비스를 제공하고 있지만, 이 책을 집필하는 과정에서 조언을 구하지는 않았다.

총수익투자자들은 투자 기술, 부단한 노력, 경제적인 분석을 통해 시장보다 한 발짝 앞서 나가면서 만족감과 투자의 기쁨을 만끽한다. 이들은 자신만의 비전과 방법으로 포트폴리오를 끊임없이 수정해야 한다. 이 책에서 소개한 투자 포트폴리오 구축방법들이 리스크를 줄이고 수익을 올리려는 투자자들에게 도움이 되었기를 바란다. 채권은 시장에서 암울하고 지루한 피난처로 인식되어왔다. 하지만 채권은 주식보다 더 큰 시장이며, 채권시장에서 그로스만큼 뛰어난 기술을 잘 활용하는 이는 없다. 그로스가 거두어들이는 수익은 엄청나다. 이제 독자들도 습득한 기술을 자신만의 투자 포트폴리오에 적용해 불어나는 돈을 눈으로 확인해보길 바란다.

참고자료

참고자료

별도로 언급한 경우를 제외하고, 이 책에 수록된 핌코 직원들과 필자와의 인터뷰는 캘리포니아 핌코 지사에서 진행했거나 아니면 전화로 진행되었다.

프롤로그

본 장에는 2003년 2월부터 같은 해 10월까지 진행된 그로스와의 인터뷰 내용을 담았다.

1장

본 장에는 2003년 2월부터 같은 해 10월까지 진행된 그로스와의 인터뷰 내용을 담았다.

본 장에는 2003년 2월부터 같은 해 5월까지 진행된 벤자민 엘러트, 윌리엄 포드리치와의 인터뷰 내용을 담았다.

본 장에는 2003년 5월부터 같은 해 8월까지 진행된 인터뷰 내용을 담았다. 이 인터뷰에 참여했던 사람들은 제임스 머지, 월터 거켄, 윌리엄 톰슨, 마크 키셀, 크리스 디알리나스다.

본 장에는 2003년 10월 진행된 파운데이션센터의 켈리 마이나두와의 인터뷰 내용을 담았다.

2장

본 장에는 2003년 2월부터 같은 해 10월까지 진행된 그로스와의 인터뷰 내용을 담았다.

본 장에는 2003년 5월부터 같은 해 10월까지 진행된 스콧 사이먼, 마크 키셀과의 인터뷰 내용을 담았다.

피델리티 마젤란 펀드 및 여타 뮤추얼 펀드의 정보는 2003년 6월부터 10월까지 공개된 모닝스타 프린시피아 프로Principia Pro 소프트웨어를 참고했다.

채권시장에 대한 정보는 핌코 투자부서에서 제공했다.

『The Warren Buffet Way』 pp. 1~26

3장

본 장에는 2003년 2월부터 같은 해 10월까지 진행된 그로스와의 인터뷰 내용을 담았다.

또한 다음 자료를 참고로 했다.

『Bill Gross on Investing』

『Reminiscences of a stock operator』

『Jesse Livermore: World's Greatest Stock Trader』

『Morgan: American Financier』 주로 pp. 2~166

『The House of Morgan』 pp. 3~161

『Baruch』

『Wall Street: A History』 pp. 35~151

『Wall Street People』 pp. 33~51, 224~235

4장

본 장에는 2003년 2월부터 같은 해 10월까지 진행된 그로스, 폴 맥컬리와의 인터뷰 내용을 담았다.

필자는 2003년 5월 5일부터 7일까지 캘리포니아 뉴포트비치에서 열린 핌코의 세속적인 회의에 참가했다. 이 책에 소개된 내용은 당시 회의에서 진행된 구두 및 문서 발표자료들이다.

5장

본 장에는 2003년 2월부터 같은 해 10월까지 진행된 그로스, 폴 맥컬리와의 인터뷰 내용을 담았다.

본 장에는 2003년 2월부터 같은 해 8월까지 진행된 짐 켈러, 존 브라이언오프슨, 레이 케네디와의 인터뷰 내용을 담았다.

채권의 신용등급에 대한 정보는 무디스인베스터스서비스moody's.com와 스탠더드 앤 푸어스standardpoors.com를 참고했다.

폐쇄형펀드에 관한 정보는 핌코 직원들과 존 누빈이 제공하는 ETFconnect.com, 폐쇄형펀드연합의 공식 사이트인 cafe.com을 참고했다.

6장

본 장에는 2003년 2월부터 같은 해 10월까지 진행된 그로스, 마크 맥크레이와의 인터뷰 내용을 담았다.

담배 MSA 등의 기사는 「뉴욕타임즈」 「월스트리트저널」 「배런스」 등을 참고했다.

폐쇄형펀드 자료는 ETFconnect.com을 참고했다.

관세에 관한 정보는 연방관세당국의 공식 웹사이트는 taxadmin.org 를 참고했다.

7장

본 장에는 2003년 2월부터 같은 해 10월까지 진행된 인터뷰 내용을 담았다. 이 인터뷰에 참여했던 사람들은 그로스, 모하메드 엘 에리언, 수디 마리아파, 마크 포더필드다.

본 장에는 2003년 10월 진행된 회계감사원General Accounting Office의 톰 맥쿨Tom McCool과의 인터뷰 내용을 담았다. 인터뷰 내용은 1980년대의 저축과 대출위기에 대해서였다.

신흥시장에 대한 정보는 「이코노미스트」에서 발행하는 「The Economist Pocket World in Figures」 2003년 판을 참조했다.

리먼 브라더스 채권인덱스에 관한 정보는 해당사의 사이트인 lehmanlive.com을 참고했다.

8장

본 장에는 2003년 2월부터 같은 해 10월까지 진행된 그로스, 존 브라이언오프슨과의 인터뷰 내용을 담았다.

9장

본 장에는 2003년 2월부터 같은 해 10월까지 진행된 그로스의 인터뷰 내용을 담았다.

본장의 모든 결론과 제안은 필자의 의견임을 밝힌다.

참고문헌

Baruch, Bernard M. *My Own Story*. New York: Henry Holt & Co., 1957. Reprinted by Buccaneer Books Inc., Cutchogue, NY.

Berlin, Sir Isaiah. *The Hedgehog and the Fox: An Essay on Tolstoy's View of History*. New York: Simon & Schuster, 1953. (『고슴도치와 여우』 강주헌 옮김, 애플북스)

Chancellor, Edward. *Devil Take the Hindmost: A History of Financial Speculation*. New York: Penguin Putnam, 1999.

Chernow, Ron. *The House of Morgan: An American Banking Dynasty and the Rise of Modern Finance*. New York: Simon & Schuster, 1990. (『금융 제국 J. P. 모건』 강남규 옮김, 플래닛)

The Economist Pocket World in Figures, 2003. London: Profile Books, 2002.

Ellis, Charles D., and James R. Vertin. *Wall Street People, Vol. 2*. New York: John Wiley & Sons, 2003.

Geisst, Charles R. *Wall Street: A History*. New York: Oxford University Press, 1997.

Greider, William. *One World, Ready or Not: The Manic Logic of Global Capitalism*. New York: Simon & Schuster, 1997.

Greider, William. *Secrets of the Temple: How the Federal Reserve Runs the Country*. New York: Simon & Schuster, 1987.

Greider, William. *Who Will Tell The People: The Betrayal of American Democracy*. New York: Simon & Schuster, 1992.

Gross, William H. *Bill Gross on Investing*. New York: John Wiley & Sons, 1997-1998. [Previously published as Everything You've Heard About Investing is Wrong! New York: Times Books, 1997]

Gross, William H. *30 Years and Counting: A Select Collection of Bill Gross' Investment Outlooks Accompanied by His Most Recent*. Newport Beach, CA: PIMCO, 2003.

Hagstrom, Robert G. *The Warren Buffet Way*. New York: John Wiley & Sons, 1997. (『워렌 버펫의 완벽투자기법』 구본성 옮김, 세종)

Lefèvre, Edwin. *Reminiscences of a Stock Operator*. New York: John Wily & Sons, 1993. [Originally published in 1923 by George H. Duran & Co.] (『어느 주식 투자자의 회상』 박성환 옮김, 이레미디어)

Livermore, Jesse. *How to Trade in Stocks: The Livermore Formula for Combining Time, Element, and Price*. New York:

Duel, Sloan & Pearce, 1940. Out of print; reissued in 2001, commented on and edited by Richard Smitten. Greenville, SC: Traders Press. (『주식 매매하는 법』 박성환 옮김, 이레미디어)

Phillips, Kevin. *The Emerging Republican Majority*. New York: Arlington House, 1969.

Phillips, Kevin. *The Politics of Rich and Poor: Wealth and the American Electorate in the Reagan Aftermath*. New York: Random House 1990.

Phillips, Kevin. *Wealth and Democracy: A Political History of the American Rich*. New York: Broadway Books, 2002. (『부와 민주주의』 오삼교 외 옮김, 중심)

Rees, Martin. *Our Cosmic Habitat*. Princeton University Press, 2001. (『우주가 지금과 다르게 생성될 수 있었을까』 김재영 옮김, 이제이북스)

Rosenberge, Claude N. Jr. *Investing With the Best: What to Look For, What to Look Out For in Your Search for a Superior Investment Manager*, 2nd ed. New York: John Wiley & Sons, 1993.

Smitten, Richard. *Jesse Livermore: World's Greatest Stock Trader*. New York: John Wiley & Sons, 2001. (『제시 리버모어: 월스트리트 최고의 투기꾼 이야기』 김병록 옮김, 새빛인베스트먼트)

Strouse, Jean. *Morgan: American Financier*. New York: 2000.

[Preciously published in 1999 by Random House Inc.]

Temel, Judy Wesalon. *The Fundamentals of Municipal Bonds*, 5th ed. New York: John Wiley & Sons, 2001.

Thorpe, Edward O. *Beat the Dealer*. New York: Random House, Rev.ed.

채권왕 빌 그로스
투자의 비밀

초판 1쇄 발행 ㅣ 2011년 1월 25일

지은이 ㅣ 티머시 미들턴
옮긴이 ㅣ 박준형
펴낸이 ㅣ 이형도
편집 ㅣ 소지희, 김윤정
디자인 ㅣ 에코북디자인
마케팅 ㅣ 신기탁
경영지원 ㅣ 이종아

펴낸곳 ㅣ (주)이레미디어
전화 ㅣ 031-919-8511(편집), 031-919-8510(주문 및 관리)
팩스 ㅣ 031-907-8515
주소 ㅣ 경기도 고양시 일산동구 장항동 731-1 성우사카르타워 6층 601호
홈페이지 ㅣ www.iremedia.co.kr
이메일 ㅣ ireme@iremedia.co.kr
등록 ㅣ 제396-2004-35호

ISBN 978-89-91998-51-3 03320
가격 16,500원

이 도서의 국립중앙도서관 출판시도서목록(CIP)은 e-cip 홈페이지에서 이용하실 수 있습니다.